L'IMPROVISATION

CONTRIBUTION
A LA PHILOSOPHIE DE L'ACTION

DU MÊME AUTEUR

Le dynamisme de la Vocation, Beauchesne, 1974.

Moreno, *Théâtre spontané* ; traduction et présentation, Épi, 1980.

Arthur de Gobineau, *Correspondance diplomatique*, *1864-1868 ;* édition critique et présentation, Les Belles Lettres (en préparation).

PROBLÈMES ET CONTROVERSES

L'IMPROVISATION

CONTRIBUTION A LA PHILOSOPHIE DE L'ACTION

par

Jean-François de RAYMOND

PARIS
LIBRAIRIE PHILOSOPHIQUE J. VRIN
6, PLACE DE LA SORBONNE, Ve

1980

à Marie-Yvonne

J'exprime ma vive gratitude à M. François Neel, Conseiller Culturel près l'Ambassade de France en Grèce, Directeur de l'Institut Français d'Athènes, et à M. Néoclès Coutouzis, Chef des publications de l'Institut Français d'Athènes, qui ont facilité l'impression de cet ouvrage.

INTRODUCTION

Du nomade au sédentaire.

La forme quotidienne de la nécessité est la répétition. Soucieux de l'assurance du lendemain, prévoyants et pourvoyeurs, s'établissant sur leurs conquêtes, l'homme fatigué de l'errance nomade, la femme alourdie s'arrêtent, protégeant déjà la descendance. L'ensemencement fait l'attachement, la fécondité devient vertu, donnant des épis et des bras. La vélocité du cavalier s'épaissit dans la robuste solidité du laboureur défenseur de sa culture ; la conquête s'immobilise en conservation, la chevauchée en fondation. Dès lors, au lieu de vivre le temps, de l'entraîner à son rythme, on le suit : il annule ou commande les travaux et les jours ; l'aventurier a pris ses quartiers, il s'est arrêté pour exploiter sa conquête, il s'est attaché à son installation — l'habitude est sédentaire — « l'improvisation » ne peut passer pour vertu.

Mais l'homme tente d'échapper à cette attraction universelle qui englue le mouvement et empâte les formes ; il secoue la pesanteur des précautions dont il s'est assuré, paralysé par les commodités qui étouffent sa créativité : les moyens sont toujours des menaces, leur prolifération masque le but, l'auto-limitation de l'utile le change en *impedimentum*.

Seule l'improvisation le fait échapper à sa condition, non par une rétrovision nostalgique vers le pays perdu mais par une itinérance discontinue en direction de celui qui n'est pas encore atteint, vers une terre attendue au-delà de l'horizon.

Cependant l'improvisation n'a pas de patrie : ni Droit ni Cité. Tout la marginalise, les actes qui passent pour inachevés, les esquisses. Sans ancêtres, généalogie ni archives, elle ne transmet, ne continue ni n'explique rien. C'est en quoi cet acte imprévu, qu'aucun devin n'avait annoncé, fait éclater les topologies, les ordres, les hiérarchies, les cadres praxiques et les spécificités culturelles des manières d'exister. Et si cette naissance dont on a oublié la conception, nous faisait aborder une *terra incognita*, si elle perçait le plafond de la nécessité, ouvrant la rive de la répétition sur l'immensité du possible?

Valorisation mystique et dévalorisation critique.

> « ...Nul autre qu'un improvisateur ne peut comprendre cette rapidité d'impressions, cette liaison étroite entre sa propre inspiration et la volonté extérieure étrangère. Je chercherais vainement à vous l'expliquer ».
>
> A. Pouchkine, « Les nuits d'Égypte »
> *La Dame de Pique.*

Une mystique de l'improvisation considère son acteur comme une sorte de demi-dieu, spécialiste de l'action inspirée dont nul ne saurait rendre compte et l'improvisation comme prodige du génie transporté par les dieux ou la Muse, dont le poète romantique offre une variété : l'improvisation du transport, l'action immédiate du « grand homme » vu par Liszt, Tolstoï ou Hegel ou encore les mythes de paternité politique dont les héros savent tourner les difficultés à leur avantage en triomphant là où les autres échouent.

La tradition nous a légué des figures de héros du *faire*, de la *praxis*, qui sont des exemples d'improvisateurs.

Ulysse aux mille tours (πολυμήχανος), habile orateur, fin diplomate, dont le courage ne le cède en rien à la ruse, incarne l'improvisation aventureuse du navigateur aux prises avec l'imprévu des événements. Il surmonte toujours les obstacles si bien que les Stoïciens voyaient en lui une sorte de modèle du sage dans l'action. Ce triomphe de la *métis*, de l'intelligence pratique, n'obscurcit pas en lui le goût de la beauté et la sensibilité — il joue de son arc comme d'une cithare [1].

L'intelligence pratique est également le propre de Dédale, ce patron des bricoleurs, qui fabriquait les statues animées dont parle le *Ménon* [2] ; ce guide de Thésée comme d'Icare son fils, échoue à quitter l'immanence spatiale, et Icare est mû par la tentation insensée de s'élever au-dessus du temps.

Orphée symbolise l'improvisateur, capable de parler la musique [3] ; « il parlait en chantant » [4], mais il ne parvient pas à ramener son Eurydice à qui il criait : « je t'entraînerai avec moi pour revoir les étoiles » [5].

---

1. *L'Odyssée* (XXI, 411).
2. 97 d.
3. « Il chante, assis au bord du ciel splendide, Orphée
   « Le roc marche et trébuche ; et chaque pierre fée
   « Se sent un poids nouveau qui vers l'azur délire ».
   Paul Valéry, « Orphée », *Œuvres*, Pléiade I, p. 76.
4. Monteverdi, *Lettres*, 1616.
5. *Meco trarroti a riveder le stelle* (Orphée, 1607. Livret d'Alexandre Striggio Junior).

Ainsi Orphée et Ulysse restent-ils les deux héros mythologiques des improvisateurs ; Icare tombe dans l'amnésie du temps dont il perd l'attache prudente, tandis que le besogneux Dédale s'enlise.

Dans la tradition chrétienne, Abraham figure l'improvisation de l'« *homo viator* » quittant la permanence du connu pour une Terre Promise mais *terra ignota*, poursuivie d'une recherche sans cesse recommencée : l'homme du *Fiat* au présent.

La littérature campe l'improvisateur comme un héros : Cyrano de Bergerac dont le brillant panache éclate dans la rhétorique agonistique, la poétique amoureuse, la pratique duelliste ou Walter Von Stolzing héros de la musique spontanée et de la joie créatrice, chez les « Meistersinger »[1].

D'où vient que l'improvisation nous touche personnellement, sinon de notre espoir de paraître en tout intelligents et brillants, à l'aise dans n'importe quelle situation et prompts à la réplique ?

Pourtant à cette valorisation mystique de l'improvisation, correspond une dévalorisation critique.

On présente souvent comme improvisations des pratiques qui tiennent de la répétition leur perfection, même si elles donnent l'impression du naturel par la grande familiarité du sujet avec ce qu'il fait, comme le notait Liszt[2] ; ainsi l'improvisation frôle souvent la vulgarité par la facilité de ses tours. D'ailleurs cette prétendue improvisation remplit parfois un cadre préparé à l'avance, utilise des procédés ou recourt à des poncifs. L'improvisation-recette des sophistes se présente comme un savoir-faire infaillible pour réduire l'adversaire, quels que soient son argument et sa situation ; Gorgias se vante de pareils talents. L'improvisation n'est plus alors que la pseudo-pratique d'un naturel qui ramène, en réalité, des stéréotypes préfabriqués. C'est pourquoi certains conditionnent l'authenticité de l'improvisation par la solitude de l'artiste[3].

Il convient donc d'appliquer le soupçon à l'égard de ce qui se donne

---

1. Eva, l'héroïne des « Maîtres chanteurs », devient amoureuse de Walter Von Stolzing qui devra remporter le concours de chant pour pouvoir obtenir sa main.

2. Dans les *Lettres d'un bachelier ès-musique* (1837) : « le respect le plus absolu pour les chefs-d'œuvre des grands maîtres a remplacé chez moi les besoins de nouveauté et de personnalité d'une jeunesse encore voisine de l'enfance. A cette heure, je ne sais plus séparer une composition quelconque du temps où elle a été écrite et la prétention d'orner ou de rajeunir les œuvres des écoles antérieures me semble aussi absurde chez le musicien qu'il le serait par exemple à un architecte de poser un chapiteau corinthien sur les colonnes d'un temple d'Égypte ».

3. « Ce n'est que lorsque l'artiste n'a que lui pour auditoire qu'il improvise à la lettre : alors, au milieu de pensées vagues et insignifiantes qui ont le caractère de l'inspiration, on en trouve parfois qui ont quelque valeur ». F. J. Fétis, *La musique mise à la portée de tout le monde*, 1847, p. 386.

pour improvisation, y compris l'expression fantasmatique du psychodrame où se lit un plaisir d'exhiber ses fantasmes à autrui qui n'en a cure, ce qu'on réserve ailleurs à celui qui est capable de le supporter ou dont la fonction correspond à ce déversement, faillite des travestis ou des pastiches.

La démystification générale de l'illusion, qui se développe depuis le début du siècle, interprète le langage et les actions en y décelant des inconscients qui reviennent malgré nous comme l'inavoué qui nous échappe. Elle n'a jamais visé spécifiquement l'improvisation : elle ignorait son existence ; elle concourt à la distinguer et à la purifier de ses illusions, en s'appliquant à y retrouver la nécessité de structures.

Les critiques contre l'improvisation s'adressent à l'improvisateur en tant que sujet et par référence à sa pratique située. En effet, l'improvisateur met en œuvre un savoir-faire qui échappe au profane : il démontre une maîtrise, conduit un triomphe correspondant à une hypertrophie du sujet, trahit même une vantardise, ridiculisés déjà dans *Le Neveu de Rameau*[1]. Valorisé par l'exécution pour un public auquel il est toujours tenté de plaire, ce provocateur qui parle et agit impromptu, tourne à son avantage la plus délicate situation et fait ressentir au profane la médiocrité de ses prosaïques applications. Il y a de la prestidigitation dans cette virtuosité qui tire sa force du regard des admirateurs. Ne faut-il pas se déprendre du charme pour distinguer l'improvisation de la création, trop grave pour être improvisée ? Devant l'œuvre, le créateur s'efface.

Cette activité musicale, oratoire, décisionnelle, existentielle renvoie d'ailleurs au subversif, au divertissement du spectacle ou à l'impréparation et donc à un aveu d'inconséquence. L'étrangeté de celui qui la pratique inquiète : craint et recherché, il fascine ; faute de détenir son savoir-faire, on l'enferme pour le réguler ou le marginaliser. Ainsi on applaudit les improvisateurs reconnus, quant aux autres, qui improvisent sans en faire une spécialité, ils attirent le soupçon : ils n'ont pas nommé leur pratique.

La dévalorisation de l'improvisation est parallèle à sa valorisation. D'autant plus vantée que plus cachée, proche de la gravité et du sérieux de la création, l'improvisation se donne pour pratique savante, œuvre complexe (la dévalorisation correspondante porte sur son aspect fragmentaire, sa précarité, moment préparatoire dans le meilleur cas, à la création ultérieure). Mais elle est également d'autant plus valorisée que plus apparente : brio, virtuosité donnée à voir comme acrobatie, avec la

1. « Il bat la mesure du pied, il se démène de la tête, des pieds, des mains, des bras, du corps... n'est-ce pas une chose pénible à voir que le tourment, dans celui qui s'occupe à me peindre le plaisir? » (Diderot, *Œuvres*, Pléiade, p. 442, 445).

prétention de passer pour spontanée, tandis que la dévalorisation concerne son impréparation et sa superficialité. Dans les deux cas, virtuose ou secrète, l'improvisation passe pour un don génial, un tour de force qui appelle en retour les soupçons.

Approche.

Son caractère d'unicité, la difficulté de saisir l'improvisation ou de retrouver son mouvement à travers ce qui en a été conservé et donc fixé, la fait échapper aux cadres et aux méthodes, comme si on ne pouvait saisir ce qui, toujours autre, ne se répète pas. Pour comprendre l'improvisateur, il faut le rattraper, naviguer de concert avec lui, devenir son contemporain. Mais fût-elle possible, cette simultanéité vécue exclurait le recul nécessaire à son étude. C'est par une reconstitution que nous tentons de concevoir ce qui a été vécu comme un mouvement de génération, ce qui porta les espoirs d'une vie, la révolte d'un peuple ou l'amour qui relie. Nous intéresse ici, non le produit mais le processus qui y conduit, non la chose faite, *res facta*, mais la chose en-train-de se faire, surtout en-train-de naître, *in statu nascendi :* on manque la réalité visée lorsqu'on la substantifie.

Si les faits d'improvisation sont difficiles à établir pour leur contemporain, ils le sont davantage encore dans une perspective historique : où trouver des sources indubitables ? Les appareils d'enregistrement : dactylographies, photographies, même cinéma, ne procurent ni sûreté ni validité puisqu'ils transforment la nature du processus alors déposé en ses traces, qu'ils modifient son statut en enregistrant l'unique pour mieux le répéter.

De plus, il n'existe presque aucune source de phénomènes d'improvisation autres que musicaux, parfois oratoires. Et même l'histoire musicale a opéré un tri en séparant les sources écrites, officielles, valorisées, des sources orales, populaires. Cette distinction prend son sens dans l'opposition du noble et de l'ignoble, de la culture propre et de l'étrangeté, mais aussi du spectacle et du travail...

Certains de nos comportements ont lieu de façon instantanée, dans des domaines correspondant à la variété de notre sensorialité (le son, la couleur, le tracé, le modelé) et de notre champ spécifique d'activité. On l'observe déjà dans l'apprentissage de la parole chez l'enfant qui balbutie des sons dont il s'enchante, rythmant leur émission par des battements des mains et transformant les motifs qu'il a déjà trouvés, ou dans le dessin, d'abord gribouillis, exercice inconscient d'aptitudes qui se forment, projection naïve de désirs, et déjà rapport, symbolique, au monde. L'adulte même se livre à ces mouvements lorsqu'en parlant ou en écoutant, il projette, sans y penser, sur un papier ses préoccupations. Jeux de mots, contrepèteries, chants rythmant l'effort ou entraînant les danses en témoignent aussi.

Ces activités instantanées comportent les caractéristiques des contours de l'improvisation, ceux d'un début de toute expression : activité informe qui donnera naissance à un comportement achevé, les sons devenant musique et les gesticulations danse. Ces « actes seconds » accompagnent l'action principale voulue, mouvements de compensation exigeant une concentration et une mobilisation nerveuse dont la socialisation prend souvent la forme de l'activité ludique spontanée. Mais à ces activités peu conscientes, il manque, pour être personnelles, d'avoir été voulues ; sous-produits d'une action qui visait d'autres buts, habitudes nerveuses, même expressions d'obsessions, ces comportements ne sont pas des actes, nous ne les reconnaissons pas comme nous exprimant.

Cependant certains, comme le premier accord ou le premier mot qui lancent un dynamisme, manifestent les caractères de la fécondité et ne peuvent être considérés seulement comme des réflexes et des réactions ; ils laissent un résultat éphémère mais sensible après que l'activité ayant présidé à leur naissance a cessé. Ces unités esquissent l'improvisation dont elles constituent la limite inférieure. Mais à l'autre extrémité, où s'arrête l'improvisation et où commence la création la plus organisée?

Cette délimitation a pour complémentaire celle de la recension nécessairement partielle du phénomène — les improvisations connues sont-elles les seules que l'on doive prendre pour modèle? La fugacité du phénomène a provoqué sa perte irrémédiable pour la mémoire ou la conservation des archives : l'improvisation n'est pas faite pour être protégée dans des conservatoires, il est de sa nature de mourir en se livrant. Si nous les connaissions, nous les considérerions comme aussi remarquables que les formes maintenant fixées ; mais à l'inverse, nombre d'improvisations qui ne sont pas parvenues jusqu'à nous n'auraient sans doute pas été considérées dignes de la postérité.

Les définitions généralement proposées de l'improvisation la présentent comme un cas particulier de la composition ou insistent sur son caractère d'exécution[1].

Dans la langue française, le verbe est premier par rapport au substantif : un siècle et demi sépare une pratique innocente d'elle-même, vécue comme naturelle et non encore typifiée dans sa dénomination, de sa so-

---

1. Le terme d'*improvisation* renvoie à des collatéraux dont le sens précise, par élargissement, le sien. Ainsi : « dépourvu », « dénué de », c'est-à-dire : pauvre, qui se précise en : *imprévoyant* (c'est-à-dire : « improveu », XIVe siècle), *à l'improviste* (forme italienne), équivalent de « à l'impourvu », selon Vaugelas, au sens de : non prévu, désigne la façon inattendue, subite, le moment où l'on y pense le moins, et donc : en improvisant.

lidification comme substantif : *improviser* apparaît en 1670, mais c'est le pré-romantisme qui, avec Madame de Staël, en 1807, introduit le substantif, considérant l'*improvisation* comme chose faite, correspondant à une capacité et susceptible d'apprentissage. Ainsi cette pratique, vécue naturellement depuis le Haut Moyen-Age, fut progressivement considérée comme exceptionnelle et reléguée dans la catégorie de l'extraordinaire qui la donnait à voir comme spectacle.

Ce glissement de sens conduit à distinguer la pratique improvisatrice et son résultat, d'autre part à repérer deux pratiques : — l'une, qui aurait dû être organisée et qui nous reste seule possible, faute de mieux, devant l'imprévu, au sens privatif ; — l'autre au sens positif d'action spécifique immédiate, par exemple en musique ou dans la *praxis* politique.

On peut définir d'une façon générale l'improvisation comme l'acte qui contracte dans l'instant ce qui s'étale habituellement entre la conception (ou la composition) et l'exécution ultérieure ; le délai entre les deux étant supprimé par l'immédiateté de cet acte. L'improvisation est une réponse mais aussi une pratique inventive immédiate où on cherche à atteindre un objectif par la mise en œuvre des seuls moyens alors disponibles.

Nous pressentons déjà les implications de cette effectivité immédiate.

UNE PRATIQUE SPONTANÉE : NATURE OU CULTURE ?

L'improvisation revêt une importance considérable dans un monde surplanifié qui sanctionne l'impréparation et conjure l'imprévu.

Tandis que l'on considérait traditionnellement la préparation, la référence aux normes établies comme le garant de la réussite, l'improvisation sort aujourd'hui de l'enclos où l'avait reléguée une prudence réductrice, elle prend l'allure d'une transmutation culturelle.

Comment se manifeste-t-elle dans les champs politique, religieux, économique, pédagogique où la complexité des interactions entre les représentations et les structures de la société, où la reproduction de la culture et des idéologies l'a passée sous silence, où l'organisation l'exclut ? On comprend que refusant de considérer cette « dynamique », il ait paru préférable de l'ignorer, sauf à la secondariser pour la mieux désamorcer comme pratique de spectacle, de divertissement. Elle rend, en effet, caduc le primat de la conception sur l'action à laquelle elle restitue sa primauté en réparant l'unité de ces fonctions ordinairement séparées.

L'absence de délai fait la rapidité de son action imprévue, qu'elle réponde à l'urgence ou s'abandonne à l'expression. Toute improvisation répond — l'action étant d'autant plus improvisée qu'immédiate, la simultanéité d'autant plus parfaite entre conception et exécution — et à la fois exprime — l'action étant mue par l'*impetus* à l'allure de l'élan fougueux ou de l'innocente et sereine parole. Il n'y a pas d'improvisation *ex-nihilo*, qui ne tienne du corps en son rythme, ses expressions et ses limites, du désir inséré dans une Histoire, d'une technique, d'une culture.

L'action (πρᾶξις) est d'abord à elle même son propre résultat, son activité (ἐνέργεια) son premier fait — ainsi la pratique improvisatrice ne peut se déduire de l'énoncé de principes — dans la pratique morale, la pratique politique ou la constitution nocturne de la science. L'exigence de l'effectivité ne saurait entrer dans les cadres *a priori* qui la limiteraient en fixant ses conditions ; il ne s'agit pas d'une pratique seconde, se déduisant d'une théorie dénuée de tout rôle créateur qu'il suffirait d'appliquer. La pratique improvisatrice est première, induisant la théorie en même temps que son instauration transforme le réel, mais l'amnésie de la genèse n'a fait droit qu'à la théorie déposée. Il en va ainsi de toute pratique première dont on ne garde que l'aboutissement, oubliant son tâtonnement dans une enfance de l'art qui permet sa fécondité.

Les dynamismes que nous dénommons par des substantifs figent le mouvement sans lequel ils perdent leur sens en entraînant les confusions sur leur signification : « la » conversion « la » création « la » vocation, « l' »improvisation ; figées en choses constituées par la réduction prolongée que nous imposons à la culture. Or celle-ci n'est pas un produit mais le processus inverse de la mort, comme le culte une prière. C'est par une double illusion que nous la figeons comme résultat à conserver, obstacle au processus d'assimilation et de purgation qui la caractérise pourtant : on retient les œuvres de la culture en oubliant les processus d'élaboration et de la maturation qui y conduisirent, ou à l'inverse, pour échapper à cette pétrification, on ne veut plus créer des œuvres mais seulement laisser des actes, comme le sillage un instant formé derrière le navire. Pourtant la pratique morale, esthétique, politique, le processus de l'action, urgente ou détendue, en deçà de l'œuvre formée et au-delà de l'agitation informelle, ne nous concernent-ils pas davantage que le spectacle de l'œuvre faite ?

I. - De la composition à l'improvisation.

Parant aux plus immédiats dangers, l'improvisation assure la survivance de l'individu et de l'espèce ; ainsi des premières protections, des tentatives de recherche de la proie — avec le prolongement des membres par des bâtons, des premières inventions par l'heureuse saisie d'un phénomène — comme le feu d'où tout vient ; il s'agissait à la fois de parer à l'événement et de provoquer son retour.

L'improvisation, bricolage génial, engendre les techniques ; elle a cette allure audacieuse et désespérée de l'acte qui n'est plus tout à fait un réflexe et n'est pas encore une technique, qui, prolongeant les exigences immédiates du corps, trouve dans la nature de quoi le sauver ou multiplier sa puissance. C'est le degré zéro de la culture, quand l'hominien, sortant de la nécessité, se distingue de l'animal qui subit ou répète. Elle n'a ni la sûreté ni la rigidité de l'instinct. Cet ancêtre des techniques se prolonge vers la magie, les rites primitifs : lorsqu'a réussi une conduite, la répétition est considérée comme attirant la réussite — on privilégie ainsi des objets, des lieux et des moments du jour ou de l'année, cherchant à reproduire par la répétition de gestes ou de bruits antérieurs, bientôt incantation, des événements fastes arrivés une fois ; on personnifie les forces naturelles, peuplant l'univers de dieux. Le corps, le lieu, s'ornent pour conjurer un sort ou attirer la chance. Cette projection de désirs ou de fantasmes, atteste la réalité de l'esprit se déprenant du donné naturel à partir de ce donné lui-même qu'il représente et dont il fait un miroir —

l'esprit se voit, sans encore se reconnaître dans ses esquisses. Dans ce jaillissement projectif de l'esprit, au cours de ce long et irréversible décollage de la conscientisation, les improvisations font figure d'éclairs intermittents d'où se constituent l'art comme la technique.

Le traumatisme de l'expulsion maternelle provoque des mouvements incoordonnés du nouveau-né dans un espace vertigineux dont la ouate éthérée assure ce changement de monde. Le petit de l'homme, le plus démuni des animaux, sans l'instinct qui leur assure l'efficacité gestuelle, ne peut que tendre, par sa spontanéité végétative, vers ce qui satisfait ses rythmes métaboliques. Cris, balbutiements et mouvements incoordonnés progressivement finalisés constituent ses premières tentatives, ses premiers tropismes préhensifs et expressifs. Si le nourrisson n'était pas guidé par un milieu humanisant, il en resterait au stade « naturel » de l'enfant sauvage, véritable *in-fans :* de ces premiers balbutiements de l'esprit naissant à l'univers où la mort est naturelle et la survie due aux tentatives hasardeuses de se raccrocher à n'importe quoi, naît le miracle de l'organisation, spatiale et temporelle. Puis la conscience se formera par la re-création des éléments : en modelant la glaise, en agitant l'eau, en soufflant l'air, en contemplant la flamme, curieuse du monde et de soi dans un syncrétisme innocent. Ces tâtonnements, cumulés par son psychisme qu'ils structurent, vont constituer un fondement culturel qui en assure déjà la transmission et la transformation en « précédents » ; cet à-venir devra précisément le dépasser en prenant élan du socle ainsi formé.

Qu'en serait-il si, à la suite d'un cataclysme, toute trace de culture avait disparu de la planète où ne restaient plus que quelques êtres dénués de tout sinon du souvenir d'une civilisation alors en cendres, dans un milieu naturel bouleversé? Improviseraient-ils pour leur survie et la (re)construction en faisant appel à leurs souvenirs? S'y mêleraient tous les âges des techniques, du feu à reconquérir, jusqu'à l'atome ; au lieu d'emprunter au passé ses recettes, ce bricolage en créerait-il de nouvelles, avec une audace qui, repartant de rien, aurait tout à gagner? Cependant, l'homme d'après le cataclysme ne se trouverait plus dans la situation de son ancêtre des premiers âges : il saurait qu'il y a quelque chose à trouver, ce qu'il doit trouver et ce qu'il peut éviter, même s'il n'en possède pas toutes les techniques. Robinson Crusoé survécut dans des conditions analogues selon une culture de référence et l'art d'utiliser l'occasion ; rendu industrieux par la nécessité, le souci de sécurité guidait sa prévoyance.

Lors même que tout est à trouver, on improvise toujours sur un donné, à partir d'une histoire. La Cité est première et nous venons après.

Les définitions de l'improvisation conduisent à sa reconnaissance comme technique, par prédilection dans l'esthétique et notamment dans l'histoire de la musique.

a/ L'improvisation comme composition.

Pendant longtemps, aucune composition abstraite et notée n'exista, la musique était vie et toute pratique improvisation ; vécue quotidiennement, celle-ci se confondait avec l'utilisation du temps. Il a fallu qu'à la suite de l'évolution des conditions d'existence, l'on s'écarte de l'improvisation pour que se constitue en technique cette pratique maintenant présentée comme mode d'exister séparé. L'improvisation devient objet d'étude, image de l'innocence perdue par le regard rétrospectif ; déjà l'enfant, jusque-là spontané, fait l'intéressant dès qu'on a la lourdeur de lui faire remarquer sa grâce, le bon mouvement prenant conscience de lui-même vire en bonne conscience, l'épicier tire un parti mercantile de son affabilité et la coquette de ses charmes. Nietzsche interpréta le passage des antésocratiques à Socrate [1] comme celui d'une existence spontanément consentante au Cosmos, au retour critique sur la spontanéité du consentement, non pour le conduire mais pour le limiter, signe de séparation de l'homme d'avec lui-même. Dans sa construction légaliste, la philosophie morale de Kant met en système ce qui doit être universellement, évacuant le particulier, le spécifique et le sentiment dynamogène : l'*impetus* est exclu de la morale au profit du rationnel. Pourtant, la création esthétique ni l'existence sociale n'autorisent à considérer l'improvisation comme phénomène mineur ou occasionnel. De ce principe créatif qui surgit à toutes ses phases, l'histoire a conservé l'achèvement dans des lieux de vénération en désamorçant la spontanéité de ce mode d'exister au sein d'une culture, elle lui a substitué d'autant plus facilement la composition que les frontières s'estompent entre l'improvisation et la composition qui tient d'elle.

La composition est improvisation lorsque le compositeur, devant sa page blanche, doit trouver un début, passer à l'acte à travers le vertige et l'ignorance de ce qui va suivre. L'improvisation précède la composition en lui fournissant un matériau qu'elle ordonne — ainsi des compositeurs organisent-ils leurs pièces à partir d'improvisations individuelles et collectives ; Haydn composant à partir des sons réels du piano, improvisait en stimulant son imagination pour donner naissance aux esquisses qu'il écrivait ensuite. Nombre de compositions ont fixé des improvisations préalables que nous ne nommons œuvres que parce qu'elles sont écrites : comme ces « œuvres improvisées » de Listz, de Chopin, de Schubert [2] ou de Beethoven [3] — chacun connaît les circonstances dans lesquelles fut

---

1. *Origine de la tragédie*, par. 13.
2. *La symphonie en do majeur.*
3. *La Fantaisie* op. 77 ; *L'Appassionata.*

improvisée la célèbre *Offrande musicale* de Bach devant le roi de Prusse [1]. Ainsi l'improvisation sert de point de départ à un travail de composition, son processus vient se déposer dans le résultat écrit, l'invention prend date et s'imprime en se substantifiant.

Cependant la parenté entre composition et improvisation ne saurait se réduire à la filiation de l'improvisation à la composition. Elle correspond certes à une évolution historique consécutive à la multiplication des techniques (y compris la notation) comme à la complication instrumentale; mais le cheminement inverse qui conduit de la composition à l'improvisation, a joué un rôle capital dans l'histoire de la musique, à l'apogée de la pratique de la diminution pour les cadences des chanteurs et des instruments, comme dans celle de la basse pour l'accompagnement — l'improvisation est également composition. Musicologues et musiciens réfèrent ainsi à la composition l'improvisation qui devient de la composition instantanée [2] — dans le but de donner l'illusion de la chose écrite [3] : l'écrit est présenté comme la référence de l'oral et ce qui est fixé comme celle de l'éphémère. L'improvisation s'y prête en effet : sa naissance ne tient ni du hasard ni de l'inadvertance mais bien de la composition, l'agencement de ses termes, ce qui explique sa présentation comme la manière la plus rapide et la plus spontanée de composer. L'opposition entre improvisation et composition se réduirait alors à une simple différence de *tempo*, de degré.

Si l'improvisation est de la composition, c'est qu'en elle la composition s'exécute à l'instant où elle naît : improviser c'est composer en naissant — c'est pourquoi on admire comme un prodige l'improvisateur qui compose ce qui n'est nulle part écrit. Invention ou arrangement de figures déjà inventées, l'improvisateur compose, joue, parle ou décide sur-le-

---

1. Le soir du 7 mai 1747, le Cantor de St-Thomas de Leipzig, âgé de 62 ans, arriva au château de Sans-Souci à Postdam ; Frédéric II, grand mélomane, s'écria : « Messieurs, le vieux Bach est là ». Bach improvisa alors sa *Fugue à six voix* sur un thème. Le roi fut saisi d'admiration devant cette improvisation. Mais rentré à Leipzig, Bach voulut reprendre ce thème pour le remanier et en faire ce que la postérité nous a transmis comme composition.

2. Par exemple selon Paul Wachs, *L'organiste improvisateur. Traité d'improvisation*, 1878, p. 1, 2. Marcel Dupré présente « le don d'improvisation » comme étant « tout comme la composition, un phénomène essentiellement cérébral » — et l'auteur commente : « il n'est pas étonnant que les grands musiciens l'aient possédé » ; il ajoute au moyen d'un parallèle qui réduit l'improvisation à la capacité pour la pensée de devancer l'action : « de même que les yeux de celui qui déchiffre précèdent ses doigts, de même la pensée du bon improvisateur devance ses mains ». *Traité d'Improvisation à l'orgue*, 1925.

3. Charles Tournemire, *Précis d'exécution, de registration et d'improvisation à l'orgue*, 1936, p. 102.

champ, pendant qu'il exécute ou il exécute en composant. Il ne saurait, cependant, se contenter d'ouvrir la bouche ou de saisir un instrument pour que la musique, la poésie, l'action jaillissent dans leur perfection à mesure que l'inspiration se pose sur lui : alors l'enfant, celui qui n'a jamais parlé ni pratiqué, en serait capable. Plus précisément, le processus de l'improvisation développe un mécanisme compositionnel remarquable : qu'un élément imprévu survienne, qu'on ait joué ce qu'on ne recherchait pas ou même ce qu'on voulait éviter, on intègre cet imprévu, on utilise sa richesse, on exploite ses possibilités, donnant alors l'impression qu'il était prévu ou provoqué. On pourrait même considérer l'improvisation comme le plus haut degré de la composition, tant la réflexion et l'exécution y sont inséparablement mêlées. L'improvisateur *compose avec* l'occasion et les exigences contradictoires, il réussit là où échouent ceux qui ne composent pas et qui improvisent sans tenir compte des résistances du réel ou qui prétendent appliquer de façon rigide des doctrines, des recettes. Ainsi les faux improvisateurs — les myopes comme les doctrinaires — sont aussi de mauvais organisateurs, tandis que le véritable improvisateur, docile au réel, le pressent et y adapte ses compositions.

Le travail de composition précède même l'improvisation qu'il rend possible. Certains composent plus ou moins consciemment, sans écrire ; l'improvisation, exposition d'une composition silencieuse, exprime cette rétention et le travail nocturne antérieur — ce que Stendhal appelait le « travail de tête » — comme dit son exégète « ...quand la page est mûre, il ne reste rien des pages imparfaites qui l'ont préparée. Au moment même où on l'écrit, on s'imagine improviser... Improvisation, premier jet et même sincérité, sont des termes à double sens pour des auteurs qui travaillent de tête »[1]. Lorsque Mozart écrit très vite, en une nuit peut-être, l'Ouverture de *Don Juan*, il s'agit presque d'une improvisation, non tant parce que la durée de l'écriture est proche du temps nécessaire à l'exécution de l'œuvre, que par le processus compositionnel en jeu dans toute création rapide : un *feed-back* a eu lieu entre l'idée subconsciente mûrie depuis longtemps et le conscient. Cette « improvisation-composée » se distingue parfois avec peine d'une « composition-improvisée » qu'on exécuterait sur-le-champ. Seule l'amnésie de la genèse autorise à nommer « improvisation » ce que permet une recherche antérieure.

L'improvisation est encore de l'ordre de la composition dans la mesure où tout véritable actant[2] ne se contente pas de vivre par procura-

1. J. Prévost, *La création chez Stendhal*, p. 21.

2. Pour désigner l'acteur (ou l'instrumentiste) en tant qu'il fait corps avec son instrument au point de créer directement par lui, nous utiliserons le terme d'*actant* par distinction de l'acteur qui interprète ou représente ce qui a déjà été arrêté d'avance.

tion, à partir de ce qu'un autre lui propose — c'est-à-dire d'exécuter, mais qu'il est capable, lui aussi, d'organiser son existence propre selon les nécessités de l'urgence temporelle. Plus largement, tout instrumentiste, acteur, musicien — et tout utilisateur de moyens — qui interprète un texte, une partition, une décision, improvise en re-composant : si l'exécution est recréation, l'instrumentiste « improvise » du fait qu'il interprète (la musique par exemple) en l'animant ; *a fortiori* il reprend ce qui n'est pas fixé et enjolive en jouant ce qui est transmis par ceux qui l'ont ainsi reçu. Cette transmission appelle moins la répétition que le jeu ses latitudes de transformation : ornementation ou variation. Ce mode d'expression est fréquent dans les pays orientaux et méditerranéens — un chanteur de *ragas* hindous serait déconsidéré s'il chantait sans orner ; les *maqams* arabes ne sont pas des mélodies fixées, achevées mais des mélodies modales ornées chaque fois qu'elles sont jouées, et dont on improvise souvent le prélude.

Les bons musiciens de jazz, improvisateurs, sont aussi compositeurs : c'est bien à leurs capacités de composition spontanée qu'on s'en remet, comme à celles de l'arrangeur [1].

Cette conception qui retrouve l'improvisation et la composition l'une dans l'autre, caractérise le moment d'une culture qui ne dissocie pas l'unité de la création productive ou reproductive.

Au contraire, leur séparation entraîne toujours la dévalorisation de l'improvisation réduite à la composition ou rabattue du côté du hasard pour mieux faire ressortir la parenté de la composition avec l'art (ainsi le latin opposait-il « *secundum sortem* » et « *secundum artem* »). Cette réduction de l'improvisation correspondrait à l'abandon des valeurs de gratuité, de légèreté, de grâce auxquelles la pesanteur a substitué les valeurs ig-nobles du travail, si bien que par l'anthropocentrisme qui les rive à leur condition séparée, leurs adeptes sont incapables d'envisager la création sur un autre modèle que celui du labeur. La projection de l'improvisation sur la composition n'en relève que sa trace déposée, en faisant une composition instantanée, naturellement plus aisée à saisir et à analyser que l'imprévisible mouvement. Ou bien on ramène la composition à l'improvisation pour la référer au prototype du dévalorisé, du bâclé : l'impréparé ; tout se passe comme si la valeur provenait de la quantité de temps investi dans l'opération — ce substantialisme temporel correspondant à l'idée de la valorisation par les œuvres vénérées ici comme résultat d'un travail, non comme processus d'échange ontologique d'un être contre un autre.

Au total, réduire l'improvisation à une composition instantanée ou

1. Pour le Jazz, cf. chapitre IX.

la composition à une improvisation diluée, c'est fausser la composition en ce qu'elle a d'invention intellectuelle et négliger les caractères spécifiques de l'improvisation.

Or, si nous nous référons à l'exemplarisme de l'Histoire de la musique où les pratiques de l'improvisation et de la composition ont été suivies et répertoriées, nous constatons qu'improvisation et composition se sont différenciées à partir d'une base qui leur était commune dans les premiers âges de la musique : précisément l'improvisation.

Ainsi la composition — et toute rationalité — tendent à absorber ou à dévaloriser les aspects inassimilables de l'improvisation ; mais celle-ci, irréductible à des formes composées à l'avance, ne se laisse pas étouffer longtemps par les tuteurs rationnels qui l'encadrent. Le paradoxe de la tendance à définir l'improvisation par référence à la composition dès que celle-ci s'en différencie, vient de ce que l'on n'a pas éclairé leur frontière, situé leur distinction.

b/ L'histoire d'une séparation.

Dans la musique primitive, la composition ne se distinguait pas de l'exécution : la vie communautaire s'exprimait dans l'accompagnement, la reprise des thèmes, l'ornementation. La division du travail n'avait pas encore séparé les fonctions ou les exécutants ni institué entre eux une hiérarchie ; elle n'avait pas établi un rapport de propriété entre des mélodies enjolivées à chaque transmission et un auteur individuel que leur création même ne permettait pas toujours d'isoler. A ces raisons sociales s'ajoute la raison technique du défaut de moyens de notation c'est-à-dire de fixation et de transmission du Droit par l'écrit.

Les premières tentatives de formulation théorique de l'improvisation remontent au début du Xe siècle ; au XIe siècle[1] s'amorce le passage de l'improvisation chantée à la composition écrite, parallèle à la survie parfois florissante de l'improvisation. Les premières partitions de chant apparaissent à la fin du XIVe siècle ; on ajoute une seconde voix (« *discant* »), on se livre à l'ornementation, joliment nommée « *florizare* » ou « *frangere* », à l'improvisation polyphonique sur une mélodie de plain-chant (« *cantus supra librum* »). Deux espèces de contrepoint coexistent vers 1400 dans la polyphonie : l'un improvisé (chanté) et l'autre composé (écrit) ; Tinctoris différencie par leurs principes le « *cantus supra librum* » (contrepoint improvisé) dont le développement culminera au XVIe siècle, de la « *res facta* » (composition). L'ornementation des voix individuelles, la « diminutio », se différencie de l'addition improvisée de nouvelles voix,

1. Cf. Ferand « Improvisation in Music History », *The musical Quaterly*, 1951.

le « *contrappunto alla mente* » ; on distingue la *sortisatio* et l'art de *componere*, on oppose le contrepoint (*sortisatio*) à la composition comme combinaison préméditée ; de même la *concordentia* (intervalle dans la succession, dans la mélodie) fait référence à la composition, tandis que la *consonantia* (ou simultanéité du son de deux ou plusieurs tons dans l'harmonie) renvoie au contrepoint improvisé, marquant le passage de la polyphonie improvisée à celle qui est composée. Vers 1430, l'on repère la technique du faux-bourdon, variété du chant improvisé sur une mélodie — la voix du milieu, la plupart du temps non écrite, est souvent désignée « *per faux-bourdon* » par exemple dans le *Miserere* d'Allegri (1620) dont Mozart dira que la façon de l'exécuter était plus importante que sa composition.

Ainsi lorsqu'au cours du premier tiers du XVIIe siècle s'établit le concept de *composition*[1], l'improvisation est progressivement considérée comme un genre, bientôt délimité par la composition qui offre l'avantage de pouvoir être travaillée et multipliée identique pour une exécution inchangée en tous lieux. Or simultanément, on assiste à la dévalorisation de la *sortisatio* par les personnes cultivées, en faveur de la *compositio*. Au moment où s'opère le passage de l'improvisation, par celui de la *sortisatio* (improvisée), à la composition, on considère le contrepoint orné comme imitation de la *sortisatio* : celle-ci représentait des mélodies jaillies spontanément, de façon « extemporanée », comme des chants de travailleurs ; la composition consiste alors à rassembler des voix variées (contrepoint) et à donner à l'ensemble l'air du naturel, du spontané, de la *sortisatio*.

Ces données établissent déjà l'erreur de la conception selon laquelle l'improvisation viendrait de la composition. Par un processus de cristallisation (par exemple du contrepoint improvisé — *alla mente* — en composition écrite), on veut imiter l'improvisation, en donner l'impression. Parallèlement au mouvement de différenciation de la composition d'avec l'improvisation, s'opérait leur développement simultané qui sous-tendait une valorisation de la composition et une secondarisation de l'improvisation comme accessoire brillant, curieux ou mystérieux. L'exercice de la composition a ainsi permis d'occuper une place privilégiée en faisant passer l'improvisation, dont elle provient, pour un de ses avatars.

Il en va de même dans le domaine de la musique instrumentale, improvisée jusque vers le XVe siècle, avant lequel presque aucune pièce écrite ne nous est parvenue. L'improvisation y atteignit son apogée par l'apprentissage des règles, des formules, des exemples : ce qui jusque là

1. C'est vers 1630 que la composition se sépare du contrepoint improvisé et que s'établit le concept de « composition » au sens moderne.

était laissé à la libre inspiration de l'instrumentiste, se trouve alors expliqué dans les manuels[1] ; l'activité des organistes et des luthistes se dégrade en un emploi rigide de formules. Puis naissent les premières formes indépendantes de musique instrumentale et de jeu solo, la liberté des cadences non notées et improvisées prépare le passage de l'improvisation à la pratique de la virtuosité — qui se développe en se donnant souvent pour l'improvisation.

Cette séparation historique de la composition d'avec l'improvisation n'est pas neutre, elle marque la dévalorisation de tout ce qui, rapporté à l'oral, au hasard, échappe au contrôle de l'intellect, en faveur de ce qui est composé. Cette dévalorisation provient encore du jugement porté sur les activités de certaines catégories sociales par ceux qui s'en distinguent ; ainsi en Allemagne, les travailleurs : mineurs et mécaniciens, « *fossores et artifices mechanici* », se livrent à un chant que les personnes cultivées ne pratiquent pas. La distinction entre la musique *vulgaris sive usualis* (la chanson folklorique, populaire, dépourvue d'art des chanteurs non entraînés) et la *musica regulata* (musique écrite composée, selon les règles rythmiques et mélodiques de l'art) se fonde sur l'idée selon laquelle « celui qui chante non selon l'art mais selon l'usage est une bête »[2], c'est-à-dire la dévalorisation du travail dont le modèle reste le travail manuel, symétrique de la survalorisation du rationnel et de l'écrit, présentés comme modèle de toute activité cultivée et comme horizon de toute imitation.

L'improvisation vivante s'étouffa ainsi par limitation, cantonnée comme spectacle esthétique et spirituel dans les églises et les cours princières, mais aussi comme pratique de divertissement dans les bruyantes tavernes populaires. Les extrêmes de la pyramide sociale la maintinrent vivante dans la tradition populaire qui chante la vie en tous ses aspects, connotant ici l'aspiration refoulée des besoins physiologiques et sociaux, ailleurs la spiritualité. Elle fut au contraire dévalorisée dans les classes moyennes chez lesquelles « organisation », « composition », « comptabilité » sont synonymes de vertu et récompensées par le ciel — la comptabilité est née avec le capitalisme ; l'esprit de négoce (*nec otium*) se trouve aux antipodes du loisir (*otium*), de la disponibilité, de la confiance à l'inspiration du moment — l'esprit de l'improvisation est populaire et aristocrate à la fois.

Des débuts de l'évolution musicale au Moyen-Age à l'improvisation instrumentale et solistique de l'époque baroque, on assiste à un processus d'exténuation de l'improvisation à l'avantage de la composition, de même

---

1. Comme ceux de Conrad Paumann, de Thomas de Santa Maria, de Diego Ortiz...
2. Expression du vénérable Bede, ou Pseudo-Aristote.

qu'à la consolidation de l'absolutisme politique, simultanément à l'emprise de la Raison. Jusqu'à la moitié du XVIIe siècle qui marque l'épanouissement de techniques musicales variées, l'évolution s'accomplit dans le sens d'une clarification rationalisatrice privilégiant la théorie et l'écriture au détriment de la pratique et de l'invention, mais aussi selon la diversification qu'autorisait l'accroissement des possibilités offertes aux tons. A l'époque du baroque, la pratique musicale cesse de se diversifier, l'Opéra, le concert et la musique de chambre occupent le devant de la scène, reléguant au second plan la musique d'église ; l'improvisation soliste conquiert une importance définitive par rapport au chant à contrepoint collectif, favorisant la virtuosité, tandis que la routine remplace l'impromptu des chants médiévaux. Le spectacle tend à se substituer au vécu, l'esthétique à l'expression directe ; l'improvisation se compartimente, appelant le spécialiste. Certaines pratiques (comme celle de la basse) disparaissent en même temps que la réduction du champ de l'improvisation consacre l'orgue comme instrument spécialisé. *La rationalisation conduit au spectacle et l'individualisation au spécialiste.* Cette limitation de l'improvisation à certaines circonstances et à certains instruments s'accompagne en effet d'une valorisation apparente de sa pratique comme virtuosité — prouesse donnée en spectacle par des spécialistes à des amateurs. La rationalisation aboutit sinon au stéréotype, du moins à la cristallisation de formes instrumentales : variation et *ostinato* viennent de la musique de danse improvisée, de même que prélude et *toccata* — adoptant la forme écrite, la composition cesse d'être instantanée et s'éloigne de l'improvisation dont elle dérive.

Ce processus ne fait qu'annoncer celui de la fixation où il aboutit, destinée de l'improvisation. D'une part, le désir d'improviser s'affaiblit en proportion de la domination croissante de la rationalisation, comme on le voit dans le passage de l'exercice musical à la répétition de partitions exécutées fidèlement : le but n'est plus de jouer mais de se conformer à des normes pour les rejouer. Cette limitation du jeu par conformité à des souvenirs, caractérise une mutilation progressive de l'*impetus* et un raidissement de formes vivantes à l'origine : dans les passages du rythme libre à la mesure et au schéma de la cadence, de la « mélismatique »[1] organique à l'ornement décoratif, des infinies possibilités de graduation des petites distances sonores à la stricte diatonie.

Dès le début de tout développement, prend une importance considérable la répétition de ce qui a été une fois trouvé (un rythme ou une mélodie) comme le souci de toute culture cumulative de repartir du socle

1. Répartition organique d'une durée musicale longue en un groupe de notes de valeur brève qui, à titre d'ornement, vient enrichir la mélodie.

des dernières inventions ; le désir d'embellir fixe et renouvelle à la fois le canevas, comme dans les musiques orientales et le chant grégorien aux amples variations. Rigidification et rationalisation opèrent dans la spécialisation de la musique instrumentale qui se détache progressivement du chant choral — la notation chironomique postulait comme normal de savoir par cœur la mélodie qu'il n'était donc pas nécessaire de codifier, sauf le rythme pour le chant choral ; la notation diastématique note, au contraire, la mélodie mais non le rythme — le problème étant de noter les deux à la fois car les notations rythmiques et mélodiques se font au détriment l'une de l'autre. L'introduction de la barre de mesure, l'apparition des mesures régulières, la diversification des notes suivant leur hauteur et leur longueur, le rythme codifié par la note (ronde, blanche...) selon un métronome (qui n'apparaît, avec le diapason, que vers le milieu du XIXe siècle), en remplaçant les modes par la tonalité, les transcriptions et les tablatures [1], n'ont pas résolu le problème mais imposé un cadre à la musique. L'exemple du jeu d'orgue marque clairement cette rigidification. La notation devient la plus stricte dans le cas de la musique d'orchestre où l'initiative et l'inspiration des artistes devaient se subordonner aux impératifs de l'ensemble.

A côté des chants d'assemblée et de ceux de la *schola*, le cantor chantait le « *jubilus* » avec une grande latitude dans l'inspiration personnelle (on laissait libre cours à son inspiration pendant deux sabliers par exemple, ou deux *pater*) ; jusque vers la fin du XVIIe siècle, les variations de l'orgue se développaient librement dans les offices catholiques ou protestants — une messe de Nicolas de Grigny prévoyait une variation entre chaque verset du *Gloria*, comme les grandes variations de Bach dans la liturgie luthérienne ; or, cet office pouvait durer trois heures. La durée n'était pas fixée à l'avance mais dépendait de l'état d'esprit des fidèles — une lettre de Louis-le-Pieux note que certains offices s'arrêtaient lorsque tous les participants étaient épuisés, l'inspiration tarie — comme certaines danses africaines ne s'arrêtent qu'avec le jour et l'épuisement... Cette inspiration du cantor, que l'on retrouve notamment dans les *Alleluia*, fut codifiée : les réglementations de la liturgie tendirent à la sobriété, la critique des « airs lascifs » c'est-à-dire profanes par les textes conciliaires fut à l'origine de la fixation du prélude et de la *toccata* en genres pour la musique d'orgue. Le désir manifesté par les fidèles de restreindre l'office dans l'intervalle d'une heure conduisit à supprimer les variations d'orgue ; la restriction s'accentue à partir du Concile de Trente et du Pape Pie V, tandis que l'organiste lutte pour conserver ses prérogatives contre

---

1. Le report, sur une seule portée, des quatre partitions de la musique chantée.

les canons liturgiques qui limitent son rôle en réduisant son temps [1]. Des manuscrits raturés comme ceux que l'abbé Dricourt a trouvés à Reims, attestent même un effort de « sténographie » et de composition selon les règles établies dans les écoles — on notait les danses sur des portées de forme circulaire qui en imitaient le mouvement comme les variations d'intensité sur des portées à dessin sinusoïdal ou à tracé circulaire. Cet effort de rationalisation visuelle de l'inspiration personnelle par une codification spatiale atteste comme on voulait que la notation fût aussi parlante que possible [2]. La prière chrétienne a connu déjà cette codification après les premières assemblées où elle se formait et se formulait librement : la première transcription d'une prière chrétienne, un manuscrit d'Auxirenc, de la fin du IVe siècle, présente une codification selon les règles de la musique grecque en *La mineur*, avec cependant une invitation à continuer la mélodie par l'assemblée qui en créait elle-même les variations et l'harmonie selon son inspiration.

Le problème de la fixation et de la codification de l'improvisation est celui du rapport de l'activité spontanée au code indispensable à la communication. On n'échappe pas à l'exigence de cette conciliation entre l'inspiration personnelle et un code qui en organise l'expression. Le génie ne doit ni ne peut exister sans loi, car c'est en cela même qu'il consiste : le pouvoir d'agir en créateur en obéissant à un législateur qui n'est autre que lui-même, disait Coleridge en termes kantiens [3]. Ce n'est pas un hasard si les pouvoirs ont tant lutté pour imposer l'unicité de leur code : linguistique, juridique, religieux, scientifique... Le code qui oblige l'improvisateur à passer par des modes d'expression fixés, à ranger ses actions dans des catégories, des moules sociaux, lui impose un retard en freinant l'inspiration affective. L'immédiat, pour se dire, prend des médiations et il n'y a pas d'expression qui échappe au code sinon dans les frontières abréactives où l'improvisation vire, précisément, en son contraire. Pourtant la naissance instantanée de l'improvisation détermine sa capacité infinie à échapper au code institué en inventant ce qui le déborde [4].

1. « Que soit fermement rejetée toute musique lascive et qu'on use des *organa* de telle manière que l'Office ne soit pas indûment prolongé », dit un canon du Concile de Reims en 1658, tandis que le Concile de Cambrai déclare : « malgré sa beauté expressive, le jeu d'orgue ne peut atteindre la même puissance d'évocation que la parole... nous exigeons que soient respectés dans le jeu de l'orgue tous les silences que nous avons imposés... que l'usage de l'orgue soit *moderatum* ».

2. Ainsi le manuscrit de la bibliothèque du Château de Chantilly montre-t-il la notation musicale d'une danse sur une portée circulaire.

3. *Lectures and Notes of 1818.*

4. Comme la langue populaire vivante sur la langue aristocratique fixée — on l'a vu dans la lutte de la démotique grecque pour établir sa prépondérance sur la Katharévoussa.

La fixation écrite marque la civilisation durable : les sociétés sans écriture sont aussi les sociétés à culture non cumulative qui doivent sans cesse tout retrouver, transmettant par l'oral et la pratique les techniques d'ornementation où l'essentiel est la variation puisque rien de fixe ne demeure — ainsi les Dogons au Mali voient-ils se désagréger sous l'effet de l'humidité leurs sculptures sur bois qu'ils doivent recommencer avec chaque génération. Cela fixe les temps des civilisations qui se voulaient immortelles, à Luxor, à Karnak dont elles recouvrent les colonnes et jusque dans les tombes de ces vallées où elles fixent l'éternité des Rois, des Reines et des Nobles dans une quotidienneté anecdotique ritualisée qui exclut toute improvisation en conjurant l'imprévisible.

Pourquoi écrit-on, sinon pour conserver ce qu'on craindrait de ne plus recréer, pour imprimer dans la nature la glorification des dieux et des hommes? La conservation des trouvailles heureuses incite à la répétition de ce que les archives transmettent — « c'est pour avoir repoussé la grâce qu'il faut employer l'écrit qui est une seconde navigation», dit saint Jean Chrysostome[1]. Seulement le recours prématuré à l'écriture risque toujours de tarir la créativité, en particulier chez les enfants où il correspond à « leur besoin spontané de s'exprimer avec tout leur corps mimeur »[2]; Ferdinand de Saussure dénonce même « le prestige de l'écrit qui détourne vers la réceptivité des images une attention qui pourrait se porter sur l'activité sonore »[3]. Enfin l'écriture qui transporte l'information sans la modifier, centralise le pouvoir et rigidifie le devenir politique — « la fonction primaire de la communication écrite est de faciliter l'asservissement », va jusqu'à dire Lévi-Strauss[4]. Technique d'expression des clercs et des savants, elle résulte d'un apprentissage et donc d'un temps soustrait au labeur. Ainsi l'apprentissage de la parole, chez les anciens grecs, consistait-il dans le discours rédigé : les discours politiques étaient écrits et non improvisés — c'est pourquoi Socrate refuse d'utiliser pour se défendre, des discours enjolivés[5] mais veut prendre la parole pneumatique, qui n'a pas le temps de préparer sa dissimulation en écriture. Le discours rhétorique (διάθεσις) n'est pas celui qui invente (εὕρεσις)[6] — Platon méprise les logographes. Par différence avec le domaine privé de l'improvisation, l'apprentissage de la lettre concerne les affaires publiques et l'école[7]. On y atteint rarement et de façon durable cette « perfection contrapunctique

1. *Commentaire sur St Mathieu.*
2. Cf. Marcel Jousse, *L'Anthropologie du geste*, p. 102, 111.
3. *Cours de Linguistique Générale*, p. 45.
4. *Tristes Tropiques*, p. 317.
5. Cf. *Apologie de Socrate*, 17b ; 17c.
6. Cf. *Phèdre*, 286a.
7. Cf. *Protagoras*, 325c, e.

de l'œuvre longuement mûrie, réalisée »[1], l'écrit fragilisant encore la mémoire qu'il soutient pourtant.

En effet, l'écrit qui pose la norme, témoin indélébile condamnant toute errance, se distingue de l'auxiliaire mnémonique pour la parole vivante à laquelle il s'ordonne et rappelle des contenus à l'improvisation, contribuant ainsi à sa fécondité. L'écrit joue le rôle de la reproduction - conservation et du travail de réflexion — *la rature est née avec l'écriture.* L'acte d'écrire est aussi un processus créateur, le premier jet, une figure de l'improvisation — inaugural par une certaine liberté absolue de dire. L'écriture ne saurait empêcher, par elle-même, l'utilisation créatrice des contenus, sinon chez ceux qui se réfugient dans la répétition de ces schémas ; elle relance l'improvisation là où celle-ci lui doit sa conservation (le principe de la « *coloratura* » gagne au XVIIe siècle comme l'improvisation dans les *oratorio* de Haendel ou les ritournelles répétées par la suite).

Cependant l'écrit fige toujours et annonce la solidification de l'improvisation vivante dans la cire du disque ou sur la bande magnétique : sa conservation comme témoin du passé.

Les techniques de composition évoluent parallèlement à celles de la fixation. Ainsi l'enregistrement, actualisation des « paroles gelées » du *Tiers Livre* de Rabelais, qui inciterait à confondre improvisation et composition, accentue leur différence. En effet, les instruments d'enregistrement sonore et visuel ont modifié sinon l'improvisation, du moins l'attitude du compositeur et du public à son égard : certains voudraient établir une relation entre la part de composition d'une œuvre et le fait qu'elle se laisse aisément reconstituer à l'aide de formules. Pourtant au cours de l'audition d'une improvisation, on se trouve dans l'impossibilité d'en retrouver la structure ; de même, il est difficile de transcrire puis d'apprendre, pour l'exécuter ensuite, une improvisation qu'on a d'abord jouée ; inconscient de cette complexité pendant qu'il joue, puisqu'il éprouve un sentiment de facilité, l'improvisateur se trouve incapable de recommencer cet acte tant qu'il ne le dissèque pas — mais il en perd l'unité en découvrant sa complexité.

Or l'intervention des appareils d'enregistrement a transformé la situation en permettant de distinguer banalités, incohérences et répétitions — l'homme public ose moins sous les flashes des journalistes et les feux des caméras. L'enregistrement provoque ainsi la méfiance de celui qui agit en public, dès lors abandonné par la spontanéité.

Ainsi la séparation de la composition d'avec l'improvisation a constitué la musique comme un art, la conception et l'exécution, en spécialités ; la composition qui offrait l'avantage de la rationalité et supposait

1. Tournemire, *op.cit.* p. 102.

un mode d'existence privilégié s'érigea en référence noble. Ce processus de rationalisation se manifeste dans la clarté croissante de l'écriture (des comptes, des lois, des « notes », des décisions...) ; réciproquement, l'écriture facilite l'influence et le développement de ce qui est d'ordre intellectuel (des livres de compte, des tables de la loi et des catalogues, des tablatures musicales, des tableaux synoptiques et des tables des matières), décisif pour la mise en forme, au détriment du développement auditif et moteur premier. Quand la fixation écrite prend une importance centrale, l'impulsion s'efface devant la combinatoire et la construction.

c/ Opposition des structures.

La séparation progressive dont nous venons de retrouver l'histoire se fonde bien dans une radicale distinction de structure : la détermination d'avance arrêtée, de la composition, la « nécessité » en face de l'indétermination de l'improvisation à l'imprévisible évolution. En effet, le début d'une composition est dépendant de la fin, comme dans le système de Spinoza, on peut en prévoir le développement. Il est au contraire impossible de prévoir la fin de l'improvisation — comme celle de l'existence dont l'indétermination échappe aux modèles et entraîne l'impossibilité de son achèvement. On ne peut dire que dans l'improvisation, la première note contienne déjà la dernière c'est-à-dire que le réel contienne le possible puisqu'au fur et à mesure qu'elle se déroule, l'improvisation suscite ce qui ne se trouve pas dans les prémisses. Cette création d'imprévisible nouveauté dont parle Bergson, s'impose donc là où toute prévision est impossible, comme la présence humaine là où les cerveaux électroniques restent démunis.

Cette opposition de l'improvisation et de la composition se précise par référence aux deux principes qui les dirigent. Le principe de la croissance organique ou de la genèse, selon lequel commence une activité (esthétique ou pratique) caractérisée par l'élan, l'expression de la sensibilité. La genèse se développe de soi-même : le vécu de l'improvisateur se caractérise généralement par le naturel et la facilité même s'il fait appel à des procédés pour recomposer le délai qui lui manque et poursuivre en donnant l'impression du continu. Il doit se garder de fausser par précipitation ce besoin d'expression en l'adaptant à la représentation qu'il se forge de celle de l'auditeur. Les improvisations de Bach étaient plus ferventes et sublimes que ses compositions, « ses pensées n'étaient point alors défraîchies par le travail si ardu de la transcription » note Forkel[1]. D'autant plus actif qu'on remonte vers l'apparition de la composition,

1. *Vie, talents et travaux de Jean-Sébastien Bach*, p. 156.

ce principe s'exerce dans les régions méridionales et orientales ; il domine dans l'improvisation.

D'un autre côté, le principe de construction selon un plan, caractérisé par la réflexivité : contrôle et rationalité dominent dans la composition. L'activité correspondante a une finalité extérieure à elle, souvent pragmatique : il s'agit de produire un effet, par l'utilisation de moyens techniques, sur le monde ou sur les autres, par exemple sur celui dont le rôle consiste à louer ou à blâmer, à punir ou à récompenser : le dieu ou le critique.

Passer du premier au second principe, de l'improvisation à la composition, c'est passer de l'activité spontanée ou naïve à l'activité systématique.

L'opposition des structures explique la spécialisation des fonctions ainsi séparées — Platon avait déjà pressenti, au livre II de *La République*, au sujet de la division du travail, comme aux spécialisations correspondent les séparations entre les arts, entre l'art et le quotidien, entre les citoyens et dans l'homme lui-même. Ainsi spécialiste et conservateur par fonction, l'interprète soulève des difficultés lorsqu'il propose des interprétations au lieu de se borner à restituer la composition, c'est-à-dire lorsqu'il intervient dans ce que sa fonction le charge de transmettre. Or l'improvisation est la vivante protestation contre les séparations : composition et interprétation confirment les spécialisations et les retournent contre l'improvisation-mère dont elles oublient vite leur filiation.

Compositeurs et improvisateurs ne sont pas les mêmes : si on rencontre certes, des compositeurs improvisateurs : Bach, Mozart, Saint-Saëns..., beaucoup de compositeurs n'improvisent pas. De plus, un compositeur, un concepteur sont rarement les meilleurs interprètes ou exécutants de leurs compositions — Beethoven ne brillait pas dans l'interprétation de sa musique, un poète lit ou récite souvent mal ses propres vers. Socrate savait déjà que celui qui agit ou qui crée n'est pas le mieux choisi pour en rendre compte : trop absorbé dans sa pratique pour en prendre une vue objectivante, il l'exerce sans en connaître la science ; *a fortiori*, improviserait-il s'il possédait cette science? L'action politique par exemple, ne saurait se réduire à l'application soigneuse d'archétypes car elle tisse les volontés du projet avec les nécessités du contexte...

Les compositeurs primesautiers vivent sur le champ l'idée surgissante, à laquelle ils se confient, ignorant si elle a fait ses preuves et où ils aboutiront mais confiants en sa fécondité. Cependant ils ne peuvent exprimer à la fois, de façon immédiatement ordonnée, toutes les pensées qui leur viennent et qui se concurrencent.

Au contraire, les plus lents trouvent leurs idées par la composition. La majorité des compositeurs ne se confient qu'à l'idée sûre, longuement éprouvée, préservée du risque des expériences malheureuses. Dans un cas, l'improvisation consistera dans l'essai de dire, au rythme et dans l'ordre où les pensées viennent, avec le risque de la sécheresse qui ne trouve rien ou celui du bafouillage pour vouloir tout dire à la fois ; dans l'autre elle suit un fil préalable où elle accroche les formules, les phrases, les idées préparées. Aujourd'hui les compositeurs, les concepteurs ne sont plus exécutants mais les instrumentistes deviennent compositeurs, souvent par l'improvisation — ainsi des politiques.

L'improvisateur maintient une supériorité sur le compositeur qui n'improvise pas car le praticien dépasse celui qui ne pratique pas, si féru de théorie soit-il : l'agent moral surpasse le faiseur de manuels qui suspendrait son action ; c'est la pratique qui fait ou transforme. Il ne s'agit pas de l'application d'une pensée mais de penser son action en animant sa pensée au rythme de l'occasion et avec l'élégance d'une correspondance non heurtée entre l'acte et l'idée — ce qui atteste l'unification de l'être par l'acte ; la pensée ne peut plus s'arroger de droit une priorité et une primauté automatiques. L'actant conçoit ce qui est pensé non comme un objet en lui-même et par lui-même, mais immédiatement comme agi ; pas de retard entre l'élan de l'actant et son acte ni d'intermédiaire entre le conçu et le vécu, celui qui pense et celui qui effectue. Ce n'est pas la raison théorique qui régit l'action, le possible qui commande le réel, mais l'action transforme ou crée, le réel fait le possible.

Ces principes désignent encore une autre différence : l'improvisation porte davantage que la composition, la marque de son auteur ; on ne peut l'en séparer, même elle ne lui survit pas. En effet, seul l'auteur d'une improvisation peut la pratiquer, un autre la lui volerait pour ainsi dire, et de toute façon ne saurait la vivre comme son auteur. La parenté entre l'improvisateur et son acte concerne l'aspect vital, la manière temporelle de cette ressemblance que découvrait Bergson entre l'œuvre et l'artiste. Il ne viendrait à personne l'idée de faire exécuter par un autre musicien un morceau de jazz qui aurait été improvisé, par exemple par le jeune trompettiste Miles Davis, ni de penser la substitution de Bazaine à Bonaparte !

Plus la musique reste proche de ce qu'elle fut à l'origine où compositeur, improvisateur, exécutant étaient un seul et même personnage, plus ces fonctions sont confondues — ainsi dans le jazz, du *chorus* (une improvisation de même longueur et ayant les mêmes accords que le thème) joué par un musicien à la fois improvisateur, compositeur et exécutant. Cela vaut pour toute improvisation : une pièce de théâtre, un art de gouverner, une action dans l'urgence.

Chacun demeure le seul praticien possible de ses actes comme le créateur joue dans l'instant en concevant — l'unité de la pratique renaît où le conçu ne se sépare pas du vécu. La composition, au contraire, peut être exécutée par n'importe qui, sachant lire, pratique en fonction d'une posologie, sans lien nécessaire ou privilégié avec l'auteur.

Enfin l'improvisation se développe en secrétant de la nouveauté selon son propre dynamisme ; elle crée sa forme, elle est elle-même cette forme vivante, tandis que la « composition », par fragments juxtaposés, n'a pas cette unité caractéristique des « natures simples » ou de la pensée de l'unique maître d'œuvre qui assure la réussite d'une entreprise. L'improvisateur souffrirait-il d'un complexe d'identité par rapport au compositeur, la référence de toute identité étant la permanence qui permet la reconnaissance? L'improvisation diffère, en effet, à chaque fois, comme les gens que nous rencontrons et les instants que nous vivons — si nous sommes attentifs, tandis que notre myopie réductrice et notre sensibilité émoussée liment les différences et les réduisent au même. Précisément, l'improvisation est la différence où l'improvisateur accepte de se perdre — il ne se retrouve que dans le changement.

L'hétérogénéité radicale de l'improvisation et de la composition apparaît surtout lorsque nous les replaçons dans leur milieu temporel. Le compositeur écrit à son rythme et peut revenir sur ce qu'il a écrit pour le supprimer, le modifier ou reprendre ce qu'il avait sacrifié ; planificateur et combinateur pourront toujours revenir sur ce qu'ils viennent de faire, rappeler le temps à défaut de le retenir, ils ne sont pas livrés à la nécessité qui fixe leur action en la produisant. Le premier jet peut toujours être corrigé, le compositeur sait qu'il peut encore se repentir ; mais le sachant avant, ce n'est plus un véritable repentir puisque c'est un repentir prévu.

Or l'écrit, parce qu'il fixe, autorise la reprise de ce que l'on inscrit par humeur ou dans un élan généreux ; le temps de l'écrit est commandé par le délai et sa perspective par l'espace où l'acte retarde l'irrévocable qu'il imprime. L'improvisateur au contraire ne peut plus rattraper les paroles, les sons, les décisions envolés, lancés comme l'expression de lui-même ; engagé par l'irrévocable dont il doit maintenant poursuivre le sens ou interrompre le cours — on ne peut faire que ce qui a une fois été dit ou fait, ne l'ait pas été. Il reste cependant en son pouvoir de changer à tout moment d'orientation, de spécification ou de rythme et d'entreprendre, comme Descartes, à neuf : l'improvisation commence toujours, comme l'amour est toujours naissant, selon l'admirable formule pascalienne. Puis le compositeur sait ce qu'il veut construire, il contrôle et rectifie son action tandis que l'improvisateur qui peut l'ignorer au départ, le découvre peu à peu par son cheminement même.

C'est en situation que l'actant donne sa mesure, comme en improvisant que des orateurs, des musiciens ou des politiques dans les grandes occasions lancés dans une aventure sans retour possible, révèlent des qualités qu'on ne leur soupçonnait pas.

L'improvisateur agit, en effet, en « temps réel », le temps mis pour élaborer, rejeter, poursuivre, etc... est celui du déroulement de l'action : le temps de peindre, de jouer du piano, d'aligner des chiffres, de décider, le temps de l'exécution est le même que celui de la (re)présentation. C'est pourquoi l'improvisateur se croit le maître du temps, démiurge « chronogénique » : transformant en volonté les écarts, tirant des hasards les occasions et tournant les obstacles en organes, ce magicien défie le besogneux compositeur. L'extraordinaire privilège d'assister à une conception nous rend participants de cette ontogénie.

L'improvisation marque donc avec la composition une différence de nature qui tient à son rapport au temps : l'improvisateur vit le temps de son improvisation comme celui de son existence ; le compositeur fixe une œuvre à exécuter dans un temps second qui ne répète pas celui de sa genèse. Ainsi, lorsque l'improvisation revêt à nos yeux la nature de la composition, c'est par une omission de la perspective temporelle et par une illusion stroboscopique qui confond sa grande vitesse avec l'immobilité qui permettrait à l'acteur de discerner les éléments qu'il met en jeu. Cette pratique exceptionnelle par le rythme qu'elle impose au temps est de l'ordre d'une rationalité infiniment petite : la rapidité supprimant le délai sans annuler la réflexion ; la rationalité a été naturalisée. Dans la composition, le temps ne marque pas irrémédiablement l'acte ; dans l'improvisation, par contre, il confère à cet acte unique et décisif, le caractère tragique et définitif de toute naissance et de toute mort, dont il imprime à jamais le devenir. L'improvisateur agit toujours sans brouillon ni filet, à chaque minute exposé, en situation de risque ; mais il n'y pense pas car il ne saurait improviser en usurpant la perspective du spectateur. Pas de « perte » de temps ici, de reste inemployé, de provision ni de révision, de provisoire ou de procuration. Beethoven disait que l'improvisation, c'est ce qui vient du cœur et va au cœur.

II. - La spontanéité motrice

L'improvisation jaillit avec un *impetus* qui traduit une spontanéité. Sans spontanéité pas d'improvisation mais seulement des combinaisons.

Cependant la notion de spontanéité est ambiguë, recouvrant des réalités différentes, même opposées : expression de l'inconscient ou bien de l'habitude, des stéréotypes culturels emmaganisés ou des automatismes sociaux. Or, l'idée qu'on se fait de l'improvisation dépend de la façon dont on envisage la spontanéité, et bien des critiques de l'improvisation comme fantaisiste ou bien déterminée, ne font que traduire la position qu'ils adoptent vis-à-vis de la spontanéité.

a/ Spontanéité illusoire.

La première spontanéité fuit la douleur et cherche le plaisir ; réactive ou attractive, elle dépend de l'extérieur. Elle supporte, passivité soumise à la force, la nécessité naturelle et celle de l'inconscient. Parfois, ce mouvement immédiat de l'homme en situation trouve tout de suite et d'autant mieux qu'il répète plus souvent, le geste ou le mot lui permettant d'agir aisément et immédiatement, selon son acquis dans des situations où il n'était pas alors nécessaire d'improviser.

Ces conduites présentent l'aspect le plus superficiel de la spontanéité, acquise par nous, sans nous et comme relevant de l'habitude — on provoque alors les critiques empressés de l'improvisation qui la qualifient de supercherie. Comment faire la part de l'habitude et de la spontanéité chez un artiste qui tire toutes les possibilités d'un instrument ou chez un politique rompu aux entrechats des déclarations impromptues? Elles s'appuient l'une sur l'autre dans un entrelac tissé par l'occasion où la répétition du passé relance le jaillissement instaurateur, où l'urbanité est un élément de la délicatesse, le savoir-faire un élément du savoir-vivre et l'habitude un élément de la spontanéité.

D'autres considèrent la spontanéité comme la réaction exacte et immédiate à des *stimuli* dans une situation donnée. Ce comportement qui tient de l'automatisme sa régularité, sa précision, son opportunité surprenante, n'est plus adapté lorsque le *stimulus* change de nuance : raide, incapable de créer, sa réponse en retour de ressort dont l'automatisme et la rapidité l'avaient seulement fait passer pour de la spontanéité, n'apporte rien de neuf. Loin d'exprimer l'être entier, le réflexe n'en trahit, en effet, qu'un acquis impersonnel, souvent une réaction de défense. Comment qualifier de spontané le réflexe de conservation qui nous fait fermer l'œil devant l'éclat, baisser la tête devant le coup? Nous sommes là dans l'ordre du mécanique, du physiologique, donc à l'opposé de toute spontanéité — autant dire que les automates, à défaut de navettes... fonctionnent tout seuls, « *sua sponte* ». Une spontanéité d'automate n'a jamais rien créé ni fait que répéter hier et encore demain ; tout au plus l'automatisme réflexe favoriserait-il une virtuosité mécanique asséchée de sentiments. Le réflexe conditionnel se produit automatiquement dans une situation particulière, tandis que le mouvement spontané suppose une technique et sa pratique préalable approfondie vers les degrés les plus parfaits de l'improvisation. L'animal lui-même n'est pas un automate, il agit en réponse à des impulsions internes comme à des situations stimulatrices déclenchantes. Le comportement d'appétence, par lequel l'animal recherche ces situations stimulatrices, est le premier signe d'une disposition spécifique à l'action : l'impulsion animale ; la base automatique endogène du mouvement réflexe ne suffit pas à une décharge spontanée [1].

D'un autre ordre que la spontanéité, le réflexe isole ce qui prend sens comme totalité dans la personnalité, dont il ne révèle que la part la plus impersonnelle en séparant son être et son acte ; il nous échappe tandis que la spontanéité nous exprime, celle-ci nous expose et nous ouvre au monde, celui-là nous protège et nous gêne à la fois.

Ainsi il convient d'être prudent avant de qualifier de spontané « l'automatisme », surréaliste ou autre. L'esprit poétique cherche à réaliser l'imaginaire, le désir à « réaliser ce qu'il imagine », selon l'expression d'André Breton qui qualifie l'improvisation d'« automatique » pour parler du « sens pénétrable » dont la psychanalyse parvient à charger « les improvisations automatiques » [2]. Or ce que cette écriture a d'automatique l'éloignerait de l'improvisation comme l'en sépare, à l'autre extrême, son caractère laborieux selon Valéry. L'automatisme correspond à une passivité de l'esprit qui renonce à l'originalité : « nous n'avons pas de talent », dit A. Breton qui renvoie l'auteur, responsable : « ce que j'ai fait, ce que je n'ai pas fait, je vous le donne » [3] — l'écriture automatique serait un moyen et non un résultat conquis — ainsi que Breton le reconnaît lui-même, il s'agit de « laisser s'extérioriser en nous ce qui tend à devenir langage et s'en trouve normalement empêché par notre surveillance consciente » [4]. Freud ne voit-il pas dans la prétendue spontanéité du langage un avatar psychologique de l'idéologie de la Muse [5], héritée du XIXe siècle, où se retrouve dans la passivité de la dictée, l'attitude fétichiste à l'égard du donné dont on oublie le factice? Ici l'union entre le projet et la spontanéité est indistinction, comme dans une grande fatigue où étonné, on se trouve avoir écrit quelque chose totalement différent de ce qu'on avait l'intention d'écrire ; l'automatisme de l'écriture la dénature et la dénomme. Certes il ne s'agit pas de refuser toute place à l'inconscient ou aux techniques de levée de l'inhibition : comme Janet l'a montré, tout automatisme n'est pas mécanique, il y a un secteur commun à la spontanéité et à l'automatisme : ce qui se fait de soi-même (*autos*, *sua sponte*). Ainsi l'hypnagogie a permis à Desnos d'écrire et des drogues se trouvent à l'origine des graffiti d'Henri Michaux.

La question est de savoir si ces expérimentateurs obtiennent ce qu'ils n'auraient pas trouvé sans ces moyens, ailleurs ou plus tard, s'ils dé-

---

1. Cf. K. Raeder, *Ethologie. Biologie du comportement.* Ed. Scientifiques, Paris, 1972, chap. 5, 17.
2. *Point du jour*, p. 224.
3. *Manifeste surréaliste*, p. 45, 71.
4. *Point du jour*, p. 242 et ss. ; *L'amour fou*, p. 14.
5. *Cinq leçons de psychanalyse*, chap. III.

couvrent un contenu inédit, prometteur. Le retour du refoulé n'a rien, en soi, qui vaille présentation ni représentation. La thérapie psychanalytique rend capable de spontanéité l'être bloqué, revenu à lui-même. L'inconscient n'est pas étranger au locuteur, il n'est pas indifférent que ce soit lui et non tel autre, qui parle.

Pas d'improvisation sans sujet, individuel ou collectif ; le désir manifesté dans l'écriture automatique comme dans l'improvisation, est assumé ici et ignoré là. Comment éprouver dans une activité automatique se répétant à travers nous, la joie d'agir ou de créer, si nous consentons à son impersonnalité? Les œuvres de la nature nous plaisent parce que nous y décelons une intention, disait Kant — encore faut-il y être attentif, consentir au désir qui s'y exprime et trouver sa correspondance avec le nôtre. Le surréalisme a trop vite confondu les données immédiates et le moi profond, en oubliant la condition essentielle de l'attention — l'activité seconde, inattentive, n'est pas improvisation. Laissons donc réflexe et habitude à leur place d'auxiliaires mais n'y réduisons pas ce qui nous exprime et nous relie [1].

La spontanéité ne saurait se réduire à la primarité caractérologique — bien qu'elle y joue un rôle, au « naturel » des personnages de Marivaux qui avouent : « je m'explique comme je sens », « je dis ce qui me vient » [2].

L'autre erreur consiste à confondre la spontanéité avec l'utilisation immédiate, « naturelle », de stéréotypes sociaux. Notre spontanéité ne s'exprime, bien sûr, qu'à travers le prisme de notre culture, par exemple dans la transmission aux enfants des normes culturelles qui saturent les conduites de significations. Demander à quelqu'un d'être naturel, spontané, c'est provoquer ordinairement un mélange de banalités selon les modèles culturels : les attitudes, les vocabulaires les plus répandus par les mass-media, et précisément le moins original des comportements d'individus pourtant divers ; la spontanéité révèle ainsi les idéologies véhiculées par les mentalités — elle ne saurait donc être considérée comme ce dont les rapports sociaux les plus courants nous présentent l'image.

b/ Spontanéité libératrice.

Faut-il ranimer les querelles de Rousseau contre les Spectacles, les Sciences et les Arts ou remonter à Calliclès qui prenait la Nature pour la Loi et fondait sa critique de la culture sur son mépris de l'éducation?

Il est vain de chercher la spontanéité en-deçà de la culture ou contre elle : il y a seulement des Cités qui figent la spontanéité comme la créa-

---

1. Cf. la remarquable recension, par Claude Estève, du *Traité du Style* de Louis Aragon, in *Nouvelle Revue Française*, 1928, pp. 415-420.

2. *Le dénouement imprévu*, Sc. IV ; *Les acteurs de mauvaise foi*, Sc. III.

tivité tandis que d'autres, plus rares, les permettent — il y a des sociétés saines et des sociétés aliénantes. Or la spontanéité assure la percée de l'improvisation simultanée au mouvement par lequel l'intellect cherche à transformer une situation ou dans la prise de parole ouvrant une perspective neuve. Son mouvement revêt l'importance de tout ce qui, étant premier, promet : les naissances (poétique, praxique, ontique), les aurores, les commencements, le souffle animateur — si l'enfant est spontané, c'est qu'il aime commencer ; Husserl disait : « l'impression originaire est le commencement absolu de cette production, la source originaire, ce à partir de quoi se produit continûment tout le reste. Mais elle n'est pas elle-même produite, elle ne naît pas comme quelque chose de produit mais *genesis spontanea*, elle est génération originaire »[1]. Sa surabondance vitale libère dans les jeux et les fêtes qui témoignent de la santé sociale, l'énergie d'ordinaire investie dans l'utilitaire : l'impulsion heureuse à improviser les rôles qui nous sont dévolus au lieu de n'y investir que la partie la plus superficielle de nous-même pour répéter des pantalonnades correspondant aux masques sociaux. Comme tout jeu qui nie la situation acquise[2], l'improvisation se combine avec l'obéissance à des règles — la spontanéité y est réglée.

Plus profondément, toute spontanéité dépend de facteurs biologiques : son cycle physiologique est celui de l'émotion — on ne peut vivre continûment un mouvement de spontanéité. Elle opère à partir de pulsions que le moi tend à unifier afin de dépasser la répétition. D'un côté on référera l'*impetus* à l'inassouvissement de la *libido*, le libre exercice de l'impulsion renvoyant au symétrique inverse, de la compulsion, toute pulsion visant à rétablir le *statu quo ante*, présent au cours de la phylogénèse ; de l'autre on se tournera avec Szondi[3] vers l'origine génique des pulsions — ici comme là, le moi se trouve confronté à la répétition de l'inconscient qui fait revenir le passé déguisé en présent ou à celle de l'hérédité génétique. Mais c'est par référence à l'influx nerveux que se précise la vivacité de la spontanéité : stimulé par la naissance du désir enraciné dans la tendance, l'influx suit le rythme du flux émotionnel qui monte lentement, passe par un climax et décroît brusquement ; il peut aussi s'entretenir par des interventions extérieures et par des techniques psychologiques, comme on le voit dans le théâtre contemporain. Or ces états émotionnels, ces poussées physiologiques, constituant le substrat de l'*impetus*, rompent les inhibitions favorables au délai, à l'expression codée, permettant alors le réaménagement immédiat de schèmes préétablis et l'émergence de thèmes archétypaux. La continuité nerveuse inscrite dans

1. *Leçons. Supplément*, I, p. 131.
2. Cf. Alain, *Les idées et les âges*, p. 167.
3. *Liberté et contrainte dans le destin des individus*, chap. I.

notre génétique et dont l'organisation commande notre comportement, nous ramène à des formes primitives d'expression dont nous véhiculons les schèmes archaïques en-deçà des spécifications de la culture et des stéréotypes sociaux. Ainsi cette spontanéité serait la façon personnelle à chacun de vivre ces archétypes engrammés dans l'espèce qui constituent comme le lieu universel de l'âme humaine en communion avec le cosmos. Chacun y retrouve l'autre dans une communauté de réactions en-deçà des rationalisations culturelles et des différenciations historiques.

Cependant, il n'y a pas de comportement explicable uniquement par des schèmes inscrits dans le système nerveux ; c'est toujours la rencontre de ces schèmes avec une attente, une demande du milieu, dans une structure historique, qui entraîne le comportement. La rencontre de structures nerveuses et de certaines structures sociales se traduit par un comportement qui est toujours un mode relationnel entre les êtres et les choses, l'environnement et le sujet. Georg Simmel insiste en ce sens sur l'influence du milieu urbain sur le système nerveux, moteur de la spontanéité, « résultat du changement rapide et ininterrompu des impressions externes et internes »[1]. Cette « intensification de la vie nerveuse » en système avec l'innovation continuelle, caractérise la vie urbaine ; la grande ville multiplie et intensifie, en effet, les *stimuli*, excite l'individu à une vivacité et à une rapidité induites par un rythme inconnu du milieu rural régulé par le modèle de la maturation naturelle. A son tour, l'intensification de la vie du système nerveux favorise et accélère le processus de spiritualisation.

Alors si la spontanéité déborde l'inconscient, l'hérédité génétique ou sociale, elle ne saurait être l'aptitude d'un être sans passé, dont la limite ironique retrouverait la *mens momentanea* de Leibnitz. L'absence de toute détermination ne constitue ni un être spontané ni un être libre : personne n'est libre de toute détermination mais on accède à la liberté à partir de ses déterminations.

Entre l'angélisme du pur esprit et l'engluement dans l'inertie matérielle, la spontanéité se caractérise comme dynamisme du désir de la personne intégrale : on ne peut agir *sua sponte* lorsqu'on reste écartelé entre des désirs contradictoires ou dépendant d'une instance hétéronome. Ainsi la spontanéité renvoie à une forme de transcendance — Merleau-Ponty évoquait « l'acte de transcendance » par lequel le corps humain s'approprie « dans une série indéfinie d'actes discontinus des noyaux significatifs qui dépassent et transfigurent ses pouvoirs naturels » ; la parole, par exemple, est immédiatement expressive, « tout entière motricité et tout entière intelligence »[2] — cette signification de la spontanéité se précise

---

1. « Die Grosstadt und das Geistesleben », in *Brucke und Tür*, Stuttgart, 1957.
2. *Phénoménologie de la perception*, p. 226, 227.

par référence à ses rapports avec la liberté dont la perfection est la spontanéité qui se réalise sans obstacles, comme nous l'ont appris Bergson et Freud.

En réalité, la critique de la spontanéité ne vient pas seulement de la précipitation à confondre mais d'une prévention contre ce qui échappe au contrôle de la réflexion — parce que les détracteurs de la spontanéité identifient la liberté et ce qui est délibérément décidé. Si le prisme simplificateur de l'intellectualisme rapproche, voire confond spontanéité et automatisme pour les opposer à la liberté, c'est qu'il ramène celle-ci à la décision intellectuelle. Or la délibération, loin de toujours précéder l'exécution, la suit souvent, comédie justificative *a posteriori* dont les critiques bergsonniennes rejoignent les analyses pascaliennes et les observations de Molière : on aime d'abord et on se trouve ensuite des raisons, mais on ne les trouve que parce qu'on aimait [1]. Il s'agit toujours de se donner raison après coup, de légitimer l'action, comme si on avait honte de s'être laissé aller. D'autre part, la conception, loin de se borner à envisager l'exécution, l'appelle et la presse ; si l'improvisation les confond, c'est que l'exécution y explose déjà comme un acte lancé pour voir. Ceci remet radicalement en question la conception même d'un acte volontaire qui ne laisserait aucune place à la spontanéité et, au-delà, à l'improvisation — il suffirait de bien voir pour bien faire. Or tout acte volontaire ne va pas à contre-courant, la volonté ne saurait se réduire à un pouvoir de coercition mis en œuvre par soi sur soi, traduisant plutôt l'incapacité à agir volontairement c'est-à-dire librement, la crispation (comme chez le joueur de Sartre, les protagonistes de *En attendant Godot* [2], ou le sujet de *La Vase*, de Ionesco), l'écartèlement entre le vouloir et le désir de celui qui n'ose pas choisir : « parmi les humains il n'en est pas de plus misérable que celui qui n'a d'autre habitude que l'indécision et pour qui chaque cigare qu'il allume, chaque verre qu'il vide, l'heure où il se lève, où il se couche chaque jour, le commencement enfin du moindre petit travail, sont l'objet d'une délibération et d'une volition expresses », observait William James [3]. Ainsi la conception intellectualiste cantonne la liberté à la réflexion pour réduire la spontanéité au réflexe.

Comment pourrait-on alors comprendre qu'un acte volontaire puisse être spontané ? Le geste généreux, le sacrifice, l'acte courageux, pour être spontanément accomplis, n'en sont-ils pas moins volontaires et l'expression authentique de leur auteur ? Le poète, le héros, ne sont-ils pas libres,

---

1. Cf. Pascal, *Discours sur les passions de l'amour ;* Molière, *Le Misanthrope,* Acte II, sc. 4, vers 711-730. Et Bergson, *La pensée et le mouvant, p. 19.*

2. *L'Etre et le Néant*, p. 30 ; Samuel Beckett, *En attendant Godot.*

3. *Causeries pédagogiques*, p. 59.

davantage encore que le calculateur? Un acte n'a pas besoin, pour être libre, d'avoir été précédé et conditionné par la pesée des motifs ; ce qui est spontané : un mouvement du cœur, une adhésion immédiate, exprime l'irréductibilité personnelle, l'originalité de l'acte spirituel. La spontanéité devance ainsi un avenir mystérieux et attractif à la fois. Alors, lorsque nous sommes capables d'improviser, nous sommes libres, comme l'attesteraient la psychanalyse et la psycho-pathologie. Pour reprendre l'image jungienne du « volcan d'énergies », cette spontanéité surgit lorsque les obstacles qui l'offusquaient lui laissent le champ libre.

Une spontanéité sensible, épidermique, concerne nos sensations, notre plaisir ou notre déplaisir immédiats qui la stimulent. C'est la spontanéité naïve de l'enfant tiraillé entre ses caprices contradictoires, l'*impetus* aveugle, expression du désordre des désirs qui menace de nous émietter dans des conduites incohérentes et fractionnées ; toute spontanéité n'aboutit pas à une improvisation — mais au niveau de notre personnalité profonde, elle résulte d'un forage et d'un déblaiement des écrans qui obturent son épanouissement, dressés par l'habitude, les nécessités utilitaires et les réactions premières de la spontanéité sensible. Cette seconde spontanéité nous représente ; nous consentons déjà à ses mouvements que nous ne démentons pas et qui nous expriment : spontanéité spirituelle, jamais achevée, comme la réconciliation avec soi. Nous passons par la spontanéité sensible avant d'atteindre, parfois, la spontanéité unifiante ou spirituelle, seule capable de faire cesser la dichotomie du *video* et du *sequor* dont parle saint Paul.

Spontanéité, liberté et ouverture au possible coïncident en un point où jaillit la première, s'atteste la seconde et se crée la troisième, et ce point est un acte : l'acte de commencer. La spontanéité qui permet le passage à l'acte, manifeste l'autonomie spirituelle, l'initiative du sujet selon sa personnalité et son tempérament, c'est-à-dire son insertion physiologique et sociale.

La spontanéité explique alors la facilité de l'improvisation qui, par des moyens techniques, exprime l'émotion du vécu ; avec ce naturel qui fait tout son charme lorsqu'elle épouse le rythme de la spontanéité. L'âme et le corps y trouvent une simultanéité dans un accord qui anime le geste en même temps qu'il gestualise l'esprit. La spontanéité figure donc l'élan de l'improvisation et pas seulement le désordre capricieux dont celle-ci serait la lucidité.

c/ Spontanéité créatrice.

Comment la spontanéité conduit-elle à une *praxis* et mène-t-elle notre action à son terme? Toute spontanéité n'est pas créatrice. Inversement, dans l'improvisation la créativité est spontanée. La spontanéité créatrice de l'improvisation se situe entre la spontanéité réactive (le réflexe) et la création sans spontanéité (la réflexion). Définie comme la réponse adaptée à une situation nouvelle ou mouvement de proposition dans une situation ancienne ou inattendue, la spontanéité mobilise la personne toute en éveil ; la créativité naît de son immersion dans un contexte de difficultés ou évocateur de possibles dont le désir anime l'effervescence. La spontanéité donne vie à la créativité qu'elle anime, la créativité donne un contenu à la spontanéité qu'elle informe. Conduites d'unification : — la créativité rapproche par association, mise en relation [1] des éléments, des idées, qui se situent dans des univers différents ; — la spontanéité, qui réunit les divisions, unifie la personne agissant de son propre mouvement et suppose, pour être créatrice, une simultanéité entre la disposition du sujet et les exigences du contexte. Elle actualise la créativité, comme son *impetus* rend effective toute intention, toute bonne volonté : sans elle, la créativité n'est plus amorcée et se dilue. La spontanéité n'est pas soumise à la conservation de l'énergie, comme après Bergson l'a vu Moreno [2] ; son surgissement et sa dépense, instantanés, surviennent simultanément — on ne stocke pas la spontanéité qui se dépense tout entière dans le moment de son jaillissement ; son énergie qui s'épuise à se gaspiller, se dégrade à se conserver. Dans son beau livre sur *La création chez Stendhal*, Jean Prévost disait que le premier jet était « l'essentiel de la création du style » [3]. Expression de la spontanéité, celui-ci provient d'un impérieux besoin de dire ce dont on est rempli à un moment donné, comme l'évoquait Socrate dans *Le Banquet* [4] ; joint à l'intention créatrice de dire ou de faire, il dispose à résoudre heureusement une difficulté. L'improvisation surgit de la rencontre de cette disposition personnelle avec une circonstance qui réclame à l'instant une action adaptée.

La spontanéité devient créatrice dans la sublimation où les pulsions se transforment en aspirations, avec déplacement du but mais maintien de l'intensité — la création suppose, en effet, un « effort de dépouillement et de transmutation de son propre vécu » [5]. Geiser intermittent orienté

---

1. « Le jeu combinatoire semble être une caractéristique essentielle de la pensée productrice », disait Einstein ; cf. J. Hadamard, *Essai sur la psychologie de l'invention dans le domaine mathématique*, p. 82 ; ainsi Koestler voit-il dans la pensée bisociative le moteur de la créativité. Les techniques de provocation à la créativité utilisées dans l'industrie (*brain-storming*, *synectique*...) partent du même point de vue.

2. Bergson, *L'Énergie spirituelle*, p. 34 ; Moreno, *Fondements de la Sociométrie*, p. 10 et ss.

3. p. 11, 20.

4. Platon, *Le Banquet*, 209 b, c.

5. *Revue française de psychanalyse*, 1964, N° 4, Tome XXVIII, « Art et fantasmes ». Mais la psychanalyse avoue son incapacité à rendre compte de façon scien-

vers de nouvelles formes d'exister, la spontanéité improvise de nouveaux actes, et d'un mouvement toujours recommencé elle se recharge pour se dépenser d'un seul coup dans la créativité.

Plusieurs spontanéités convergentes se fondent en une spontanéité collective, généralement autour des symboles qui rassemblent les hommes, des événements qui les concernent et des besoins considérés comme primordiaux par la conscience populaire, justice ou liberté, faim, paix ou dignité. Souvent émiettée en tendances antagonistes, l'aspiration collective resurgit, unanime, dès qu'elle sent menacée sa référence à l'être de la collectivité. Elle suppose des désirs et des rejets, un accord des subjectivités réalisé par une condition commune d'existence, une simultanéité des souffrances et des joies, bref : une histoire commune.

Depuis la fin du XIXe siècle, certains facteurs ont modifié les conditions de cette spontanéité collective en l'étendant géographiquement : l'extension de réflexes formés par la télécommunication suscite et propage le même type de réactions face aux événements qui atteignent des groupes sociaux géographiquement éloignés. L'extension spatiale se double ainsi d'une extension temporelle, la même réaction étant provoquée en des milliers de lieux différents par des communications qui réduisent les dimensions de l'espace à la ponctualité et la succession temporelle à la coïncidence. En même temps, ces intermédiaires qui assurent les communications, euphémisent et uniformisent les aspirations comme les réactions : la spontanéité perd de son impulsion sous l'effet de l'intégration et du contrôle — la spontanéité collective varie donc selon la structure sociale et son devenir à un moment donné. En deçà de l'uniformisation de la spontanéité collective par ces moyens de communication, jaillit le sursaut éthique du refus, impulsion rassemblant subitement ceux qui se levaient isolément ; ainsi en fut-il des premiers mouvements de la Résistance, avec des phénomènes de *diaspora*. Au-delà, les désirs individuels se cristallisent en projets selon le dynamisme de l'aspiration par l'intermédiaire de la conscience collective.

Cependant la spontanéité collective s'exerce-t-elle à tous les niveaux sociaux ou seulement à certains?

Protestataire dans les millénarismes, les révoltes politico-religieuses et les révolutions, elle est le propre des groupes dominés. Le pouvoir n'a pas besoin de spontanéité : il a le Droit et la force ; puis son argumenta-

---

tifique de la sublimation artistique ; comme dit Michel de M'Uzan : « l'investigation psychanalytique ne peut pas toucher l'essence même de la sublimation artistique : les problèmes du don, du talent, du génie etc... échappent à notre discipline, comme selon moi, à toute autre, fût-ce celle de l'esthétique classique » ; *ibid.*, 1965, No I, Tome XXIX, « Aperçus sur le processus de la création littéraire », p. 43.

tion exclut la manifestation émotionnelle qu'il assimile au désordre. Si des cas de spontanéité collective ont pu se trouver dans la classe détenant le pouvoir, cette spontanéité, protestataire, démontrait la force dont celle-ci préférait ne pas avoir à se servir pour éviter de compromettre la sûreté de son existence et la sécurité de ses biens ; ce n'est pas une spontanéité réactive mais une spontanéité menaçante. Chaque catégorie sociale a sa manière propre d'agir et de faire l'événement : le peuple a une réaction de colère vengeresse dont l'agressivité destructive est proportionnelle à la frustration subie ; les aristocrates auront une réaction de peur ou de générosité ; le bourgeois révolutionnaire, jusqu'à ses conquêtes pour lesquelles il cherche à arrêter l'Histoire, une réaction de défense. Ces conduites collectives naissent de l'acquis intériorisé et de la révolte contre la stabilisation d'une réalité sociale présentée comme nécessaire et éprouvée comme contingente.

La spontanéité qui fonde psychologiquement l'improvisation se combine avec l'aléatoire, condition objective de la situation ; celui-ci correspond à une indétermination que l'improvisation consistera précisément à liquider par la saisie de l'occasion. L'aléatoire se substitue à la spontanéité défaillante chez ceux qui, ne voulant ou ne pouvant pas s'y confier, préfèrent se livrer au hasard. La confiance dans une spontanéité incontrôlée se combine ainsi avec l'abandon démissionnaire au hasard. Aléatoire et spontanéité ne s'excluent pas : la spontanéité prime en *impetus* du côté du sujet, l'aléatoire se manifeste comme indétermination, indifférenciation du côté de l'objet.

III. - Les paradoxes de la conquête.

Si l'improvisation se fonde sur le moteur de la spontanéité créatrice, il convient de s'y entraîner d'autant plus que des obstacles psychologiques et sociologiques entravent son exercice.

Comment se fait-il que l'improvisation ne soit pas davantage pratiquée? On peut s'étonner de sa rareté dont les impératifs de la virtuosité ne suffisent pas à rendre compte, le bonheur des hommes n'étant pas nécessairement corrélatif de l'organisation. Surtout s'ils improvisent davantage individuellement et collectivement dès qu'ils en ont la possibilité, et s'y réjouissent, c'est que des obstacles empêchent l'improvisation de se développer. Recensons ce qui entrave sa pratique ; nous verrons comme les sociétés s'organisent pour exclure l'improvisation qui menace, précisément, leur organisation.

a/ Les obstacles à l'improvisation.

Certaines situations rendent impossibles la spontanéité et l'improvisation.

L'angoisse remédie à des situations qu'on ne peut envisager tout entières et d'un seul coup ; elle écarte la menace de l'insupportable en nous y habituant déjà par un souci permanent. Cette protection contre l'imprévu et le discontinu, quasi-adaptation anticipant sur l'état dans lequel nous pourrions tout-à-l'heure nous trouver, produit un malaise constant. L'angoisse a ainsi pour fonction d'aider à supporter les moments de choc sans sombrer : faisant vivre l'événement à l'avance, elle obture l'improvisation en privant l'avenir de sa nouveauté et en aliénant la spontanéité du sujet.

Les états d'inappétence, de *dyspepsie mentale* rendent incapable de commencer et condamnent à répéter le même. L'inhibition qui entrave la spontanéité provient d'un découragement qui se manifeste en psychasthénie, d'une peur de se livrer aux autres ou de se perdre soi-même ; ainsi des schizoïdes et des obsédés dont l'esprit, fixé sur ce qui l'investit, ne peut plus mobiliser sa spontanéité — alors suppléée par l'idée fixe.

Ces entraves qui désamorcent ou rendent impossible l'improvisation se retrouvent, systématisées, dans les attitudes qui composent *la rigidité mentale.* Cette réification de la pensée, indépendamment du contenu anecdotique du comportement, se manifeste par une incapacité à changer de dispositif (cognitif, intellectuel ou pratique) quand les circonstances le réclament, ou encore à restructurer un champ (perceptif ou intellectuel) quand celui-ci est désorganisé.

Milton Rockeach a plus particulièrement étudié cette rigidité sous l'aspect de l'esprit fermé[1] qui trahit une faiblesse de la capacité d'innovation. Les systèmes et les esprits clos n'ont pas le sens de l'évolution, le présent ne leur sert qu'à confirmer le futur lointain — plus un système de vision du monde et de croyances est orienté vers le futur et moins il est concerné par le présent dont l'expectative suppose la négation. Il s'installe en préparatifs : lorsqu'on fait des provisions, on n'a plus besoin d'improviser. Ainsi il y a plus d'anxiété dans les systèmes clos, par exemple dans les groupes au *leadership* autoritaire, que dans les systèmes ouverts — dogmatisme et anxiété, factoriellement semblables, cotent l'un et l'autre dans le même sens. L'anxiété, « croyance cognitive » selon l'expression de Rockeach, détermine une raideur dans l'aperception du futur, par réaction devant l'ambivalence, refusée par l'intolérant et l'ethnocentrique, sur laquelle joue l'improvisation. Tout est organisé par une Rai-

1. *The open and closed mind*, 1960, New-York.

son qui a résolu les contradictions et prévu le devenir [1], comme dans les Utopies, systèmes anhistoriques inverses des élans porteurs des promesses de l'avenir. Ainsi un besoin de savoir (sans besoin de protection) caractérise le système ouvert tandis qu'un besoin de se protéger (sans besoin de savoir) caractérise le système clos [2]. L'improvisation suppose au contraire une insatisfaction devant le réel dont elle accuse l'insuffisance : elle a l'allure de la recherche.

Enfin les sujets à l'esprit clos éprouvent des difficultés pour opérer des synthèses et intégrer de nouvelles croyances dans un nouveau système, l'obstacle étant la répugnance à se souvenir. En effet, la capacité mnémonique consistant à rendre présentes à l'esprit toutes les nouvelles parties à intégrer, plus on est capable de garder en mémoire les parties nouvelles d'un système et plus on est à même d'accepter de nouveaux systèmes. La facilité à synthétiser est inversement proportionnelle à l'apparition récente du système — on improvise moins à partir d'un acquis récent, moins bien assimilé qu'un acquis plus ancien. Si les sujets à l'esprit clos restent généralement fidèles, ils continuent à adhérer à leurs systèmes alors même que ceux-ci sont démentis par une réalité contradictoire. Cette persévération oublie d'animer le renouvellement de sa fidélité comme l'improvisation, création ingénieuse de la solution nouvelle dans l'instant. Rien d'étonnant à ce que l'improvisation effraie ces sujets en les projetant dans un inconnu dont toute l'organisation de leur vie les préserve ; réveillées, leurs puissances imaginatives risqueraient d'ébranler l'ensemble de l'édifice.

Les systèmes de croyance politique, religieux, conceptuel, tendent à limiter d'autant plus l'improvisation qu'ils la réduisent davantage à la fantaisie ou au pis-aller. Ils développent, en effet, une vision totalitaire du monde dont il ne s'agit pas de s'écarter sans consulter l'autorité régulatrice sous peine de se voir infliger diverses exclusions du groupe... Dans ces systèmes tout est prévu et codifié, les cheminements répertoriés, les conduites déterminées par l'idéologie qui en maintient la cohésion. Rien de surprenant donc, à ce qu'ils craignent, réprouvent ou dévaluent l'improvisation.

Certains contextes collectifs entravent aussi l'improvisation en fixant les significations ; résultat de rapports sociaux historiques, ils s'enracinent dans le passé d'un groupe dont ils s'appliquent à reproduire les clivages : Ordres, classes, castes sont fixés par une légitimation, les limites

---

1. Déjà dans la république platonicienne il est interdit de voyager hors de la Cité ; dans l'*Utopie* de Thomas More, la Cité est une monstrueuse monade sans portes ni fenêtres.

2. Cf. Rockeach, *op. cit.* p. 67, 68.

du possible ancrées dans les esprits comme naturelles, la mobilité sociale réduite à une progression scalaire aux étapes fixées de façon aussi définitive et rigide que les degrés platoniciens du *Banquet*, la hiérarchie des métiers au Moyen-Age ou celle des Ordres sous l'Ancien Régime. Ainsi les sociétés utilisent-elles divers moyens pour figer leur devenir et éviter la fluence des rôles : les mythes, les rites, le Droit, afin de rendre prévisible le comportement de leurs membres — à la limite, l'imprévisibilité totale du comportement équivaut à l'anormalité. Pour réguler les comportements et prévoir leur avenir, les sociétés en déterminent les normes qui assurent un ordre, une continuité, évitent les désordres et les gaspillages de l'imprévu.

L'hypertrophie du juridisme la paralyse comme la prévalence de la loi stérilise toute improvisation. L'adresse qui a su transformer sa force en droit et l'obéissance en devoir, selon l'expression de Rousseau, sacralise la force par omission de la *praxis* première, c'est-à-dire de l'improvisation initiale : on arrête l'Histoire au moment favorable, qu'on éternise ; on passe de l'action à la prescription. Le juridisme croit que ses décisions, sans fondement enraciné dans quelque aspect du réel, vont le changer, comme si les lois changeaient les mœurs. Or, l'improvisation enjambe les divisions et dissout la casuistique, faisant ce que l'esprit légaliste et précautionneux n'aurait jamais osé — ou dont il se serait usé à chercher les conditions de possibilité ; elle synthétise ce dont la parenté demeurait inaperçue.

Le juridisme s'exprime en une *ritualisation* dont certaines conditions désamorcent un mode d'existence improvisé. Rites et ritualisation contribuent certes à la formation individuelle et à la consolidation sociale par la production des rythmes qui renforcent le lien social et ponctuent les comportements. La ritualisation permet de passer de la recherche infantile du plaisir à l'acceptation de la réalité. Cependant cet auxiliaire de l'organisation ne connaît que le principe de réalité caractérisé par la soumission aux règles du donné, par l'acceptation des sacrifices imposés au présent pour réussir l'avenir. Or l'hypertrophie du principe de réalité, en bloquant l'imagination, réduit le possible au réel et l'avenir à l'actuel. La ritualisation élabore des doctrines et invente des concepts. Toute notre existence sociale est ainsi ritualisée [1] par un squelette qui en supporte l'édifice. La théorie qui dogmatise impose au devenir de la pratique des cadres hérités de la position de la science à partir de la première pratique, et naturalisés comme anhistoriques — la science risque toujours de se ritualiser comme idéologie, la politique comme dogmatisme, la religion

1. Comme le montre abondamment Julian Huxley, *Le comportement rituel chez l'homme et l'animal*, p. 30.

comme orthodoxie, la technique comme magie. Au formalisme fait écho le conformisme. Toute ritualisation poursuit en ce sens la première improvisation qu'elle dément en obturant le flux ontonéiste.

Enfin l'*aliénation* ou la séparation de l'homme d'avec lui-même étouffe l'improvisation en éteignant la spontanéité : celui qui perd sa vie à la gagner, n'y trouve que la perte du sens de cette vie. Le tragique de cet étouffement tient à l'incapacité de vivre autrement que sur un mode répétitif qui passe pour naturel, sans autres variations que le vieillissement subi comme devenir naturel nécessaire. Comment l'improvisation parviendrait-elle à s'exercer?

b/ Apprend-on à improviser?

> « L'empirisme ne voit pas que nous avons besoin de savoir ce que nous cherchons, sans quoi nous ne le chercherions pas, et l'intellectualisme ne voit pas que nous avons besoin d'ignorer ce que nous cherchons, sans quoi de nouveau nous ne le chercherions pas ».
>
> MERLEAU-PONTY, *Phénoménologie de la perception*, p. 36.

> « Tu constates, Ménon, que je ne lui enseigne rien ».
>
> PLATON, *Ménon*, 82ə, 82e.

Loin de hérisser seulement le champ où germe l'improvisation, ces obstacles menacent d'étouffer sa destinée : ils désamorcent l'élan improvisateur dont ils solidifient le processus. Ainsi il y aurait lieu d'apprendre à improviser — cela suppose une rationalité et l'application d'une méthode à la formation de cette pratique spontanée — paradoxe : car enfin quoi de plus naturel, nous l'avons vu, que le chant, l'action immédiate, que de faire sans délai ni intermédiaires? C'est bien l'ironie de la destinée, que chacun ait sans cesse à apprendre à vivre spontanément, à improviser ce qu'il aurait tenu de science infuse pour l'avoir possédé dans son capital génétique, pour l'avoir su en naissant? Que signifie, en réalité, cette prétention à l'apprentissage? Plus on reconnaît l'improvisation comme susceptible d'apprentissage, plus on la considère de nature intellectuelle ; si on insiste, au contraire, sur ce qui échappe à l'apprentissage, on la classe comme phénomène émotionnel d'inspiration individuelle ou collective. En fait la conception romantique se combine avec la conception technicienne qui considère l'improvisation comme un pouvoir de mettre en œuvre immédiatement des structures complexes — une fugue à quatre ou huit voix, un ordre de bataille, sans avoir le temps de réfléchir.

Qu'il y ait lieu de transmettre l'improvisation suppose la clarté sur cette transmission, sur la maîtrise du maître et sur l'objectif visé.

Quel désir habite celui qui transmet son art ? Le désir d'immortalité habite celui qui transmet l'art auquel il aura consacré sa vie. Le maître ne peut conserver pour lui ce qui, à ses yeux, compte le plus au monde, il veut que la chaîne des initiés ne soit pas interrompue ; s'il veut transmettre sa pratique c'est qu'il la considère moins comme un don que comme un art, plus essentiellement un art de vivre qu'une pratique « artistique » supposant des aptitudes spéciales et un savoir-faire particulier. Sa pratique fonde son enseignement (c'est parce qu'il pratique qu'il peut enseigner à pratiquer), comme son ipseité justifie sa maîtrise (c'est parce qu'il est inimitable qu'il peut enseigner à imiter) — ce qui reconduit chacun à devenir inimitable sans l'avoir cherché, en improvisant. L'éduqué se forme et se transforme par sa pratique, inimitable effet d'une conquête jamais achevée, comme dans la noble émulation entre l'éromène et l'éraste. Il ne s'agit pas de reproduire ce qui est déjà fixé dans l'extériorité, de s'appliquer à la fidélité par rapport au modèle passé, mais d'initier c'est-à-dire de commencer la première fois — d'improviser, la génération précédant la reproduction. Du réel cernable exhaustivement se différencie la réalité toujours incomplète et englobante, comme l'idée qu'on reçoit ; c'est pourquoi l'improvisateur qui considère son action comme une totalité finie et prétend limiter le réel à la vue qu'il en prend, reste sec pour avoir tari le flux thématique ou idéel. On n'épuise pas le réel, l'Être reste incommensurable. Il s'agit de tirer de l'idée tout ce que l'on est capable d'y trouver c'est-à-dire assez riche pour y mettre, mais aussi de la laisser prendre d'elle-même les directions où son développement se révèlera le plus fécond. L'art de l'improvisateur tient de celui du pédagogue, conjuguant les impératifs de la conduite et de l'effacement pour conduire un développement qui ne trouve pas en lui sa source : le guidant où celui-ci conduit le guide.

Il n'y a pas de demi-être, de moyenne, de notation pour ce qui, instaurant une nouveauté, établit la norme — il faudrait un modèle et un projet antérieurs pour en mesurer la distance à la réalisation. Ici il n'y a pas de modèle antérieur et extérieur à l'improvisation, la prévision est rendue impossible par l'absence de délai. L'être coïncide avec la valeur.

Toute une tradition esthétique (musicale, théâtrale, rhétorique) mais aussi pédagogique, voire politique se préoccupe de l'apprentissage de l'improvisation.

Du XVe au XVIIIe siècle, l'improvisation a connu une ampleur et un développement considérables avant que le XIXe siècle ne commence à la mésestimer par suite de la spécialisation découlant de la séparation, bientôt consacrée, entre la pratique productive (la création) et la pratique reproductive (l'exécution) ; depuis, les « Conservatoires » de musique comportent des classes d'improvisation. Les troupes théâtrales n'ont jamais, autant qu'aujourd'hui, recouru à l'improvisation pour la formation des comédiens, les candidats aux grands Concours s'y livrent devant un jury qui apprécie la manière autant que le fond — l'improvisation s'apprend.

Plus précisément, l'Histoire des formes et des techniques musicales, vocales et instrumentales montre comment s'est opéré le passage de la pratique de l'improvisation à son apprentissage, en particulier par référence à l'ornementation. En effet, lorsqu'aux XVIe et XVIIe siècle, apparaît la technique de la diminution, « *cantus ornatus* » ou « *diminutus* », art de « *eleganter et suaviter cantandi* », les exécutants embellissent la forme de base d'une composition (motet, madrigal...) tandis que des manuels de diminution proposent comme modèles des formules toutes faites, trouvées par d'autres : des prototypes. A partir du XVIe siècle, des manuels de « coloration » correspondant à la « diminution », figent l'ornementation en des formules sans vie. On explique alors comment ajouter des parties d'accompagnement — auparavant improvisées — pour apprendre à improviser des fantaisies basées sur les règles de la polyphonie ou pour les variations sur une base donnée dans un jeu concerté (ce qui donna naissance aux variations solo). L'ornementation s'apprend pour solenniser des paroles, révéler la saveur, jouer sur l'affectivité pour entraîner l'entendement des auditeurs, ou moduler avec finesse. Les musiciens d'église, organistes la plupart, avaient la double tâche de faire entendre des airs grandioses *ad majorem dei gloriam* ou susceptibles de toucher les cœurs, et d'autre part d'occuper les temps morts et les déplacements durant les cérémonies; adaptant leur musique aux besoins du culte, ils savaient allonger, abréger, s'arrêter, orner ou diminuer une mélodie. Cette technique provenait de la tradition orale dans la musique religieuse ou populaire, en particulier en Europe Centrale et surtout méditerranéenne [1] dont elle représentait les possibilités de création sur un donné fixe, par exemple dans le plain-chant grégorien. Elle a pris également la forme de chants rituels comme les chants de labour et de dépiquage siciliens ou espagnols, les « chants longs » d'Europe Centrale, les chants de table crétois, les plaintes funéraires, les modes de récitation des griots et des jongleurs dont on disait au Moyen-Age qu'ils savaient admirablement « trouver » — le sens de *trouver* (désignant l'activité du « trouvère ») étant d'improviser. Certes toute ornementation — improvisée lorsqu'elle a lieu une fois pour s'évanouir — compose avec les éléments dont elle dispose, chacun y découvrant avec ses propres possibilités, le plaisir de les exer-

1. Cf. par exemple la technique du « maqam ».

cer — Gargantua apprenait « à chanter à plaisir de gorge »[1] — même de les dépasser par la curiosité des limites.

De l'ornementation qui réforme se distingue la variation qui transforme la structure.

L'apprentissage, développé par ses techniques, rapproche de la composition, l'improvisation qu'il rationalise — ainsi la notation contribua à transporter au sein même de la composition, le jeu improvisé des préludes et des interludes ; le didactisme met à la portée de chacun ce qui restait jusque-là le privilège des créateurs mais risque de réduire l'invention à la répétition. Les Traités exposent une orthodoxie : « il faut... il ne faut pas », donnent des conseils de construction « hâtive et équilibrée »[2] ; l'improvisateur doit savoir se soumettre à la clarté du jeu pour l'effet général qui importe seul. Par les méthodes « qui parviennent à régler l'inspiration », selon Seguin[3], on se met à l'école de la pensée claire et distincte[4] qui fuit la confusion des genres et suit l'impératif de la composition rationnelle : il faut « s'imposer un itinéraire », « donner de l'intérêt aux développements »[5], « morceler dès le début » les éléments du thème, selon l'expression de Tournemire. Certains moyens permettent à l'improvisateur de reconstituer le délai pour préparer des formules dont l'exécution lui donne le temps de prévoir ce qu'il fera l'instant suivant dont il retarde ainsi l'irruption. Ainsi avoue Wachs : « Chaque fois que l'inspiration fait défaut, l'habitude de formuler supplée et l'on s'en tire adroitement et sans fatigue pour l'imagination »[6].

Enfin, comme Marcel Dupré l'inscrit en exergue à son Traité[7] : « pour être maître de ses idées et les bien exprimer, il est de première nécessité d'avoir une excellente technique. Toutes ces études devront être faites

---

1. Rabelais, *Gargantua*, chap. XXIII.

2. Tournemire, *Précis d'exécution, de registration et d'improvisation à l'orgue;* Marcel Dupré, dans son *Traité d'improvisation à l'orgue* (Introduction) indique son but : « aider ceux qui veulent apprendre à improviser, plus précisément : « savoir rapidement juger et disséquer un thème, entrevoir en un instant le parti à en tirer afin de dégager l'intérêt, la beauté et l'émotion que ce thème peut contenir en puissance ».

3. *L'art d'improviser selon la modalité grégorienne*, p. V. « L'exposition du sujet doit être simple et bien carrée... l'harmonie simple ; on ne mélangera pas des mesures à temps différents ».

4. Les pédagogues de l'improvisation n'ont pas ménagé leurs critiques à ceux qui se laissent guider par leurs doigts, leur corps : « il ne peut se tenir en équilibre entre la banalité et l'incohérence, il parle pour ne rien dire et devient vite insupportable à entendre », dit par exemple Marcel Dupré.

5. Wachs, *ibid.*

6. *Ibid*, p. 69.

7. *Traité d'improvisation à l'orgue* (1925), reprenant une phrase d'Alexandre Guilmant.

très lentement : c'est la seule manière d'arriver à bien jouer et à bien improviser ». Plus généralement, Tournemire qui recommande, pour « se faire un style pur », la fréquentation du grégorien où Huysmans voyait « une paraphrase aérienne et mouvante de l'immobile structure des cathédrales », insiste sur la nécessité de longues études et d'une vaste culture formant le goût dans des domaines parallèles, comme l'architecture [1].

L'apprentissage de l'improvisation fut exposé de façon systématique dans l'ordre de la rhétorique, en particulier par Quintillien qui en énonce la méthode [2] dans la perspective de l'avocat : savoir improviser s'acquiert comme récompense d'un long travail. L'orateur devra se rendre compte de la route qu'il veut suivre en parlant, connaître l'ordre et l'enchaînement des parties, la place des arguments. Une fois entré dans une bonne voie, il n'aura plus qu'à suivre le fil des idées qui guident, à son insu, même le moins exercé — il aura acquis de la sûreté. L'exercice répété sur de bons modèles formera le style, procurant la facilité par la promptitude d'imagination qu'il entraîne. Souplesse et vivacité d'esprit permettront à l'improvisateur de combiner ce qu'il dit et ce qu'il dira ensuite ; la vision synoptique garde les idées présentes à l'esprit et permet de découvrir, à mesure qu'on avance, un nouvel horizon qui fait trouver les mots en parlant. Pas plus qu'en musique, cette faculté ne s'acquiert instantanément mais avec le temps, par degrés et en pratiquant.

Ainsi des ordres religieux spécialisés dans la pédagogie, comme celui des jésuites, ont-ils réservé une place à l'improvisation dans la formation de leurs membres ; de même les ordres prêcheurs l'ont-ils développée dans le double but d'apprendre à convaincre par la parole impromptue et à répondre aux objections ; les Partis politiques donnent souvent à leurs militants une formation rhétorique, les habituant au maniement de la langue et des arguments à tout propos, en vue d'en faire des propagandistes convaincants et des interlocuteurs imbattables.

L'apprentissage de l'improvisation constitue, de nos jours, une part essentielle de la pratique théâtrale.

La formation de l'acteur se limitait autrefois à un travail ressortissant à des genres fixés et rigides (diction, élocution, déclamation, étude littéraire des textes) : à la stricte interprétation c'est-à-dire à la restitution du texte en des situations imaginées par un autre. L'improvisation permet aux actants de découvrir eux-mêmes, sans modèle interposé, le jeu comme action scénique vécue. Les créations meurent par la répétition. L'improvisation est une technique de formation de l'acteur et une

1. « Il faut tout connaître en musique pour avoir la prétention de bien improviser » ; *Précis d'exécution, de registration et d'improvisation à l'orgue*, p. 102.

2. *Institution oratoire*, Livre X, chap. VII.

visée dont l'objectif est l'aptitude à vivre libéré. L'acteur doit, en effet, conquérir ce qu'il donne à voir : son corps, sa voix, par des techniques psycho-organiques, dans le but d'élargir son champ d'action — ainsi J. L. Barrault parle-t-il de « l'athlète affectif ». Apprendre à improviser signifie ici : apprendre à vivre avec les autres, à l'optimum du développement de ses aptitudes.

L'évocation des principaux maîtres de la mise en scène permet de préciser différentes forme d'apprentissage de l'improvisation théâtrale.

Stanislavski insistait sur l'apprentissage de l'attention, condition de la maîtrise de l'acteur sur lui-même : il faut amener l'élève à concentrer son attention sur un objet précis, à croire à ce qu'il fait, en vue de développer sa « nature créatrice ».

Concentration et exercices favorisent la naissance de l'inspiration, le surgissement de l'état créateur qui tend à se dissiper dans la situation anormale d'exposition sur une scène. L'apprentissage de l'improvisation permet d'accéder à cet état créateur et à la compréhension de ce que l'on joue en le vivant.

Jacques Copeau a directement témoigné que l'improvisation au théâtre s'apprend. L'école du *Vieux Colombier*, fondée vers 1920[1], visait l'expression corporelle des acteurs, partie intégrante d'une éducation d'ensemble. La tentative de la « Comédie nouvelle », chère à Copeau, devait permettre au comédien d'improviser des personnages analogues à ceux de la comédie italienne, mais modernes. Souhaitant créer une comédie à personnages fixes, Copeau soumettait les élèves à toutes sortes d'exercices d'improvisation, préalables à l'approche des textes qui s'opérait par l'improvisation sur des textes de même structure ou de même contenu que ceux qui seraient ensuite abordés. Ce travail évitait que ne se dresse une barrière entre la spontanéité des comédiens et le texte appris, et favorisait la présence de l'invention, du jaillissement dans le jeu du texte. A l'inverse de certains metteurs en scène demandant aux acteurs d'apprendre rapidement leur texte par cœur afin de s'en débarrasser et de parvenir à le retrouver spontanément (puisqu'ils le savent parfaitement), d'autres le leur interdisent, voulant que la vie de la mise en scène, le tâtonnement dans le texte et la vie corporelle, soient simultanés. Ainsi Copeau apprenait-il à ses acteurs à construire des scénarios autour de points de repère entre lesquels circulait la libre improvisation. Cette mé-

1. Copeau rencontra Stanislavski après avoir déjà travaillé avec cette méthode que Stanislavski possédait lui-même depuis longtemps. Copeau cachait le visage des élèves par un voile afin que ceux-ci ne s'expriment pas du tout par le visage : il en vint ensuite au masque, d'autant plus émerveillé de ce que cela apportait qu'il menait parallèlement des études sur le théâtre grec et le théâtre oriental.

thode, déjà celle des comédiens italiens, leur permettait de trouver simultanément la même attitude, mus au même moment et sans signal, par un même sentiment. Cette expression chorale, facilitée chez les anciens grecs par la musique, montre que les actants sont parvenus à une vie d'ensemble dont ils partagent le rythme secret.

Le processus théâtral se différencie malaisément d'un processus analytique ou psychodramatique dont l'exercice reste une thérapeutique autant qu'un entraînement d'improvisation. Ce n'est pas un hasard s'il mobilise le subconscient et l'investit en fantasmes mais la preuve que la vie du groupe de théâtre traduit les mêmes clivages relationnels qui commandent les interactions dans la société globale. Le théâtre est un microcosme et un miroir révélateur.

L'évolution de Grotowski est emblématique de la totalité de cet engagement, à partir du « Théâtre pauvre », s'infléchissant vers cet aspect de l'existence théâtrale qui consiste d'abord à vivre ensemble ; il ne s'agit pas seulement de s'accoutumer les uns aux autres afin de mieux pouvoir jouer mais de trouver dans cette vie communautaire l'épanouissement de l'existence. L'apprentissage de l'improvisation est donc indirect ; les moyens techniques sont inventés comme une protection contre les interruptions possibles de l'improvisation dont l'apprentissage renvoie à celui de l'existence comme celui d'un savoir-faire à celui d'un savoir-être ; il manifeste directement ce dont est capable le sujet, compte tenu des circonstances — l'improvisation ne trompe pas, chacun s'y donne pour ce qu'il est.

Comme l'habile artisan tire un bel effet de vils matériaux, comme l'on a pu utiliser des moyens douteux pour une juste cause, tous les moyens y sont bons « s'ils sont habilement employés »[1]. Est-ce-à dire que, pour l'improvisateur, la fin justifie les moyens ? S'il s'agit avant tout de plaire, comme au siècle de la Préface de *Bérénice*, c'est-à-dire de l'aspect esthétique de l'efficacité, les moyens seront justifiés par cette fin. Or les véritables improvisations étant rares, le délai la plupart du temps récupéré, les procédés substitués à la spontanéité, les moyens apparaissent comme des aubaines ou des bouées pour donner le change et garder la face dans des situations qui la compromettent. Cependant le véritable improvisateur ne saurait utiliser sciemment des moyens falsifiés — il aurait déjà trouvé, alors qu'il trouve en avançant. L'improvisation fuit les combinaisons des sophistes et des esprits retors. En réalité, l'improvisateur a assimilé les préceptes dont il s'est fait une seconde nature : les moyens aident la spontanéité à porter son expression à d'autres niveaux en la canalisant. Le délai supprimé, la conscience retorse n'a plus le loisir de

1. Wachs, *op. cit.*

calculer le bénéfice et de comparer les médiations : elle agit uniment, ses voies portant témoignage de son unification.

Si l'improvisation s'apprend de fait, chacun peut-il apprendre à improviser?

On a souvent prétexté du don pour rendre compte de la rareté de l'improvisation et de l'irrationalité de sa pratique, comme on allègue du génie et de l'inspiration pour légitimer les différences dans les actions — « onc ne furent à tous toutes grâces données », dit Montaigne [1] qui rappelle comment « les uns ont la facilité et la promptitude et, ce qu'on dict, le boute-hors si aisé qu'à chaque bout de champ ils sont prests ; les autres, plus tardifs, ne parlent jamais rien qu'élabouré et prémédité » [2] — cette promptitude voit immédiatement la situation qui appelle son intervention. Ainsi l'improvisateur dispose-t-il d'un discernement juste et subtil « qui découvre, selon le Chevalier de Méré, ce que pensent les personnes qu'on entretient » — en quoi consiste l'esprit de finesse : « Il faut essayer d'avoir le sentiment fin, pour découvrir ce qui se passe et s'accomoder à l'occasion », dit encore Méré [3] qui trouve cet art de l'occasion dans celui de la conversation où, pour se rendre agréable, il s'agit de « dire à propos de bonne grâce, tout ce qui vient de meilleur dans l'esprit » [4]. La valeur et la portée de ce qui est dit tient, en effet, à l'opportunité c'est-à-dire à la contemporanéité avec la situation qui le suscite ; ces mots qui « viennent d'un esprit vif et qu'on exprime en trois ou quatre paroles » [5], se gâtent lorsqu'on les cherche trop, Freud en a donné des exemples [6]. La répartie ou la réplique supposent une vivacité qui atteste l'aptitude à assimiler instantanément ce qui est dit à ce qui précède par une synthèse du passé immédiat et du futur pressenti. La réplique devance ce qu'elle pressent par une réponse offensive formée au cours de l'échange des arguments ; parfaite dans sa clarté, elle achève un débat, lui fait prendre un tournant ou trahit son auteur attardé hors sujet. Cette présence d'esprit qui « rendrait présent ce que l'on veut communiquer », comme le disait Cocteau [7], suppose l'écoute des autres en leur parole et en leur être, et la liberté d'esprit qui accomplit le langage, comme celle de Diogène ou de Cléanthe. La répartie désarçonne, ironie ou indignation, expression de la fermentation, de l'invective ou de l'irrespect qui reprend les arguments ou les paroles de l'interlocuteur pour les lui retourner.

1. *Les Essais*, chap. X : « Du parler prompt ou tardif ».
2. *Ibid.*, 1, Livre 1.
3. *Œuvres*, II, « De la conversation », p. 120.
4. *Œuvres*, III, p. 107.
5. *Ibid.*, p. 121.
6. Cf. *Le mot d'esprit dans ses rapports avec l'inconscient.*
7. *La difficulté d'être*, p. 177.

Pourquoi chacun ne pourrait-il pas improviser? De toute façon, comment peut-on ne pas désirer improviser? Tout enfant n'est-il pas apte à cette parole, à ce geste spontanés? Pourtant sujet d'impressions et prisonnier d'appétits, il transmet ses réactions plus qu'il ne les domine. L'improvisation se conquiert à partir d'une spontanéité dégagée de l'enlisement dans les médiations qui la servent et les inconscients qui l'asservissent ; son apprentissage suppose l'ascèse de l'unification du physique et du mental, de l'âme et du corps. Une première expérience peut déclencher le désir, le jeu avec les sons, les instruments, la parole, les décisions, éveillant la pensée, suscitant avant même toute étude le désir de créer et d'agir en favorisant son aptitude.

Ainsi l'apprentissage de la pratique de l'improvisation suppose-t-il une pratique préalable à cet apprentissage.

Les orthodoxies pédagogiques fixent les méthodes de cet apprentissage qui retombe d'autant plus dans la fixation que la multiplication des moyens encombre le champ vide du désir. La pédagogie dite active, provoque à une *praxis* personnelle qui se développe d'autant mieux qu'elle n'a été ni obturée ni refoulée par une rationalisation précoce et qui cherche à renouer avec le développement phylogénétique : la musique, par exemple, n'est pas sortie toute notée d'un conservatoire mythique ni descendue toute faite de chez le Créateur, elle a d'abord été improvisée.

L'apprentissage technique comme celui de la lecture à vue réclame des réflexes précis, un influx nerveux plus rapide que dans les activités dépourvues d'urgence et la présence d'esprit car ici tout est au présent. Le déchiffrage s'appuie sur cette capacité à reconnaître immédiatement, à pressentir la suite en lisant ce qui précède, à reconstituer le délai à partir du connu.

Il faut suivre en devançant, cette adaptation-minute mesure le risque de l'interprétation en l'absence de modèle, tout étant dans la manière d'utiliser la partition, c'est-à-dire le règlement. Ce problème d'interprétation immédiate se résout par l'accoutumance à la pratique qui favorise elle-même — loin de s'y opposer — la révélation qui discerne d'un coup ce que d'autres mettent un long délai pour pénétrer. De cet art participent la conduite à vue des affaires, le commandement en zone d'insécurité, pour tenir et exploiter, en fonction de l'événement, une situation aux données fragmentaires et mouvantes, venant interagir avec les ondes en retour des décisions d'hier.

Ainsi l'apprentissage de l'improvisation suppose-t-il de préférer le contact avec la réalité à sa fuite vers la protection.

La discrimination entre ceux qui bénéficient du don et les autres, condamnés à la besogne, doit s'interpréter comme la mythologie d'une réalité psychologique : les obstacles à l'improvisation se renforcent des structures différentes des caractères plus ou moins enclins à la spontanéité. L'apprentissage de l'improvisation confirme et facilite l'aptitude de chacun en même temps que sa personnalité : si personne n'est incapable d'improviser, chacun n'en est pas capable en tous domaines. Les émotifs-actifs-primaires ou colériques, à condition de n'être pas emportés et désorganisés par une impulsivité dont ils regretteraient les jaillissements, sont doués pour les situations qui réclament la primarité favorable à la saisie de l'occasion comme à la réponse immédiate aux stimuli — ce qui n'empêche pas les introvertis, contraints par les circonstances à sortir d'eux-même, de briller et de convaincre. La largeur du champ de conscience favorise également l'improvisation par la simultanéité de plusieurs actions accordées. Les recherches de Spearman invitent à reconnaître ici un *facteur G*, correspondant à l'aptitude générale à improviser, et des *facteurs S*, correspondants aux spécialisations de cette aptitude chez des personnalités différentes. Les défauts autant que les qualités de chaque caractère, sont des éléments de cette expression de soi que l'improvisation révèle en s'appuyant sur eux.

De grands écrivains restent incapables de parler impromptu, des organisateurs ne savent pas improviser une mesure, d'autres la prennent généreusement mais sans ordre, la plupart n'improvisent que dans un secteur déterminé. Ainsi Jean Guillou s'avoue incapable d'improviser oralement alors que l'improvisation musicale lui est naturelle et qu'il ne la travaille jamais directement.

L'incapacité à improviser tient à un contexte psychologique et social : non l'« extravagance » de la raison mais la paralysie de la spontanéité ; les prisonniers d'inhibitions ne peuvent élaborer ni communiquer rapidement des structures complexes. Cependant blocages psychologiques et congères de l'histoire personnelle sur lesquels a prise la rationalité scientifique ne sauraient passer pour un destin auquel certains seraient voués, loin des heureux doués pour un art, alors divinisé. Inversement, la pratique de l'improvisation contribue à dissoudre les obstacles psychoaffectifs qui l'entravent ; les techniques s'identifient à des thérapeutiques dont beaucoup utilisent l'improvisation : apprendre à improviser est apprendre à revivre. Ainsi il s'agit plutôt de reconnaître l'aptitude à la pratique improvisatrice comme témoignage de santé et l'improvisation comme régime pour recouvrer cette santé — on est loin, n'est-ce pas, de l'improvisation-impréparation honteuse?

Si l'apprentissage du savoir-faire conduit à la formation du savoir-être, les orientations pédagogiques des sociétés révèlent leur projet d'existence.

On ne s'étonne pas que les méthodes classiques d'éducation des jeunes gens, lorsqu'elles disaient « former des hommes », tendaient à former des êtres aptes à improviser.

La *païdeia* antique puis l'éducation classique visaient à susciter des héros à l'aise dans toute situation qu'ils devaient toujours savoir tourner à leur avantage. Il s'agit alors d'être « l'homme qui jamais n'éprouve la moindre difficulté à dire le mot qu'il convient ou à imaginer un plan habile », note Werner Jaeger des héros de l'*Odyssée* comme de l'*Iliade*[1] ; cette aisance selon laquelle on se trouve toujours à sa place et jamais déplacé, vient de la vertu (*aristos* est lié à *arété*), conquise par l'exercice et par la discipline, qui rend apte à l'initiative, c'est-à-dire à devenir autonome.

La vertu du commencement : le courage, est la première des qualités de l'improvisateur ; il doit avoir « un esprit tout de feu », « des ressources certaines et promptes », car « l'action vive » et « le discours impromptu » attirent la récompense[2], selon l'auteur de *l'Homme de cour* et du *Héros*. Or Balthazar Gracian était jésuite et les jésuites accordaient une importance particulière à l'improvisation dans la formation de leurs novices et dans les « Humanités » de leurs élèves dont l'éducation était l'humanisme *modus parisiensis*, christianisé. Son apprentissage se fondait sur un long usage de la lecture (*prelectio*) du latin et du grec dont l'imprégnation se confirmait par les commentaires, des drames bibliques et des tragédies romaines glorifiant l'héroïsme — Corneille fut élève des jésuites, comme Descartes dont le modèle humain bénéficie d'une volonté infinie. Cette éducation humaniste incluait une formation rhétorique dans un but apologétique. L'identification entre bien parler et bien penser assure la simultanéité de la parole et de l'action, brisée par Socrate selon Cicéron[3]. Il ne s'agit pas de former un habile sophiste mais, par les techniques éthiques et praxiques, de rendre l'être apte à devenir un héros : en suscitant le dévouement, l'optimisme surnaturel[4], c'est-à-dire la confiance dans les forces et les destinées de la nature rachetée, la virilité de caractère ; l'éducation des Pères était à base de volonté. Déjà les *Exercices* incitent à prendre l'offensive, à la mortification, à l'examen particulier[5] ; dans les exercices réguliers des collèges, « Concertations » et « Académies », il s'agit d'élire des héros couronnés par des lauriers : l'émulation et la crainte du

1. *Païdeia*, p. 49.

2. Balthazar Gracian, *Le Héros*, p. 28, 31.

3. *De Oratore*, II, XIV, XV et id. XIX. « dicendi et intelligendi mirificam societatem » ; « le domaine de l'éloquence c'est l'homme tout entier, c'est tout ce qui se rattache à ses vertus, à ses devoirs, à ses mœurs, à son âme, à sa vie », L.III, *XX*.

4. Charmot, *La pédagogie des Jésuites*, p. 439.

5. Comme le disait clairement G. Bernoville : « le héros de Pampelune, devenu héros du Christ, tend à former des héros... cette rude victoire sur soi-même à laquelle est conviée l'âme généreuse..., c'est la clé de voûte de la spiritualité ignacienne », *Les Jésuites*, p. 80.

déshonneur communiquent le goût pour le travail dont l'échec verrait sa punition dans la honte ; les élèves rivalisent pour gagner en vérité, attester leurs qualités au cours de « disputes » où le héros est le meilleur improvisateur. L'exercice du caractère incite chacun à se donner les moyens de se lancer à l'improvisation : ainsi le lien entre *ethos* et *éthique*, entre le caractère et la destinée est-il aussi étroit que possible. Il se fonde sur « le principe de Providence » : aucun individu n'est semblable à un autre, Dieu ne mène pas toutes les âmes de la même façon. Ainsi l'improvisation se révèle comme la technique permettant à chacun d'atteindre à l'optimum de ses aptitudes ; la formation de l'élite se conjugue avec l'appel démocratique, la visée de l'optimum et le dépassement de soi-même proposés à tous.

Si le héros est le mythe de l'improvisateur car il invente une *praxis* soudaine, l'improvisateur est héroïque par sa *praxis* sans retour. Si le mythe désigne l'héroïsme comme ontologique, chacune des actions du héros l'exprimera-t-elle nécessairement? Le mythe désigne le faire à partir de l'être selon une vision prédestinatrice divinisant le héros improvisateur dont la grande nature nécessiterait de grandes actions. Or si l'héroïsme tient à l'être, celui-ci n'agit pas toujours conformément à son essence, pour la raison que l'essence se fait en faisant. Cette illusion de l'adéquation de l'acte à l'être du héros est corrigée dans le cas de l'improvisation qui révèle l'être comme expression de l'acte, la perspective ontique comme révélatrice de la perspective praxique — l'improvisateur se constitue comme héros en improvisant.

Ainsi l'unicité de l'improvisation correspond-elle à l'irremplaçable unicité de la personne comme à l'irréversibilité du devenir où l'être devient en faisant.

L'époque contemporaine a laissé une déculturation se substituer à cette *païdeia* dont disparaît souvent, sauf dans les circulaires officielles, le « projet éducatif ». D'une part l'évolution des Sciences de l'homme et de la société a porté la suspicion sur les visions du monde établies, le bougé des valeurs après les crises de nos sociétés a atteint le niveau de l'éthique — le scepticisme est multiplicité. La crainte de l'affirmation trahit un renoncement devant la création qui ne provoque aucune vocation à des projets, à des idéaux, à des engagements ; le tarissement de l'enthousiasme désamorce l'improvisation qui s'appuie sur le ressort de la spontanéité. Les groupes sociaux devraient inventer des lieux et des temps de réanimation où se prodigueraient transfusions, révolutions expérimentales, tentatives de relance, massages qui loin de fragiliser l'état de fait existant, le consolideraient en lui injectant de nouveaux globules, une nouvelle impulsion.

c/ L'irréductible.

Les pédagogues les plus méthodiques reconnaissent dans l'improvisation une sorte de prodige dont la réussite ne tient pas seulement à une laborieuse préparation mais à une disposition de l'être. En effet, le temps de préparation technique des répétitions diffère absolument du temps réel où l'élève devra agir en ignorant l'ordre dans lequel il aura à rappeler ses connaissances acquises de façon ordonnée. Le passage à l'acte qui suppose le saut qualitatif du commencement est d'un autre ordre que sa préparation comme l'exploit [1] diffère de l'exécution réglée.

Or peut-on apprendre ce qui, par définition, ne se répète pas, qui à chaque fois différent, n'arrive qu'une fois tel qu'il arrive? On n'apprend pas un contenu qu'il suffirait de restituer en bloc dans des situations identiques; on se prépare à mettre en œuvre ce que l'on est dans des situations toujours autres, au-delà de ressemblances accidentelles — le cas unique qui se présentera ne peut pas avoir été prévu et préparé tel qu'il arrivera; les scénarios sont lacunaires. Le paradoxe de l'apprentissage de l'improvisation c'est son inutilité pour la situation d'improvisation : que vous soyez prêt ou non, ce n'est pas la peine de vous préparer. Dans le premier cas, improvisez donc tout de suite! Dans le deuxième cas vous n'avez plus le temps de vous préparer. Apprend-on ce qu'on ne fait jamais qu'une fois : vivre, mourir? On apprend à vivre selon la diversité des événements rencontrés mais on n'apprend à vivre cette unique vie, ce vecteur temporel une seule fois parcouru, qu'en s'y trouvant déjà plongé; c'est déjà embarqué qu'on apprend à affronter les tempêtes et à contourner les écueils. On ne se prépare pas à vivre : on le pratique, comme on se prépare à mourir en mourant chaque jour un peu c'est-à-dire en se désencombrant, ascèse portant sur l'être à conquérir par le dépouillement. Ainsi l'apprentissage de l'improvisation s'opère-t-il par sa pratique.

C'est pour cela que l'exploit technique renvoie toujours à une vertu inimitable, signature de l'unicité de l'être et à son innocence purifiée — « l'improvisateur ne peut être vraiment original que s'il l'est inconsciemment » [2] — sinon il ne serait qu'un cabotin qui s'écoute parler et se regarde faire.

Toute une part de l'improvisation échappe donc à l'apprentissage car on n'apprend qu'à répéter. Les auteurs des Traités ont parlé de ces

---

1. Wachs le note à propos de l'organiste qui « n'a que quelques secondes de réflexion pour faire cet espèce de tour de force » en quoi consistent certaines de ses fonctions durant les offices, *op. cit.*, p. 34.

2. Marcel Dupré, *Traité d'improvisation à l'orgue*, p. 133.

éclairs « qui n'appartiennent qu'à cette manifestation du cerveau et du cœur » qui ne s'apprend pas — « qui est sûr d'être visité par la déesse inspiratrice? »[1], demande Wachs. L'apprentissage de moyens ne saurait remplacer l'aptitude — Tournemire dit « le don » de développer une idée ; Seguin n'avoue-t-il pas, lui qui renvoie l'invention à l'observation du passé, que « l'inspiration mélodique n'est pas du ressort de l'enseignement »[2], et Tournemire qu'il est impossible de fixer les règles de l'improvisation?[3]. L'improvisation n'est pas une profession dont on pourrait faire recette sans tomber dans le ridicule de l'amant par profession — *improvisare non discitur!*

L'apprentissage de l'improvisation relève plutôt de celui de l'initiative : l'improvisation est initiative perpétuelle. Ceci renvoie chacun à lui-même : on ne peut se mettre à la place de quelqu'un et commencer pour lui. L'apprentissage prend alors la forme des techniques d'incitation au commencement : faites vous-même, en ce qui vous concerne et à votre façon! — mais on n'apprend pas à commencer ; il faut être mû par un dynamisme, un désir. Ainsi l'improvisation ne se réduit pas à la virtuosité dont le spectacle brillant fait oublier les laborieux exercices ; irréductible à la perfection formelle de l'exécution, son caractère exceptionnel tient à l'initiative relancée. L'âme inenseignable de la musique ne se réfère pas à la virtuosité mais à l'improvisation, cette parole non dictée, dont elle étend les caractères à l'exécution. Précisément, seule relève d'une pédagogie directe la virtuosité dont l'improvisation valorise le patient labeur, mille fois répété, en insuflant son *pneuma* à cette lettre privée d'esprit.

Les apprentissages portent sur la préparation et la formation, toute la périphérie et l'antériorité de l'improvisation : on prépare ce qui entoure un événement essentiel — sauf l'événement lui-même, hétérogène aux prolégomènes et rebelle à la provocation. Préparations et pédagogies restent extérieures au processus à naître dont la saisie ou la conduite implique la disponibilité, l'attention à la vie sur quoi insistait Bergson, elles ne suffiront pas à faire un merveilleux improvisateur car le talent se limite aux conditions de son apprentissage et de son exercice. L'improvisation s'apprend d'autant plus que plus intellectuelle et relevant davantage de la simultanéité temporelle ; elle s'apprend d'autant moins que plus affective et extemporanée, échappant davantage à la rationalité. Règles et formules servent de tuteurs en attendant la maturité de l'improvisateur — jusqu'à ce que les élèves, dit Wachs, soient assez forts et

1. Wachs, *op. cit.*, p. 102 et 111.
2. Seguin, *op. cit.*, p. 5.
3. Tournemire, *op. cit.*, p. 102.

« sûrs de leur chemin pour diriger eux-mêmes les élans de leur inspiration »[1]. L'apprentissage permet de valoriser les thèmes de l'inspiration par la maîtrise d'une technique.

La pesanteur des préjugés et des routines empiriques épaissit un tissu adipeux dont l'inutile poids gêne le développement de la spontanéité ; l'ascèse du désencombrement conduit à commencer par désapprendre. L'homme commence, en effet, par l'erreur et l'esprit, au rebours des artères, par la sénilité : il a l'âge de ses préjugés. Il faut d'abord briser le pseudo-savoir antérieur dont l'assurance obstrue toute recherche : ce n'est pas l'ignorance qui stérilise mais la méconnaissance qu'il faut dissoudre pour faire affleurer la conscience d'ignorer qui permet le désir de savoir. Ainsi l'apprentissage de l'improvisation suppose-t-il une protreptique de l'être qui se dégage des obstacles intellectuels et affectifs — opinions et inhibitions — de même qu'apprendre à philosopher réclame qu'on fasse « œuvre ou vœu de pauvreté », selon l'expression par laquelle Husserl désignait l'entreprise de Descartes[2]. Diverses maïeutiques et médecines de la création rétablissent les flux et rendent la parole ; pourtant il ne faut pas se laisser abuser par les présentations que les imposteurs offrent des « libérations ».

La libération n'est jamais donnée, c'est l'inverse de la facilité : toujours à conquérir sur les préjugés et les paralysies, elle ne se réduit pas au retour de l'inintégré qui nous échappe, où nous ne saurions nous reconnaître — à moins de réduire l'improvisation à ce qui, en nous, se fait sans nous, le spontané au mécanique, l'expression au lapsus, la personnalité propre aux poncifs dominants.

L'improvisation, cette exploratrice légèrement équipée, forme spontanée de l'expression d'un désir, s'apprend par la pratique et trouve ses règles en les pratiquant. Le meilleur résultat de l'apprentissage serait de faire naître le désir d'improviser.

Enfin le véritable improvisateur ne se pose pas d'avance la question critique de son pouvoir, ne balance pas comme Descartes à la croisée des routes mais il suit son chemin, selon l'expression de Fénelon ; la seule méthode pédagogique consiste à dire paradoxalement : ἔγειρε καὶ περιπάτει, lève-toi et marche — il trouvera son chemin en progressant. Une finesse attentive permet seule de ne pas déflorer les possibilités de l'être qui « promet » ; elle reprendrait comme maxime le précepte évangélique : *Epheta*, ouvrez-vous! échappant à la dénaturation que moquait Calliclès comme au retour à une prétendue nature antérieure. A l'apprentissage privatif peut alors succéder l'apprentissage positif, les principes et les

---

1. Wachs, *op. cit.*, p. 2.
2. *Méditations cartésiennes.*

modèles. Comme le montre l'*Analytique des Principes* de Kant, on ne peut apprendre à appliquer des règles par des règles, mais seulement spécifier et former l'attention par des exemples.

Enfin on se défiera de ceux qui prétendent monopoliser les règles d'apprentissage de l'improvisation pour mieux la circonscrire : ils la réduisent ou ils l'annexent. Considérant son apprentissage comme une technique, ils la supposent constituée déjà comme un savoir et une orthodoxie par rapport à une ignorance et à des hérésies. La nécessité de cet apprentissage implique l'incapacité de l'agent à vivre les circonstances de l'existence, donc la nécessité d'apprendre à situer ses interactions avec les autres. D'autre part, cet apprentissage porte le risque d'une détention : qui prétend que l'improvisation s'apprend, sinon ceux qui veulent maintenir la prégnance d'un modèle d'acculturation et donc lui ôter son caractère explosif? ou inversement, qui dissuadera de l'apprentissage de l'improvisation, sinon ceux qui veulent la réserver à une catégorie d'individus? A moins que l'improvisation n'ayant plus cours, il n'y ait plus qu'une seule manière de vivre! Généraliser l'apprentissage de l'improvisation implique nécessairement l'hétérogénéité mentale, la pluralité des visions du monde et des techniques et le vœu de créer une richesse culturelle qui ne peut venir que de la variété infinie. Cela ne produirait pas seulement l'heureux résultat de rendre un peu d'esprit à la bêtise mécanisée, de prendre du recul par rapport aux rythmes répétitifs du transport, du labeur et de la réparation, cela présenterait surtout l'avantage sans prix de permettre de créer sur le champ et de rapprocher la théorie et la pratique, c'est-à-dire la prévision et la réalisation, la conception et l'exécution, le désir et l'action. Gardez-vous des saltimbanques qui contredisent la finalité du loisir studieux en dressant l'école des improvisateurs du côté de l'école du cirque et de l'école de la révolution! Considérons plutôt les initiateurs sans en faire de nouveaux mages attitrés d'un pouvoir de maîtrise et de magie.

Au XVIIIe siècle l'improvisation devient un jeu puis un art ; par l'amnésie, un siècle plus tard, ce fut un don attesté par la virtuosité ; souhaitons que son retour, aujourd'hui, n'apparaisse pas seulement comme une curiosité. Les catastrophes totalitaires, les bouleversements des guerres, les planifications répressives lui ont conféré le visage de l'aspiration à la liberté.

DU RECONNU AU MÉCONNU

Comment approcher l'improvisation sinon à travers les chemins bien jalonnés des pratiques du musicien, de l'avocat, du praticien dont on admire le sens de l'occasion et la sûreté des réflexes? On devra seulement abandonner le guide qui se détournera du planificateur si l'on ose se frayer, le soir, dans les quartiers de l'effervescence populaire.

Les domaines réservés où l'improvisation est d'autant plus reconnue qu'elle reste individuelle et esthétique, nous mèneront au-delà des régions où sa pratique inavouée, omise, niée ou cachée est d'autant plus oblitérée que sa participation à la vie collective reste invisible.

IV. - L'improvisation reconnue

a/ L'improvisation musicale.

Elle alla de soi tant que ce fut la seule façon de vivre avec les sons — on n'a songé à « improviser » qu'à partir du moment où la musique est devenue une activité spéciale et que l'improvisation a été classée comme genre.

L'improvisation chantée est la musique pratiquée par chacun et directement expressive. « Le chant est d'abord toute la musique ; le chant n'est pas moins propre à l'homme que la parole ou le regard. Il est le geste de l'émotion, en ce qu'elle a de plus libre, et peut-être de plus heureux» [1], disait André Suarès dont la sensibilité à la musique tenait pour fondative l'improvisation : « l'homme qui improvise est le chant qui invente son harmonie ; et c'est de lui que je veux dire : enfin le chanteur est musique » [2].

L'improvisation vocale s'introduisit comme pratique festive dans les Cours lorsqu'elle fut constituée comme production culturelle [3]. Trouvères et ménestrels figurent ces improvisateurs poètes, musiciens chantant et jouant de plusieurs instruments, jongleurs aux mille tours dont témoigne *Les noces de Cana* [4] où Véronèse tient avec Tintoretto, la viole de gambe,

---

1. André Suarès, « L'Homme qui improvise », *Musiciens*, p. 219.
2. *Ibid.*, p. 223.
3. L'improvisation chantée est caractéristique du XVe siècle, dans l'ordre de la coloration, de la diminution, du déchant sur le livre et du *contrapunto alla mente* : le contrepoint improvisé se retrouve jusqu'au XVIe siècle.
4. Véronèse, *Les Noces de Cana*, Musée du Louvre.

Titien la contrebasse, tandis que Bassano joue de la flûte. Cette polytechnique caractérise l'improvisateur qui ne sépare pas les activités ni les arts — l'improvisation est synthétique. Léonard de Vinci qui improvisait en vers, se présenta comme luthiste au Prince Sforza en jouant sur un instrument d'argent de sa fabrication. A la cour de Laurent le Magnifique, tout le monde chante — en latin, en grec et en italien ; les noms des improvisateurs les référaient au chant (*Canterino*, *cantastorie*, *cantafavola*, *cantore*...) mais aussi à la nouveauté (*novellieri*), et les courtes histoires racontées s'appelaient des *novellete*, objet d'éloges comme ce que fit de l'improvisation Raffaello Brandolini Lippi [1]. Les princes appréciaient particulièrement les improvisateurs, qu'ils récompensaient même par des bénéfices, comme Alphonse II qui attribua l'évêché de Gaeta au chanteur-improvisateur Ugo Baciolini.

Ce divertissement [2], embellissement de l'existence, où le chant rythme les activités selon le relief de l'occasion, correspond à l'unité essentielle de la matière et de la forme, de la fin et des moyens, de l'intention et de l'action. Tandis que la dissociation de cette unité se confirme avec la séparation de l'art et de la vie, l'improvisation se solidifie dans le style, l'enthousiasme dans la forme, la vie dans l'art.

L'affirmation au XVIe siècle de la technique instrumentale qui éloigne la musique du chant, entraîne une conséquence inaperçue pour la situation de l'improvisation : la voix humaine le cédant à l'instrument, affirme la domination des techniques sur l'organe naturel de l'homme ; dorénavant l'unité entre l'inspiration et la pratique se brise : l'intention personnelle est séparée d'une pratique qui peut être mise en œuvre par n'importe quel technicien! Cette séparation par l'opération de l'instrument marque la démultiplication des exécutions toujours différentes effectuées par des instrumentistes séparés sur des appareils diversifiés. L'introduction de la médiation provoque ainsi *la naissance de la production* qui se manifeste par la complication des pratiques et une multiplication des exécutions. Outre l'enrichissement de la portée de l'œuvre ainsi entraînée en

1. *De Musica et Poetica.*

2. « Ce jeu demande plus de science, plus d'esprit et d'exécution que tous les autres : il consiste en cinq ou six notes que l'on donne sur le champ à un homme, et sur ce peu de notes, comme sur un canevas, cet homme travaille, remplissant quelquefois son sujet d'accords en une infinité de manières et allant de diminutions en diminutions ; tantôt y faisant trouver des airs fort tendres, et mille autres diversitez que son génie luy fournit ; et cela sans avoir rien prémédité et jusqu'à ce qu'il ait épuisé tout ce qu'on peut faire de beau et de sçavant sur le sujet qu'on luy a donné ; c'est pourquoi pour arriver à la perfection de ce jeu, il faut sçavoir parfaitement la composition, avoir un génie extraordinaire, une grande vivacité et présence d'esprit, une grande exécution et posséder le Manche de la viole en perfection ». Jean Rousseau, *Traité de la viole*, Paris, 1687.

extension et en contact personnel, cela provoque une transformation de la nature de l'œuvre : non plus individualisée, localisée et limitée par son auteur mais dès lors universalisée et éternisée en droit.

L'improvisation musicale s'est longtemps cantonnée, depuis l'époque classique, à l'exercice du piano et de l'orgue dont les origines lointaines remontent aux roseaux joints par de la cire, comme la flûte de Pan des bergers de l'Antiquité, dont le son était analogue à celui de l'harmonica. Quand l'Eglise n'eut plus à se cacher, elle accueillit les instruments de musique, en particulier l'orgue qui assurait l'accompagnement des chants avec une teneur, c'est-à-dire selon une codification ; bientôt il assura l'introduction et la variation, il annonça les mouvements et ses improvisations occupèrent les attentes au cours des Offices. Son répertoire se constitua à partir d'airs connus et de danses : passacailles, saltarènes, préludes, fugues. A partir du XVIe siècle, l'improvisation à l'orgue occupe une place essentielle aux Offices — l'organiste improvisait une variation entre chaque verset du choral chanté par la foule — Bach créa ainsi sept variations sur le même choral. Dans la liturgie catholique, les hymnes pouvaient être chantées à la suite et l'improvisation prenait l'allure d'un prélude tandis que dans la liturgie protestante on admettait entre chaque couplet une pause où l'organiste improvisait sa variation. La multiplicité des combinaisons qu'offre la pluralité de ses claviers, l'inégalable richesse de son chromatisme, l'aptitude infinie à varier des thèmes correspondent à sa position dominant le chœur du haut de la tribune et le désignent comme l'instrument par excellence de l'improvisation [1]. Tandis que l'instrumentiste d'orchestre est tenu par l'ensemble, l'organiste peut donner libre cours à son inspiration selon ce qui convient au moment présent pour susciter l'intérêt ou l'émotion. Il lance une phrase, la quitte, la reprend, l'embellit et propose toutes les figures autour de ce thème qu'il glorifie en le valorisant, comme dans le fantastique de l'improvisation à l'orgue selon Julien Gracq [2] ; cela débute par « des touches dissonantes et incertaines », cela semble « prendre la mesure du volume de l'édifice » avant de se déchaîner en « ardeurs sauvages », en « houles mélodiques », « tentative » pour trouver « l'angle d'incidence » par où l'organiste transformerait l'auditeur en «prisme à réflexion totale» qui susciterait l'extase ; le jeu empreint de force, de puissance d'expression, déchaîne des ondes violentes par une passion frémissante et incoercible, une sombre ardeur de la recherche. Les conséquences de chaque mouvement sont à la fois « pressenties et imprévisibles » — chaque thème, pris sous cent angles divers, comme un cristal.

1. Les orgues ont maintenant cinq claviers, avec les pédaliers et leviers correspondants et de nombreux registres.

2. *Au château d'Argol*, p. 110, 113.

Ainsi, historiquement, la naissance de l'improvisation comme genre nous apparaît-elle comme la naissance de l'art : dans les formes dont elle renaît, à des époques d'activation de l'existence comme la Renaissance, l'insatisfaction de l'immanence bouillonne au cœur des triomphalismes dogmatiques et des formalismes orthodoxes. L'improvisation musicale reconnue dans le chant a souvent occulté, par l'instrument qui la fixait en genre, celle de la parole, plus quotidienne et dont le spectacle spécifié se bornait au prétoire.

b/ L'éloquence.

Elle était déjà apparue avec les poèmes homériques, en particulier dans l'art par lequel les chefs savaient imposer leur avis. Plus tard, à Athènes, l'éloquence faisait le politique ; les Athéniens forment leurs chefs à l'école de l'art oratoire [1]. Périclès disait : « ce n'est pas la parole qui nuit à l'action... mais le danger est de ne pas *s'éclairer par la parole* avant d'agir » [2]. Cette rhétorique tourna en art de plaire ou en démagogie lorsqu'elle sépara de la conviction de l'orateur, la persuasion qu'elle voulait entraîner. Improvisée dans sa forme, la rhétorique s'apprend comme l'ensemble de techniques qui pallie l'absence d'inspiration et de spontanéité.

Certains orateurs, incapables de se lancer dans l'aventure d'un discours sans notes mais soucieux de ne pas lire, retiennent le détail et l'enchaînement de ce qu'ils prévoient de dire — survienne un trou de mémoire, doivent-ils s'interrompre, ils ne savent plus où ils en sont, ce qui empêche la communication car un discours prononcé de mémoire, c'est-à-dire récité, n'admet ni accident ni interruption. Ceux qui lisent ce qu'ils ont écrit ennuient l'auditoire et manquent le contact qui s'établit par le regard d'une présence actuelle. Comme les premiers, ces orateurs-ci qui ont décidé d'avance les attitudes et les feintes de chaque détail, n'ont plus que la certitude de ne pas se trouver adaptés à leur public lorsqu'ils parleront.

L'improvisateur agrémente de variations ces grandes directions mais ne s'en écarte pas au point d'oublier les motifs qui lui font prendre la parole. Il adapte, au contraire, ce qu'il dit à l'attente qu'il pressent de son auditoire ; il peut à chaque instant illustrer, répéter, ouvrir une perspective sans risquer de se perdre car il suit les exigences du présent. La perception du public stimule l'attention et mobilise les capacités de l'improvistateur, obligé de se tirer à son honneur de toutes les circonstances — pour lui l'échec est inconcevable. Cette situation lui fait trouver ce

---

1. Cf. Platon, *Lois*, 1, 641e.
2. Thucydide, 11, 40.

qu'il n'aurait jamais atteint dans le calme et l'absence de risque d'un temps différé. Réciproquement, le public est stimulé lorsqu'il se rend compte que celui qui lui parle improvise, trouve au fur et à mesure qu'il cherche et vit vraiment la même aventure au lieu de se contenter de lui répéter ce qu'il a déjà trouvé auparavant : le discours qui s'enfante au fur et à mesure qu'on le prononce, invite l'assentiment en provoquant la pensée active.

L'improvisation se manifeste classiquement dans les professions de la parole : chez l'avocat, le prédicateur, le professeur, l'orateur politique — qui ne sont pas, pour autant, des professionnels de l'improvisation.

L'éloquence judiciaire qui veut démontrer et convaincre, doit aussi séduire, émouvoir et entraîner ; c'est pourquoi elle a recours à l'improvisation. Certes l'avocat a étudié le dossier, tient compte des raisonnements et des résistances de ceux qu'il doit convaincre ; il n'improvise pas son argumentation. L'improvisation porte sur la forme, concerne les répliques immédiates ou le retournement d'argumentations développées, comme l'observe Montaigne : « les responces improuveües de la partie adverse le rejettent hors de son branle, où il luy faut sur le champ prendre nouveau party »[1]. Contrairement au raisonnement discursif, l'improvisation n'a pas sa pareille pour saisir au vol ce qui vient d'être dit et le relancer dans le débat, qu'elle tourne à son avantage. Son imprévisibilité surprend : l'improvisation semble venir d'ailleurs, affirmant par son *impetus* une évidence et une transcendance qui l'imposent.

L'Histoire se souvient des grands improvisateurs politiques : Mirabeau et ses réparties fougeuses ; Danton, sensible à l'excitation de la foule ou d'une assemblée en effervescence, enflammait ses auditeurs dont les applaudissements l'enivraient, « ses propos contradictoires surprennent moins quand on observe qu'il improvisait », dit Georges Lefebvre. Ce colosse émotif-actif-primaire, débordant de vie, « le Mirabeau de la populace », avait « le souci profond et spontané de jouir de l'existence... en se tenant le plus près possible de la nature, sans souci du lendemain surtout. Tant de harangues pathétiques improvisées sur l'heure, tant de mots saisissants... qui tous donnent l'impression d'avoir jailli du fond de l'être »[2]. Rappelons-nous Lamartine qui, député, apprit à improviser sous les moqueries, dans des difficultés qui eussent découragé tout autre que lui et qui improvisa dans l'hostilité du peuple de Paris soulevé, son célèbre discours du 25 février 1848, du haut du balcon de l'Hôtel de Ville : « le drapeau rouge que vous rapportez n'a jamais fait que le tour du Champ de Mars, traîné dans le sang du peuple en 91 et en 93, et le dra-

1. *Essais* I, L.I, « Du parler prompt ou tardif ».
2. *Études sur la Révolution française*, p. 91.

peau tricolore a fait le tour du monde, avec le nom, la gloire et la liberté de la patrie ! »[1].

Jaurès improvisait ses harangues puis les réécrivait pour les publier ; Clémenceau, vif et percutant, impressionnait ses adversaires ; Briand savait transformer par ses incantations le vote de la Chambre ; quant à de Gaulle, ses paroles allaient « de ce à quoi il a réfléchi (l'exposé du début, comme toujours avec lui ; les phrases qu'il avait dites ou écrites auparavant) à ce qu'il improvise pour y réfléchir, enfin à ce qu'il dit pour s'amuser — et à la présence souterraine de ce qu'il ne convient pas de dire », selon le jugement de Malraux[2].

Bien que son argumentation vise à convaincre par démonstration, le prédicateur cherche à convertir par persuasion ; il s'adapte à chaque auditoire en visant l'universel à travers lui. Rien de tel que l'improvisation pour atteindre le cœur si c'est la corruption de notre volonté, comme y insiste Pascal[3] qui fait obstacle à notre reconnaissance de la vérité. Bossuet improvisait sous l'incitation de l'émotion de son auditoire, prolongeant une tradition où saint Jean Chrysostome s'était illustré et où Mgr Dupanloup s'illustrera sous le Second Empire.

Lorsque le professeur improvise, il captive un auditoire accoutumé à la minutieuse analyse d'une préparation rationnelle qui ne s'invente jamais devant lui. Ainsi Bergson improvisait-il à l'insu de ses élèves de philosophie, à Clermont-Ferrand, en leur dictant un cours dont la préparation avait consisté en des lectures et jamais en sa répétition. Il s'habituait ainsi à parler comme on écrit — l'exercice montre qu'on y gagne en clarté. Le professeur qui improvise a parfois la surprise de trouver en parlant ce qui ne lui était pas venu à l'esprit jusque-là et de se reporter aux notes de l'élève pour retenir ce qu'il vient de dire.

L'improvisation procure le sentiment d'une sûreté et d'une certitude qui dilate le sentiment d'exister en nous faisant accéder à un plan de connaissance plus perspicace. Si les mots pour le dire arrivent aisément, c'est moins le bénéfice d'une pensée claire que d'une impulsion vécue, et si l'hésitation ou le bredouillage surviennent, ce n'est pas que l'orateur cherche ses mots mais qu'il en a trop à sa disposition, c'est-à-dire trop d'idées, qu'il se fraie un chemin dans la forêt des mots, dans la haute futaie où chacun sollicite son verbe et l'entraîne à sa suite. Car l'improvisation entraîne d'un côté puis de l'autre celui qui s'y livre et voudrait tout à la fois être déjà arrivé, même s'il y trouve du plaisir en chemin. Rien ne réjouit autant l'esprit que ce sentiment d'avoir trouvé dans

1. Cf. Louis Barthou, *Lamartine orateur*, p. 254.
2. *Les chênes qu'on abat*, p. 11.
3. *De l'esprit géométrique et de l'art de persuader*, section II.

l'acte, d'avoir parlé sa pensée, et ne captive autant le public auquel on transmet en trouvant au lieu d'attendre d'avoir trouvé pour dire. L'attente confiante du public incite l'orateur à la finesse de l'analyse comme à la synthèse de la vision — « la différence entre un maître captivant et un maître fastidieux consiste dans la facilité d'invention dont le premier fait preuve en provoquant des connections et des associations dans les idées », dit William James[1]. Parfois même, l'improvisateur semble mû par l'inspiration et dans un état second, tel Lavelle dans le dernier quart d'heure de ses cours. Ou encore, un temps de mise en route soigneuse prépare l'*impetus* à improviser à partir du canevas, avec une inventivité extraordinairement riche, comme Vladimir Jankélévitch après les quelques phrases de pédagogique rappel du cours précédent — en réalité ces maîtres n'improvisent que des prolongements, des parallèles, des digressions fécondes, éclairant le fil rationnel d'un cours très construit.

Le sujet de l'improvisation n'est pas quelconque. Certains domaines l'excluent, dont la pratique consiste à transmettre des méthodes, un savoir constitué dont on concevrait mal l'organisation ou surtout l'invention immédiates ; l'improvisation ne permet pas de trouver par son seul dynamisme et pour n'importe quel sujet ce que la réflexion méthodique échoue à découvrir. D'autre part, la transmission de certaines connaissances n'est pas essentielle à celui qui les transmet, qui pourrait être un autre et transmettre d'autres contenus ; un privilège et un danger correspondent à l'intérêt pour des questions auxquelles on ne peut rester indifférent car elles concernent le tout de l'existence : ainsi de la philosophie et plus radicalement de la morale et de la métaphysique. La parenté de ce qui concerne l'être-au-monde en ses spécifications historiques avec la philosophie est plus intime, on nous l'accordera, qu'entre le vécu du linguiste et ses sciences « naturelles ». L'improvisation est ici recherche de cohérence entre ce qu'on vit et ce qu'on pense — on pense comme on vit, même si on ne vit pas toujours comme on pense.

Certaines personnalités sont favorisées par une disposition psycho-organique pour l'improvisation par la parole : Socrate dut appartenir à cette catégorie de verbo-moteurs que le dicours stimule. La structure des langues révèlerait leur aptitude relative à l'improvisation : ainsi l'allemand ou le latin ne la favorisent pas car il faut attendre le dernier mot d'une phrase pour connaître le sens de cette phrase — qui se dévoile par sa forme globale, achevée.

Certaines cultures comme la culture méditerranéenne, favorisent l'improvisation — toute la musique du bassin méditerranéen est à base d'improvisation — comme le geste invite la parole et celle-ci suscite la pen-

1. *Causeries pédagogiques*, 1921, p. 80.

sée. « Les hommes du Midi ne marchent pas, ils courent. Ile ne méditent pas, ils improvisent. Ils ne psalmodient pas leur oraison, ils la précipitent. Ils sont toujours aussi pressés de finir que de commencer, d'arriver que de partir. Leur génie aime la vitesse, le bruit et l'éclat... »[1]. Le méridional trouve dans son geste le moteur de sa parole, se relançant mutuellement comme la surenchère des promeneurs voulant chacun surpasser l'autre en racontant leur bonnes histoires, s'arrêtant sur le Mail, le Cours ou les Ramblas à la recherche d'une oreille complice. Faconde, verve ou bagoût, l'expression déborde généreusement la pensée qu'elle devance, confiante dans la fidélité chaleureuse d'un soleil qui ne laisse jamais démuni son sol, refoidi son air, qui donne la luminosité à son ciel, à ses paysages d'ocre et de cyprès éternellement jeunes rappelant en hiver la promesse de l'été, à l'air vibrant des cigales et des grillons chantant la lumière azurée qu'à célébrée Valéry — *lou souleill ma fa canta* — il répugne à prévoir, la lumière chaque jour lui tient lieu de richesse, elle anime son insouciante bonne humeur et appelle la joie mélancolique d'exister ensemble sous un soleil auquel on ne demande pas la nouveauté mais seulement de pouvoir recommencer le lendemain. L'improvisation est aussi un art de vivre collectif — dans le Midi on vit dehors : la rue, le seuil de la maison sont le théâtre de l'existence, favorisant les échanges improvisés au lieu de reconduire chacun aux calculs de profits en son intérieur clos. Le plaisir d'orner offre l'occasion de jeux qui trouvent dans leur dynamisme l'impulsion à renchérir pour ne s'arrêter qu'avec la fin du jour ou la sécheresse du gosier, tandis que l'ostentation cherche un public admiratif et reconnaissant à la vivacité de l'acteur. Cette surenchère, l'existence publique et la concentration de tant de cultures, de passages, de voyages, incitent le méridional à fabuler, à galéjer en bénéficiant du prestige qui rejaillit sur celui qui sait, mêlant le réel à l'imaginaire : il finit par se persuader de ce qu'il raconte et devient persuasif par là-même, se grisant de mots et enflammant son auditoire en quête de l'événement qui lui fournira à son tour le sujet de nouvelles histoires. Cet entraînement qui trouve en disant, la matière et les raisons de la poursuite, des mobiles et des motifs, caractérise l'improvisation. S'il s'enchante de son verbe, le méridional conserve à l'égard de sa conviction même, l'humour qui lui permet de relancer l'autre, si bien que chez lui, tout est joué : l'incrédulité comme la conviction, le scandale et la grandiloquence, la passion et la tristesse, chacun se prenant au jeu par un tacite consentement qui exclut la prise au sérieux.

L'improvisation reconnue, dont nous venons de voir des expressions classiques, anime aussi d'autres pratiques individuelles dont on ne re-

1. Timon, *Livre des Orateurs*, p. 91.

lève pas toujours l'importance — toute sculpture est improvisation : l'artiste ne peut rattraper un coup de ciseau qu'en rendant plus définitive la forme que le précédent vient de décider ; de même la pratique du chirurgien, ce prince du bricolage vital, qui ne connaît comme le moraliste, comme tout actant, que des cas particuliers.

On reconnaît encore la manifestation de l'improvisation à travers les mouvements collectifs de la fête, du théâtre et des pratiques musicales.

c/ L'improvisation collective.

Les pratiques magiques et les incantations spontanées visent à conquérir les dieux avant de se fixer en rites où la participation de chacun personnifie les éléments naturels pour les mieux atteindre et les tenir en sa dépendance. Mais l'improvisation, conduite irruptive, expérimente les positions relatives des hommes, s'essayant à des conduites de substitution ou projetant leurs sentiments à l'égard du monde.

L'improvisation collective réalise, en effet, la situation d'interdépendance sociale, riche de ses interactions, réchauffée par l'affectivité et capable d'efficacité. Elle implique un exercice collectif de la spontanéité, leur permettant de faire ensemble autre chose que ce dont ils auraient été capables s'ils s'étaient trouvés seuls. Fourier louait, en ce sens, la création collective de nous créer nous-mêmes, nous associant à d'autres qui participent à cette commune création — tel serait, selon lui, le bonheur d'une « série passionnée » ; fin de l'aliénation, cette activité ne séparerait plus le labeur de la fête ni l'homme de lui-même.

Par sa rupture du temps et l'inter-relation aux autres, la fête est, en effet, improvisation. Son caractère d'exception lui confère un sens métempirique : le tragique de l'irréversible d'un temps à sens unique. La fête tire l'homme des bornes de la vie quotidienne ; elle dépouille habits et habitudes sociales, ramenant ses participants à un passé mythique en même temps qu'elle leur suggère comme possible un avenir exogène à l'ordre. La fête joue avec l'interdit en se débarrassant de la frustration qu'il impose et qui la rend possible. Mais au-delà de la frénésie d'un divertissement qui détourne du tragique évoqué, la fête fait échec, quelques moments, à la mort : c'est un autre trait de l'improvisation. Renversant la hiérarchie, les distinctions, les rôles[1], elle improvise l'unification de ses participants, unifiant chacun en lui-même[2] comme le notait Rousseau,

1. On le voit dans les fêtes du Moyen-Age comme la fête des fous et dans celles qu'évoque Rabelais ainsi que dans les techniques psychodramatiques. Cf. Harvey Cox, *La fête des fous* ; Mikkaïl Baktine, *L'œuvre de François Rabelais et la culture populaire au Moyen-Age et sous la Renaissance*, p. 198 et ss.

2. «Donnez les spectateurs en spectacle, rendez-les acteurs eux-mêmes ; faites que

partisan de la réunion de l'acteur et du spectateur, qui proposait de substituer les fêtes au théâtre. La fête efface, en effet, la distinction de ceux qui font et de ceux qui regardent et la division du travail, elle rassemble ce qui est dispersé, elle unifie le multiple et provoque la participation, communion et communication. Si les traditions orales où tout est su et tu ont codé les fêtes — les rôles, les jeux et la fin — elles appellent cependant l'improvisation qui inaugure et régénère le temps. Des mouvements collectifs historiques ont pris l'allure de fêtes au contenu imprévisible, comme en Juillet 1789 ou sous la Commune. Cependant la fête ne dure pas, ne s'installe pas dans le temps — une fête qui dure s'exténue ou tourne mal, comme l'improvisation s'enlise.

L'improvisation a repris de nos jours, dans le domaine esthétique et d'abord dans le théâtre, un caractère collectif. Conquise à partir de la liturgie, du sacré, l'improvisation collective succède aux fêtes antiques, avant de devenir un moyen de création.

Les bouffonneries des Atellanes, au IVe siècle romain, avaient pour fonction de distraire les spectateurs qui venaient de voir une tragédie ; ces improvisations-intermèdes entrent dans la catégorie des divertissements, tandis qu'à l'époque du théâtre babylonien, l'absence de comédiens contrastait avec la concentration de savants qui développaient leur connaissance des mécanismes psychologiques par des jeux de théâtre : le soir, sur les terrasses, ils allumaient des feux et improvisaient à partir d'états précis, devant par exemple « fournir la colère » pour le peuple qui venait regarder ce théâtre libre et savant.

L'improvisation théâtrale du Moyen-Age faisait des variations sur l'actualité et les croyances sous la forme de « jeux »[1], de « mystères » à peine écrits, comme les fêtes données pour les Princes, qui ne se représentaient qu'une ou deux fois, sans répétitions.

La Commedia dell'arte reste le prototype de ce que l'on désigne d'ordinaire comme l'improvisation au théâtre.

Gestes et paroles sont inventés impromptu à partir d'un canevas consulté en coulisse. La rencontre de personnages-types représentant des scènes de la comédie humaine caricaturée, constitue le spectacle ; chacun joue selon son caractère, connu du public. Dans la seconde moitié du XVIe siècle, la comédie italienne transforma en masques des types fixés qu'elle contribua à populariser[2]. Ce théâtre pur, tout dans le jeu des ca-

---

chacun se voit et s'aime dans les autres, afin que tous en soient mieux unis ». *Lettre à d'Alembert.*

1. Cf. le Jeu de la feuillée, le jeu d'Adam, le jeu de St-Nicolas, le jeu de Marion...

2. Le masque, le demi-masque utilisé facilite l'improvisation en favorisant le vœu que forment bien des hommes de changer de personnalité, de changer de peau, de « devenir ce monsieur qui passe ». Ce désir inconscient d'être un autre qui cache

ractères, parle aux simples : l'improvisation est un art pauvre. Chacune des troupes d'une dizaine d'acteurs jouait dans les rues et de plus en plus dans les Cours des sujets de la vie quotidienne dont les personnages présentaient les caricatures — les vieillards : le Magnifique, Pantalon, ridicule marchand avare, barbiche pointue, nez allongé ; le Docteur Graziano, avocat ou médecin pédant ; Arlequin, misérable et plein de ressources, agile et maladroit, athlétique butor en habits rapiécés ; le Capitan glorieux ou Scaramouche mâtiné de Zanni, inventeur de tours ; Brighella, pourchasseur d'occasions, dont l'éloquence mesure la pauvreté avant de s'embourgeoiser au XVIIIe siècle en rejoignant Scapin, étourdi, impulsif et menteur.

L'improvisation tenait à la situation imprévue où le protagoniste s'amusait, à l'intérieur d'un canevas[1] qui laissait place aux traits d'esprit, aux réparties, aux *lazzi* que l'acteur lançait selon l'occasion. Le public guettait l'entrée et suivait la prestation et les répliques de chacun, attendant la façon dont il allait sortir du mauvais pas dans lequel venait de le pousser la malice du protagoniste — qu'il encourageait parfois comme les enfants au guignol. L'improvisation partait de personnages qui avaient leur caractère, leur passé, leur famille, comme de gens dont on sait les conversations favorites ou les travers ; l'attente du public inspirait en retour les personnages dont elle orientait l'improvisation. On voyait vivre des actants dont on pressentait les réactions devant un imprévu préformé par les interactions des différents caractères. Ces professionnels avaient plus d'un tour dans leur sac et l'entraînement à jouer simultanément avec les incessantes modifications de l'action ; consentant aux ouvertures du jeu, ils le guidaient davantage par l'imagination qu'ils ne le suivaient par la mémoire, ce qui suppose, outre le sens de la simultanéité entre ce que l'on fait et les exigences de la situation, la connaissance de l'autre que procure une vie communautaire culminant en cette aptitude à agir sans se concerter.

L'improvisation permit à la Commedia dell'arte de contourner les interdictions de la censure qui ne pouvait atteindre que des textes écrits mais non l'imprévisible. Peuple et aristocratie se retrouvaient dans cette liberté de langage et d'attitudes qui choquait le bourgeois.

Mais ce paradoxe du jeu d'improvisateurs professionnels annonce le destin de la Commedia dell'arte ; la spécialisation de chacun dans son

---

un désir de puissance et plus profondément d'immortalité, réclame l'improvisation de celui qui s'y livre ; le personnage est transformé par le masque

1. Chez les Gelosi rien n'était écrit ; Goldoni fut le premier à fixer les mots-répliques, les *lazzi* ; auparavant on repartait du canevas. Le texte donna un statut à l'improvisation et transmit de façon univoque ce que jusque là les acteurs transmettaient de vive voix, par leur personne même et en le vivant.

rôle conduit à la stéréotypie du jeu et du langage qui finit dans la répétition et les lieux communs. Les comédiens fixèrent leur jeu, se contentant d'agencer des tirades en forme de blocs tout prêts qu'ils plaçaient au moment opportun. On ne peut improviser plusieurs fois la même scène : les trouvailles se fixent dans l'esprit, la mémoire obture le jeu de l'imagination ; ces professionnels bien entraînés n'étaient pas des actants mais des virtuoses. Avec leur installation et surtout leur retour en France, au répertoire improvisé en italien qui s'affadissait, se substitua un répertoire appris et en français [1]. Descartes ne cache pas son mépris « des Capitans des comédies italiennes », qu'il taxe de « ridicules » [2], comme ce docteur d'une comédie italienne qui « en jouant le personnage d'un pédant, ne savait dire de plus grandes sottises » — il compare aux personnages de la comédie italienne les gens qu'il veut ridiculiser.

L'improvisation collective est devenue un moyen de création dans les troupes théâtrales et les groupes de recherche d'expression de la personnalité et de rencontres.

Au Festival Mondial du Théâtre, à Nancy, de jeunes troupes du monde entier utilisent, pour la plupart, l'improvisation comme base de travail. La pratique établit une référence pour constituer un texte à partir des improvisations qui se développent selon une connaissance du contexte social, mythique ou historique de l'action.

En 1973, la situation et les espérances qu'elle suscitait, formaient pour bien des troupes étrangères le contexte général mêlé de références historiques ou mythiques. Ainsi dans *Nosotros los Communes* [3], l'étude du contexte économique, social et politique permit aux acteurs de retrouver, dans leur manière d'improviser, les attitudes et les problèmes de la réalité sociale recréée sur le plan théâtral. Dans certains spectacles comme *Le retable de Don Cristobal*, s'inscrivant dans le cadre de l'improvisation sur les mythes et la situation politique, le groupe improvisait sur une idée à partir de thèmes simples, réduisant la vie sociale à une mythologie folklorique, pour fixer ensuite ses actions dans un texte, jamais définitif. Il détournait le contenu et la finalité de l'art populaire pour dévoiler la signification politique de sa neutralité. Les créations de ces troupes comme le groupe « Aleph » de Santiago du Chili dont les membres associent leurs efforts pour construire une société

1. La comédie italienne s'était fait expulser en 1697 pour s'être moquée de Madame de Maintenon dans *La fausse prude* : Riccobini fut rappelé en 1716 par le Régent, mais cette évolution vers l'embourgeoisement fut inéluctable et les comédiens italiens se firent absorber en 1762 par l'Opéra comique.

2. *Lettre* à Mersenne, fin déc. 1637 ; oct. 1639 ; 2 nov. 1646 ; 7 oct. 1637.

3. Du groupe « Candelaria » de la Maison de la Culture de Bogota. En un sens davantage historique, c'est ce que fait pour *1789* et *1793* le « Théâtre du Soleil ».

nouvelle (en 1973), s'enracinent dans la vie sociale et politique. Le théâtre reste magie mais il n'est plus un divertissement, il exprime des inquiétudes, il développe le pouvoir d'expression — ici l'œuvre naît du concours de tous.

Ailleurs l'Histoire s'élève à la dimension du mythe, comme dans le « Théâtre Mobile » de Genève, particulièrement avec *Western*. L'ensemble des comédiens improvisent canevas, actions et scénario à partir de documents historiques et de situations mythiques du Western qui intègrent au passage des discours, des allocutions, des mouvements de l'histoire genevoise passée ou récente. Moteur du scénario de cette *Soirée de l'Ouest*, l'improvisation a été minutieusement réglée jusque dans les deux issues dont le choix est proposé au vote des spectateurs-participants.

La structure définitive de chaque spectacle compose ainsi les éléments obtenus au cours des improvisations, comme on le retrouve avec le « Kargahe Namayesh » de Téhéran qui élabora *Nagahan* à partir d'une histoire dramatique locale.

Le spectacle *Herody I Dziady* (Hérodes et Vagabonds), ensemble polonais de théâtre populaire de Basse Silésie, combine le folklore traditionnel et la Commedia dell'arte dans une ronde endiablée où des personnages populaires jouent des saynettes évoquant de grands thèmes archétypaux.

D'autres troupes comme le « Theatro del sole » de Milan, qui montent des spectacles pour enfants, comme *La Città degli Animali*, font écrire la pièce à partir des récits spontanés des enfants dirigés par un maître, les acteurs et les enfants improvisant ensuite sur ces textes pris comme canevas.

Des improvisations corporelles servent un expressionnisme où la cruauté heuristique manifeste tous les degrés de l'intensité — par exemple les improvisations mêlées de références mythiques ou crues du « Iowa theatre lab » où les acteurs (quatre pour *The Naming*) fournissent, par l'improvisation, l'impulsion créatrice et même le matériel de l'action ; ni texte ni paroles : les mouvements violents et expressifs communiquent énergie et sentiments.

De façon analogue, le théâtre anglais « R.A.T. » présente une action essentiellement physique où la transmission d'idées s'opère par le corps : *Blindfold* se développe à partir d'une situation [1] où l'essence de l'expression est l'acteur.

La base commune à ces troupes, l'un des fondements de l'improvisa

1. Du cataclysme qui a anéanti la société entière, ne survit qu'un infirme qui veut sauver les enfants non encore sortis du ventre de leur mère mais leur bande les yeux pour s'assurer leur dépendance.

tion, est l'idée que le talent se développe par l'exercice — l'entraînement physique intensif développe l'énergie totale. Cette idée se conjugue avec celle qui fonde les pratiques psychosociales des dynamiques de groupe et du psychodrame, selon laquelle le don de chacun multiplie celui des autres tandis que la retenue diminue l'énergie du groupe.

Des troupes célèbres de Nouveau Théâtre ont montré, depuis vingt ans, les réalisations de l'improvisation théâtrale collective.

Dans le « Bread and Puppet theatre »[1] le texte est inventé au cours des répétitions — les sons, les mots même sont trouvés au moment où le spectacle est conçu. Événement improvisé plus que représentation — il ne s'agit pas de jouer un rôle mais de collaborer à une création collective. Ses marionnettes ont représenté dans les rues de New-York les conflits et les angoisses des contemporains — « ce que nous faisons n'est pas un travail d'interprétation sur la situation dans laquelle nous vivons ou sur le système que nous subissons, c'est une « sensibilité à » qui vient du cœur tout entier et qui est complètement engagée »[2]. Des spectacles comme *Man Says Good-Bye to his Mother* ou *Fire*, qui visent toujours par la *praxis* première, à transformer la vie, invitent à une multiplicité d'interprétations.

Fondé entièrement sur l'improvisation collective, l'« Open théâtre » de Joë Chaikin vise à approfondir l'interaction entre les acteurs en favorisant le dépassement de leurs limites. La soudaineté des mutations des personnages suppose une spontanéité sans cesse renouvelée : l'acteur doit trouver en lui-même les motifs de chaque geste, les éléments nécessaires à la construction du rôle. Ce travail peut déboucher sur la création de pièces, par exemple *Viet-Rock*, à partir des techniques expressives des acteurs ou d'un travail sur les structures, comme dans *Le Serpent*[3] ; mais le travail de l'acteur reste premier, même s'il ne débouche pas sur une œuvre. Les recherches visent par des exercices de transposition physique à atteindre l'expressivité d'une action non représentative et impulsive. Parfois une modification radicale et imprévisible de la situation, un acteur changeant brusquement sa manière d'exister, son identité, exige du partenaire une réaction instantanée dans une relation adaptée. Il s'agit que chacun accepte les impulsions des autres sans diriger le mouvement ni se replier dans l'isolement fantasmatique qui déconnecte de l'ensemble. La présence positive d'autrui rassure et permet à l'acteur d'oser dire ou

1. Fondé par Peter Schumann. Ce groupe américain de théâtre « radical », utilise des marionnettes pour dramatiser un thème, un problème par sa simple représentation ; c'est un théâtre pauvre : absence ou simplicité des décors, pas de pathétique.

2. Cf. F. Kourilski, *Le Bread and Puppet theatre*, p. 198.

3. « Avec Structures et mots de J. C. Van Italie ».

faire ce qu'il n'aurait pu, isolé sous un regard objectivant ; la simultanéité qu'elle instaure appelle l'attention, c'est-à-dire la disponibilité aux autres, étrangère à l'exhibitionnisme affectif comme au rationalisme justificateur.

Cette déconstruction du rôle fixe de l'acteur, outre celui de créateur qu'elle lui confère, le libère de la tyrannie des motivations psychologiques fixes, suscite son influx nerveux et accueille la richesse de son intention. Propositions et impulsions sont comme des appels et des désirs, dissociables seulement par analyse et formant un tout auquel chacun est intégré comme les exercices visent à intégrer les acteurs dans l'ensemble de la pièce.

La relation horizontale ouvre ainsi sur la verticalité d'un dépassement : le « renversement » se maintenait à l'intérieur des mêmes données de lieu, de temps et de relations inter-personnelles, l'un devenant ce qu'était l'autre, comme dans la « transposition » ; par contre dans la « transformation », l'identité même des acteurs est transmuée par une métamorphose, une mutation qui a une portée métempirique : au-delà du vertige de l'inconnu risqué, la désappropriation donne sur la mort, cette mutation destinale.

L'improvisation donne à voir ce qui d'ordinaire est vu sans être remarqué : comme la gaffe socratique, elle pose la question du comportement socialement considéré comme normal puisqu'elle dit ce que tout le monde sait mais que chacun tait.

Cette animation de l'improvisation au théâtre se fonde tout entière sur l'idée aristotélicienne que les aptitudes, le talent, le don, se forment et se développent en faisant : dans les interactions de la vie quotidienne collective ouvrant sur la découverte d'une dimension qui ne se donne qu'à la forme progressive — même dans sa soudaineté. Cela définit davantage l'improvisation comme cette pratique de dévoilement ou de maïeutique qui suppose la présence de l'autre pour la provoquer et lui répondre.

Ainsi l'improvisation collective, redécouverte, anime-t-elle les vivantes recherches théâtrales contemporaines, purifiées des répétitions où s'enlisa la comédie italienne ; elle ne s'exerce pas seulement dans les secteurs traditionnellement siens, elle constitue l'un des domaines les plus originaux de l'improvisation.

V. - L'improvisation omise.

Les signes de reconnaissance de l'improvisation, individuelle ou collective, se bornent généralement au spectacle ou à la prouesse individuelle, au divertissement ou à l'acte d'exception, comme si la reconnaissance de son existence devait se limiter à ces domaines et qu'il était impensable qu'elle jouât ailleurs ni plus souvent un rôle.

Or ces activités de l'improvisation reconnue ne sauraient occulter les lieux et les temps inexplorés où elle reste méconnue, en particulier les grands mouvements collectifs dessinant les charnières de l'Histoire.

a/ Les accélérations du temps et les mouvements collectifs.

L'improvisation suppose un substrat social favorisant une conscience collective et une accélération du temps. Ainsi un contexte économique et social caractérisé par l'urgence : le renchérissement des denrées, le manque de pain, la présence d'accapareurs, une situation explosive par ses contradictions, n'attend que l'étincelle qui provoquera une mutation en libérant ce qui restait retenu. Or cette étincelle ne se trouve pas dans le donné lui-même, incapable de génération spontanée — la fonction dépasse les structures — mais du côté de l'esprit : la cristallisation des aspirations entraîne les forces qui trouvent la conduite pour saisir ou provoquer l'occasion ; ainsi le soulèvement populaire crée la liberté qu'il réclame en même temps que sa possibilité. Inversement, son irruption ne saurait, à elle seule, suffire à transformer la réalité qui l'a provoquée.

Ces deux illusions de la génération spontanée de l'improvisation ressortissent aux deux visions du monde, erronées lorsque séparées mais dont la complémentarité rend à chacune ce qui lui manque : l'improvisation ne se laisse limiter ni par le délai temporisateur ni par les conditions d'existence.

Elle suppose encore l'expression d'une opinion dans une attitude prête à l'action selon les occasions : une conscience collective et l'effervescence où elle se manifeste. Durkheim, Halbwachs ont montré le caractère collectif du psychisme dans toutes les directions de l'existence et comme nous agissons selon des modèles socialement constitués, des schèmes et des symboles prégnants à un moment donné dans une société. Au carrefour de l'enracinement dans le substrat social et de la manifestation des fonctions sociales se forme la conscience collective, non comme une moyenne primaire constatée mais comme l'idéal ou la transcendance sociale projetée par le groupe ; dans l'écart qui les sépare, l'effervescence lancera l'improvisation comme elle suscite l'idée et l'aspiration religieuse[1], établissant le lien qui unit à l'invisible les participants qu'elle rattache entre eux — « La vraie fonction » de la religion « n'est pas de nous faire penser... mais de nous faire agir, de nous aider à vivre » comme le note Durkheim[2] ;

1. Durkheim, *Les formes élémentaires de la vie religieuse*, p. 312 et ss.
2. *Id.*, *La science sociale et l'action*, p. 595.

d'ailleurs « c'est dans les milieux sociaux effervescents et de cette effervescence même que paraît être née l'idée religieuse »[1].

Ainsi éclosent des phénomènes sociaux dont les élans dépassent l'horizon des actes mentaux habituels aux groupes concernés. Les « communions actives », selon la terminologie de Gurvitch, meuvent les effervescences collectives dans des moments critiques du devenir social que sont les révolutions, les guerres, les mutations des valeurs et des modèles prégnants, l'élévation de symboles et d'archétypes nouveaux souvent contestataires des précédents. Tout entière en acte, comme le voyait Saint-Simon, la réalité sociale en train de se constituer s'affirme alors contre la réalité figée, les forces de novation tendent vers des rapports inédits. Ces mutations irréversibles caractérisent la singularité de phénomènes humains qui sont des événements dans l'ordre collectif comme dans l'ordre individuel. Le temps s'accélère vertigineusement dans ces périodes de transformations sociales et des valeurs devant l'imminence de la réalisation des espérances refoulées dans l'inconscient collectif et les rêves de chacun. Lorsque tout semble possible, quand « les hommes ont l'impression que les temps sont tout proches où l'idéal deviendra la réalité elle-même et où le royaume de Dieu se réalisera sur cette terre »[2], comme dit Durkheim, le pressentiment de l'imminence incite à l'improvisation devançant l'attendu pour l'atteindre sans délai ou provoquant magiquement son avènement miraculeux — « c'est en effet dans les moments d'effervescence de ce genre que se sont constitués les grands idéaux sur lesquels reposent les civilisations »[3] et qui ont « beaucoup plus et beaucoup mieux que le matérialisme, stimulé et orienté les masses »[4]. Crises des sociétés aspirant au carrefour de leurs mutations, à sortir du temps pour retrouver le temps originel où elles investissent leur image du paradis et projettent leurs désirs, comme dans les mouvements religieux ou politiques du nativisme, du prophétisme et du millénarisme.

Le prophétisme relie l'inspiration individuelle au mouvement collectif et à l'état social global. Il renvoie à une vocation, les prophètes se présentant comme étant entrés en contact avec la divinité : ils exaltent l'attente de l'événement (le salut, la venue de la divinité) par des méthodes (initiations, sacrifices) qui justifient leur statut exceptionnel ou qui consacrent leurs disciples. Ainsi le prophète improvise-t-il et entraîne-t-il ses disciples dans un mouvement d'improvisation collective[5] ; ses dons trans-

---

1. *Id.*, *Les formes élémentaires de la vie religieuse*, p. 313.
2. *Sociologie et philosophie*, p. 134. 3. *Ibid.*
4. Henri Lefebvre, *La Somme et le reste*, p. 83.
5. Mühlmann rapporte des exemples de prophétisme en Mélanésie, notamment à Fidji, où, mû par l'inspiration surnaturelle, le prophète entrait en extase et prophétisait. *Messianismes révolutionnaires du tiers-monde*, p. 84, 143.

mettent aux disciples leur caractère « infectieux »[1] en rayonnant des vertus charismatiques sur ceux dont la disposition intérieure favorise la participation. Ces mouvements peuvent atteindre des états d'effervescence collective intense. Le prophète est l'homme du présent : il innove en continuant ; le commencement qu'il inaugure ne dément pas le passé qui le préparait — prophétiser, c'est coïncider avec le mouvement temporel en annonçant des événements que le passé connaissait. Certes « ce n'est pas la volonté humaine qui a jamais produit une prophétie mais c'est portés par l'Esprit que les hommes ont parlé de la part de Dieu »[2] : le prophète est le porte-parole de Dieu[3]. La prophétie serait-elle réservée à des spécialistes mystérieux porteurs d'un don? Pierre annonce : « vos fils et vos filles prophétiseront »[4], tandis que Paul dira plus explicitement : « vous pouvez tous prophétiser »[5]. Le prophète transporté par l'esprit[6] reçoit une stimulation intérieure, une « suggestion de l'esprit » dont l'*impetus* cherche à s'exprimer ; cependant Dieu n'est pas un Dieu de désordre[7] et la prophétie doit être intelligible. Exhortation, appel à la conversion, avertissement contre un danger, encouragement, réconfort ou miracle, le prophétisme témoigne d'une Révélation et ne saurait se confondre avec la thaumaturgie, la divination. Si le prophète improvise au sens où la parole imprévisible émane de lui dans la prédiction, l'extase ou l'engagement, il mène souvent une critique sociale radicale et suscite des attentes millénaristes ou apocalyptiques[8] ; la prophétie n'est pas abstraite, elle dérange l'ordre historique et social. D'ailleurs, les sociétés les craignent et les religions se méfient des prophètes actuels si elles honorent ceux qu'elles ont eu le délai d'incorporer aux dogmes — « le sage est supérieur au prophète », disait le Talmud.

L'improvisation, à son tour, est prophétique : elle annonce l'avenir et dénonce le présent à partir d'un passé qu'elle ne rejette pas.

Le nativisme, désir collectif de purification culturelle, caractérise la volonté de restauration d'un état antérieur à tout mélange, comme dans l'exode des populations brésiliennes du XVIIIe au début du XXe siècle, impressionnées par l'expulsion des jésuites du Mato-Grosso, fuyant la fin

1. *Ibid.*, p. 169.
2. *Lab.* 53, 13 ; 2 P. 1, 21.
3. *Ac.* 3, 21.
4. *Ac.* 2, 17-18.
5. I *Co.* 14, 5, 24, 31.
6. *Ap.* 17, 3 et 21, 10.
7. I *Co.* 14, 32.
8. St Thomas d'Aquin analyse le caractère de la prophétie comme charisme social, in *Somme théologique* IIa, IIae, Q. 171, a, 1, 2 ; q. 172, a 1-4.

du monde pour trouver à l'Est une terre où elles seraient hors d'atteinte, ou comme les marches du kimbangisme[1], quand des villages africains s'ébranlent à la recherche du Christ, mus par la certitude de le rencontrer. Ces restaurations, ces retours collectifs improvisés à la recherche d'un lieu, se fondent sur une valorisation de l'origine ancestrale — cette quête du paradis perdu cache celle d'un autre temps : l'illusion de la pérégrination spatiale offusquant le pélerinage chronologique qu'elle justifie. Par cette substitution du lieu au temps, illusion de l'improvisation, il s'agit d'entraîner à sa suite le temps, d'en forcer le rythme, de retourner l'Histoire pour retrouver ses époques fastes, protégées des dieux.

Le millénarisme, typique improvisation collective religieuse et politique, attribue à l'éternité le caractère du temps : l'espérance qui l'anima à l'approche de l'an Mil, prit le sens d'une contestation politique, d'une révolution active et d'une utopie vécue. Ces mouvements caractérisent la marginalité connotée par l'infériorité statutaire des itinérants : gens du voyage ou du spectacle, comme des déviants : devins, guérisseurs, artistes et artisans, métèques, tziganes dont l'espérance ne s'arrête pas en un lieu mais poursuit un temps et dont les sédentaires craignent l'étrangeté. L'espérance millénariste a animé les opprimés et les déshérités qui trouvaient dans leur foi la force d'attendre, parfois de hâter un retournement de l'ordre, faute de provoquer le retour de la justice ; il n'est pas étonnant qu'elle ait suscité les critiques et les persécutions des classes supérieures contre lesquelles criaient ces mouvements. Ainsi Georges Lefebvre trouve-t-il des accents millénaristes pour désigner la « grande espérance » de 1789 : « un événement si étrange (la Convocation des États-Généraux) fut accueilli comme une « bonne nouvelle » annonciatrice d'une métamorphose miraculeuse du sort des hommes, il éveilla l'espoir, éclatant et nébuleux à la fois, d'un avenir où tous seraient heureux »[2] — on retrouve ce lien entre spontanéité et espérance millénariste dans les notes d'Arthur Young voyageant en Ardèche en juillet 1789.

La Commune, les débuts de la Révolution de 1789, les mouvements de révolte dans les campagnes françaises du XVIe au XVIIIe siècle, manifestent clairement les traits de cette improvisation collective omise.

Sans évoquer la révolte de la plèbe retirée de la Ville contre les patriciens aux débuts de la République romaine ni Étienne Marcel et la Fronde, reportons-nous à des mouvements où la spontanéité collective prend une signification emblématique par rapport aux événements ultérieurs de 1789.

---

1. Mouvement du prophète Kimbangu, analysé par Wilhelm E. Mühlmann.
2. Georges Lefebvre, *La Révolution française*, p. 137.

b/ Les mouvements de révolte dans les campagnes françaises.

Après les Jacqueries du XIVe siècle, la France a vécu des soulèvements populaires endémiques, généralement campagnards : la révolte de 1548 en Guyenne, les troubles chroniques chez les Normands ou « nu-pieds » autour de 1639 et de façon plus continue chez les paysans aquitains ou « croquants » en 1594, 1637.

Ces mouvements collectifs revêtent une forme rurale, caractérisée par l'incapacité de se servir de l'écriture [1] et par l'inaptitude à la parole, véhicule de l'opinion et intermédiaire entre l'attitude et l'action. L'impossibilité de protester par la parole induit des actes chargés d'une violence dont on ne peut avertir et que ne saurait prévenir la parole dont les raisons s'évanouissent devant leur soudaineté [2]. Ces mouvements se caractérisent par la soudaineté dans la contemporanéité : tous convergent derrière un chef souvent élu, en un rassemblement appelé par le tocsin, qui grossit à mesure que le bruit de sa formation se transmet d'une paroisse à l'autre. Sans harangue ni plan, ce rassemblement spontané d'infortunés qui traduit une cause unique en un mouvement unanime, lance sa protestation contre la pesée du fisc et les exigences des droits seigneuriaux. Dans une action punitive ou libératrice, réactive ou instauratrice, les troupes communales vont saccager greniers ou archives, massacrer parfois, souvent excitées par des beuveries évoquant ce renversement du temps de la fête qui prélude à la révolution des Ordres, des obligations et même des nécessités. Unanime, cette improvisation refuse massivement et collectivement la nécessité d'obtempérer aux ordres appauvrissants d'un État lointain qui ajoute aux contraintes des rythmes naturels et de la pénurie celle des contraintes civiles. Ces révoltes protestataires, conservatrices d'un ordre qui tient sa valeur de la coutume et de l'ancienneté, se dressent contre les « inventeurs » comme on nommait les gabeleurs ; elles participent de la vision dominante à cette époque qui dévalue le devenir et la nouveauté au nom d'un ordre immuable garanti divinement. Ainsi l'improvisation protestataire est-elle liée à l'ordre, fiscal et linguistique, qu'elle conteste. Se détournant de l'avenir qu'on leur prépare, ces paysans se retournent vers un passé où ils puisent la force qui anime leur révolte et précipite l'avènement de cette ère de justice qu'ils appellent de leurs vœux. Ces soulèvements endémiques ponc-

---

1. Comme on le verra plus tard pour la rédaction laborieuse des Cahiers de doléances.

2. « Les mouvements populaires s'expriment moins par leurs discours et leurs cris que par leurs actes et par l'enchaînement de ces actes », dit Yves-Marie Bercé dans son étude : *Croquants et Nu-pieds*, p. 15.

tuent un ordre conservateur comme celui des saisons, de soudaines flambées préparées par d'ancestrales traditions de résistance à l'empiètement du pouvoir central sur celui des provinces : pour restaurer un ordre coutumier, la violence collective adopte elle-même le rythme de la coutume. Refusant les « inventions » comme les « nouveautés des méchants », elle tient du millénarisme son caractère révolutionnaire *et* conservateur, le refus de la centralisation.

Cette contestation précisa son espérance en un avenir imminent à l'approche et à l'annonce de la Convocation des États Généraux, en 1789.

c/ L'improvisation de juillet 1789.

Les actes individuels et collectifs de juillet 1789 s'enracinent dans le contexte économique et social qui en constituait le terrain : la crainte des brigands, la mendicité aggravée par les famines, la rareté du pain venant de la cherté des grains, le « complot aristocratique » dont on croyait trouver un écho dans l'arrogance de la Cour et la révolte nobiliaire. La peur conduit à l'hostilité sous la forme des réactions défensives ou de « volonté punitive », selon l'expression de G. Lefebvre[1], à l'égard de ce qui la provoque ; ainsi les soulèvements spontanés se poursuivirent dans les campagnes où la convocation des États-Généraux précisait une «grande espérance ». La conversation et la propagande formèrent la mentalité collective à l'occasion de la prise de conscience des difficultés de la vie quotidienne — dans les queues pour acheter le pain, dans les rassemblements pour attendre les nouvelles ou dans des lieux publics comme le café, le jardin, la sortie de l'église. La conversation développe, en effet, un remarquable processus : le regard de l'autre encourage ou juge ; il annonce que quelque chose se trame quelque part, l'urgence à communiquer ce pressentiment ou cette découverte à un interlocuteur qui ne le quittera pas comme il sera venu, tandis que le locuteur sera confirmé dans sa conviction par le fait même de l'avoir exposée. Ce processus est celui d'une réalisation progressive de la situation : chacun se rendant compte que d'autres éprouvent les mêmes sentiments ou forment les mêmes pensées que lui, dans des lieux différents et toujours plus nombreux. Au total, à travers la conscience collective qu'elles forment devant les mêmes événements, les conversations alimentent l'effervescence en préparant la spontanéité qui leur devra l'économie du raisonnement, du délai et du recul. Cette conscience déjà politique forme l'opinion par cumulation et

1. « La volonté punitive s'associa, dès le début, à la réaction défensive », selon l'expression de G. Lefebvre, *La grande peur de 1789*, p. 109.

par conviction chez le même individu, par interaction et recoupements chez plusieurs individus.

Ce processus prolonge la tradition orale, le colportage auquel il fournit un contenu menaçant ou stimulant : des nouvelles qui prennent figure du scandaleux le traversent, rythmant la formation de l'opinion — la nouvelle de l'événement dont l'absence de prodromes vient de l'éloignement spatial, le répand comme nécessaire. D'où les réactions spontanées qui, par compensation, tendent à rétablir l'équilibre antérieur en gommant la nouveauté profanatoire avant qu'elle ne soit consacrée.

L'imprimé joua le rôle de multiplicateur de la conscience collective en permettant d'atteindre de façon identique et quasi-simultanée un grand nombre d'auditeurs auxquels il était lu dans les cafés et aux veillées ; il dit ce que personne n'eût osé prononcer sous sa propre responsabilité. Par la réflexion qu'il permet et la critique qu'il suscite, il entraîne les mûrissements qui préparent l'explosion de la spontanéité qu'il informe. Enfin les processus du « conformisme » et de la « facilitation sociale », bien connus de la psychologie des groupes, concourent à uniformiser les opinions, les expressions et les pratiques spontanées qui les traduisent [1]. Les aspirations protestataires de ceux qui, ayant tout à gagner, espéraient tout de cet événement, se heurtaient aux réactions de ceux qui ne pouvaient accroître ou même conserver ces privilèges qu'au détriment de leurs concurrents ; aucun consensus ne s'établissant parmi ceux-ci, leur spontanéité, freinée déjà par le calcul de l'intérêt conservateur, s'émiettait dans des tropismes inefficaces et contradictoires, annulés par ceux des autres [2].

Ainsi tout était bandé pour éclater. Cette « espérance », ce désir « d'effacer le passé », ce « désir de grands biens » atteste la disposition d'esprit des acteurs sociaux au début de cette période caractérisée par la « volonté d'atteindre son but à tout prix », par « une avidité, un empressement à agir inconcevable » [3]. Des révoltes spontanées [4], la misère conjuguée avec le nomadisme de bandes affamées et le pillage provoquèrent çà et là des

---

1. Nous nous référerons essentiellement à l'*Histoire Parlementaire de la Révolution française* par Buchez et Roux, qui permet de suivre jour après jour le fil des principaux événements, tant populaires que parlementaires, d'observer l'improvisation collective et individuelle au cours de cette période.

2. « Tous les éléments de résistance au mouvement qui commençait étaient en guerre les uns contre les autres, et par suite frappés d'impuissance ; tandis que les tendances à la progression ne formaient qu'un corps et qu'une seule pensée », *ibid.*, I, p. 278.

3. *Ibid.*, p. 282, 283.

4. A Rennes le 26 janvier 1789 ; au faubourg St-Antoine, les manufactures de Réveillon et d'Henriot furent ravagées.

paniques[1] : on s'arme, on dresse des barricades, on forme sur le champ des comités permanents, des milices... A Paris, l'opinion avait atteint « un état d'exaltation » dont « l'impulsion » devint « plus forte que la prudence »[2] ; comment ne pas rappeler les apostrophes improvisées de Mirabeau à la séance du Jeu de Paume du 22 juin : « Quelle est cette insultante dictature? Catilina est-il à vos portes? », l'adresse au Marquis de Dreux-Brézé après qu'il eût rappelé aux députés du Tiers l'ordre donné par le Roi : « nous ne quitterons nos places que par la puissance des baïonnettes! »[3], et celle de Bailly à l'adresse de Brézé : « La Nation assemblée ne peut recevoir d'ordres! ».

A la fermentation au sein du Tiers-État correspondait celle du peuple de Paris : le 30 juin, jour de la réunion des Ordres, éclata une émeute provoquée par la nouvelle de l'emprisonnement de onze soldats à la prison de l'Abbaye, au Faubourg Saint-Germain, et de leur transfert, la nuit suivante, à la prison de Bicêtre réservée aux détenus de droit commun : « Le peuple en masse s'arme, grossit de quelques ouvriers et va délivrer les soldats ; la troupe envoyée contre eux fraternise... » — les termes[4] attestent la soudaineté du mouvement et la conscience collective agissante dans la fraternisation et dans l'acte d'insubordination qui suppose[5] une conscience de sa situation et de la responsabilité correspondante.

En ces jours de fin juin et de début juillet 89, la fermentation entretenue par la pénurie de pain, l'indignation à l'Assemblée devant le rassemblement des troupes aux portes de Paris, préparent la soudaine précipitation du conflit entre le peuple et le pouvoir, entre les Ordres eux-mêmes, dont le renvoi de Necker provoque la mutation en actions révolutionnaires. Ainsi le soir du samedi 11 juillet, la foule incendie les barrières de la Chaussée d'Antin ; le dimanche 12, des attroupements spontanés se forment autour d'« orateurs improvisés »[6], dont Camille Desmoulins, qui appellent « aux armes! ». Cristallisant la situation qu'il engage dans le processus irréversible d'une mutation, le renvoi de Necker fait l'effet d'un détonateur. L'effervescence du Palais Royal communique la nouvelle au long des cortèges qui parcourent les rues au son du tocsin :

---

1. « La peur des "brigands" devenant générale, il suffisait du moindre incident pour qu'un timide crût les apercevoir et s'enfuît, semant l'épouvante», *ibid.*, p. 137.
2. *Ibid.* 1, p. 426.
3. Comme dit *Le Moniteur* : «Allez dire à votre maître que nous sommes ici par la volonté du peuple, et que nous n'en sortirons que par la puissance des baïonnettes », Buchez et Roux, II, p. 20.
4. de Buchez et Roux, *op. cit.*, p. 11.
5. Cf. Milgram, *Soumission à l'autorité*, Calmann-Levy, 1974.
6. G. Lefebvre, *La Révolution française*, p. 141.

déjà « un nouveau pouvoir naissait de l'insurrection »[1]. Dès lors tout est possible, même la prise de la Bastille à laquelle personne ne pensait.

Le 13 juillet, l'émeute prend l'allure d'une expédition d'urgence et punitive — on pille la farine chez les Lazaristes, on vole des Hôtels de nobles ainsi que des objets du garde-meubles de la Couronne ; la plupart furent remis rapidement entre les mains des autorités, ce qui atteste bien le caractère spontané de ces actes collectifs. Des barricades se dressent, des tranchées s'ouvrent dans le Faubourg et au centre de Paris — « près de chacune d'elles un corps de garde s'improvisait »[2]. L'effervescence correspond à la mobilité des communications : on colporte des listes de proscription pendant que circulent des nouvelles de conspiration[3]. Mardi 14 juillet, un rassemblement populaire s'improvise à l'Hôtel de Ville, scandé par le cri « aux Invalides! »[4]. Un autre rassemblement portait spontanément vers la Bastille, non pour s'en emparer mais pour y chercher des armes : pourparlers, le peuple franchit la première cour, il essuie des coups de feu, plusieurs hommes tombent ; « alors le peuple, furieux, attaque, met le feu ». Impréparée, la masse émeutière qui improvisait un ramassage des armes, relève 97 morts et 73 blessés tandis qu'elle fait un mort dans la garnison. Le sort du Gouverneur de Launay confirme l'improvisation de l'action émeutière : la colère entraîna un groupe d'émeutiers à arracher de Launay à ses gardes et à le décapiter puis à brandir sa tête au bout d'une pique. D'ailleurs, le mercredi 15, les députés raccompagnent « spontanément » le Roi qui repartait à pied après être venu annoncer à l'Assemblée l'ordre d'éloignement qu'il avait adressé aux troupes cantonnées autour de Paris ; « L'allégresse est à son comble et les musiciens jouent l'air : « où peut-on être mieux qu'au sein de sa famille? »

La province vit aussi des rassemblements spontanés patriotiques ou « intéressés contre les accapareurs »[5] : à Rennes le peuple, dans un de ces mouvements rapides contre lesquels la force et la prudence humaine sont impuissantes, se porte subitement à la citadelle... et va tuer le Gouverneur. Les jugements et les exécutions sommaires, les premières émigrations, l'assassinat de Foulon et de Bertier, provoquent des inquiétudes à l'Assemblée où Barnave s'écrie, le 20 juillet : « ce sang était-il donc si pur? »

Quelle que soit l'analyse qu'on retienne sur la signification profonde des événements de la nuit du 4 août, celle-ci connut une atmosphère de

---

1. Buchez et Roux, II, p. 83.
2. *Ibid.*, p. 97.
3. *Ibid.*, p. 100.
4. dont la foule franchit les fossés et força les grilles pour s'emparer de 28.000 fusils et de 20 canons.
5. *Ibid.*, p. 140.

spontanéité où dans les applaudissements, « les signes de transports et d'effusions », « l'enthousiasme entraînait la générosité » : dans l'ardeur de cette improvisation purificatrice, « chacun renchérissait sur ce que venait de dire le voisin »[1]. Fût-elle une concession aux exigences du moment, elle fut bien vécue par ses actants comme improvisée sur le champ — Louis XVI marqua d'ailleurs sa désapprobation à la suite de cette folle nuit, ce qui confirme ce geste collectif comme hors-la-loi et d'autant moins prémédité que la séance s'acheva sur des vivats lancés à l'adresse du Roi.

L'exemple de la Commune de Paris offre à nouveau l'illustration de cette improvisation collective et de son rôle moteur.

d/ La commune de Paris.

Les semaines de l'instauration et du gouvernement de la Commune de Paris furent marquées par l'improvisation populaire. Déjà ce n'était pas le rationalisme mais l'effusion mystique qui avait entraîné la Révolution de 1848.

La Commune se caractérise par la spontanéité[2] qui sous-tend le projet politique de renverser un régime déchu mais aussi d'instaurer un changement total, parenthèse dans l'histoire sociale et politique[3]. Dans une effervescence collective, la Commune s'organisa spontanément par la levée du peuple de Paris, la mobilisation de la Garde Nationale de soldats-citoyens qui fait éclater les cadres prévus comme le montre la prise de canons de Montmartre par un coup de main populaire, l'improvisation de moyens d'information. Du côté individuel : Jules Ferry glissant dans les mains d'Henri de Rochefort qui proclamait la liste des membres du gouvernement révolutionnaire, celle des députés républicains — substitution instantanée dans l'urgence que rythmaient des instants imprévus ; Emmanuel Arago lançant fièvreusement une écharpe tricolore à son oncle Étienne, proclamé sur-le-champ Maire de Paris. Ces grandes journées portent bien le signe « de la spontanéité et de la manœuvre, de l'improvisation fébrile et de l'habilité murie », selon Henri Lefebvre[4] qui relève

1. *Ibid.*, p. 230.
2. « L'expérience de 1871 s'accomplit dans une grande confusion, celle de la vie spontanée et créatrice, Henri Lefebvre, *La proclamation de la Commune*, p. 141.
3. L'historien Lissagaray, favorable à la Commune, écrit dans son *Histoire de la Commune* de 1871 : « le Comité Central n'est pas la tête de colonne d'un parti ; il n'a pas d'idéal à produire. Une idée très simple, se défendre de la monarchie, a seule pu grouper tant de batailles » ; il insiste sur la spontanéité qui fut celle des actants de cette aventure et sur l'importance de l'action directe, correspondant à la théorie blanquiste des minorités agissantes et de la révolution permanente.
4. *La Proclamation de la Commune*, p. 112.

le rôle moteur joué par la spontanéité dans l'improvisation d'un changement politique et dans l'existence[1]. Elles furent aussi une fête : ce quotidien dont tous vivaient le changement avec la disparition des barrières était imprégné d'une spontanéité et de la facilitation sociale qu'entraînaient des interactions qualitativement différentes ; ainsi s'opérait « la métamorphose de la vie quotidienne en une fête sans fin » qui se poursuivra au bruit du canon des Versaillais[2]. La spontanéité de la levée unanime et la rupture festive avec le temps dont on refuse la confiscation ou l'imposition du rythme par le pouvoir, cette simultanéité combinée avec le refus du centralisme, caractérisent bien ce mouvement populaire d'improvisation.

e/ Agrégat - rassemblement - fermentation - effervescence - émeute.

Les historiens n'ont guère relevé le rôle déterminant de l'improvisation dans ces événements ni comme elle opère à travers l'agrégat, le rassemblement et les attitudes qui leur correspondent.

L'agrégat déconnecte les facultés critiques de l'individu qu'il conduit au conformisme panurgique où le nombre fait la valeur. La combinaison du hasard et d'une proximité spatiale le caractérise comme la foule : ceux qui se trouvent juxtaposés dans un lieu public — un jardin, une esplanade, un boulevard, le marché, la place de l'église... — ne cherchant pas à se rassembler mais seulement à se promener pour le plaisir de la distraction ou du commerce de leurs semblables. Cependant l'émiettement d'individus n'ôte pas à l'agrégat tout caractère collectif : chacun véhicule la mentalité de son groupe social et reçoit également l'influence qu'exercent sur lui les divers éléments de l'agrégat ; ainsi dans des périodes de difficultés (les phénomènes de queues aux portes des commerçants) l'individu développe-t-il la conscience collective dont les éléments en veilleuse resurgissent à la première menace. Il retrouve alors le sentiment

1. « Paris vit d'une vie sociale intense, dans une effervescence spontanée qui tend tout naturellement à devenir politique », tant il est vrai que l'effervescence implique l'espoir. « Ces hommes et ces femmes réunis agissent et voudraient agir davantage... » ; les Comités vont réaliser les espérances populaires « sur cette base sociale : l'effervescence spontanée », *ibid*, p. 181.

2. « Ce fut d'abord une immense, une grandiose fête... Fête du printemps dans la Cité, fête des déshérités et des prolétaires, fête révolutionnaire et fête de la Révolution, fête totale, la plus grande des temps modernes... ». Cette fête collective au cours de laquelle « la communauté devient communion », méprise le danger en se donnant à elle-même en spectacle : « à l'instant où les Versaillais, guidés par Ducatel, le dimanche 24 mai dans l'après-midi, franchissaient la porte de St-Cloud, il y avait concert "monstre" et fête au bénéfice des veuves et orphelins de la Commune, dans le jardin des Tuileries » ; *ibid*, p. 20, 22, 139, 426.

d'appartenir à une collectivité où la convergence des pensées et des émotions conduit de l'isolement à la solidarité — quand la liberté, la patrie, les biens sont en danger, se réveille le sentiment d'appartenance au groupe ; alors l'agrégat se mobilise en rassemblement.

Le rassemblement résulte d'une triple mutation de l'agrégat en foule active : — dans le type de convergence des éléments constituant dès lors un tout autonome ; — dans la mentalité (protestataire ou défensive, menaçante ou provocatrice) ; — dans l'action (qui passe d'un état d'esprit à une effectuation). Le passage à l'acte catalyse ce qui restait diffus dans les esprits en unifiant d'un coup la dispersion ou la juxtaposition. Déjà les éléments d'un agrégat ne sentent plus comme dans leur groupe social d'origine, de plus, regroupés pour agir, ils poursuivent déjà une action intermentale dont la simultanéité polarise le rassemblement, parfois révolutionnaire. Ainsi le seuil de l'insupportable dans la représentation populaire détermine, lorsqu'il est vécu, des explosions protestataires ou justicières. Des actions collectives éclatent quand la mentalité collective atteint dans le sentiment de l'insupportable un seuil tel que l'action improvisée seule ouvre le possible de ces agrégats ou groupes sociaux, acte de survie quand la contradiction entre les aspirations et les rapports juridiques ne trouve plus d'issue. Contrepartie de l'image de soi projetée dans le futur, l'aspiration découvre, par l'improvisation même, que le possible dépend d'elle. Les rassemblements de 1789, agrégats fortuits d'abord étrangers à la motivation révolutionnaire, mutèrent en rassemblements spontanément révolutionnaires dont la soudaineté et la fortuité attestent l'improvisation.

Le processus de formation des groupements populaires par l'improvisation se traduit dans le champ sémantique désignant l'état mental qui les prépare, les accompagne et les diversifie.

La fermentation est une décomposition interne qui n'éclate pas tant que l'événement extérieur ne lui en donne pas l'occasion ; ce bouillonnement mûrit une transformation qui précède celle, collective, extérieure, qui explosera ultérieurement. La fermentation suit un processus de mobilisation, liquéfiant des éléments en régénération dont le fourmillement brownien produit des regroupements imprévus dans leur combinaison et leur intensité : la mutation soudaine en un état hétérogène, brûlant et violent — comme l'alcool ou le champagne transformé du jus de fruits ; l'agitation développant alors ce qui restait contenu, son activité suscitant des idées et des actes nouveaux selon une progression au développement imprévisible qui fonctionne sur le même modèle que celui de la découverte des idées en parlant.

L'effervescence, dont nous avons vu le rôle moteur, est une agitation qui extériorise ou laisse voir ses excitations et ses craintes, traversée par des bruits et des rumeurs qui laissent bouillonner à sa surface des bulles montées des profondeurs d'une conscience collective surchauffée, des propositions, des cris, expression spontanée de sentiments tumultueux prompts à changer comme à suivre l'excitation.

L'emploi du terme, synonyme de trouble, désigne un seuil plus élevé dans l'échelle d'intensité conduisant vers la mentalité révolutionnaire [1]. Comme dit Sartre à propos des événements du 8 et 12 juillet 1789 : « c'est ce qu'on appelle l'effervescence : on court dans les rues, on crie, on se rassemble, on brûle les barrières de l'octroi. Le lien des individus entre eux est celui de l'altérité comme révélation immédiate de soi en l'autre » [2].

L'effervescence ébranle ce qui restait stable et sécurisant, entraînant l'effarement devant le « bougé » des valeurs ; cet échauffement prémonitoire comme la dépression, son inverse, conduisent l'un et l'autre à la crise. C'est l'état naissant de l'acte collectif, comme les « mouvements religieux à l'état naissant où les pauvres discernent volontiers un retour au paradis terrestre », selon la référence de G. Lefebvre [3].

L'émeute, action spontanée et collective, mouvement total de ce qui, dans l'effervescence, ne concernait que les esprits, exerce la violence : le mouvement réactionnel ou conquérant qui se porte immédiatement dans une colère collective vers ce qui le suscite et l'agresse. Les journées des 5 et 6 octobre 1789 illustrent ce mouvement et les actes qui constituent l'émeute [4]. Unifiée, elle illustre l'improvisation collective comme la fête

---

1. « Dans l'effervescence générale, les propriétés les plus sacrées et les moissons même, seul espoir du peuple dans les temps de disette, n'ont pas été respectées »... Buchez et Roux, *op. cit.* II, p. 254 ; Georges Lefebvre parle d'« une assemblée en effervescence » ; de « l'autorité (qui) calme l'effervescence en organisant la poursuite efficace des crimes présumés », *Études sur la Révolution française*, p. 91 et 109 ; Buchez et Roux signalent à plusieurs reprises l'effervescence qui règne au Palais Royal pendant l'année 1789 et en particulier durant le mois de juillet — Camille Desmoulins la décrivit dans son *Discours de la lanterne* aux Parisiens, à l'Assemblée Nationale ; cf. Buchez et Roux, II, p. 313, 373 ; III, p. 76.

2. *Critique de la raison dialectique*, p. 387.

3. *La Révolution française*, p. 181.

4. Ainsi fin juin 1789, « l'insubordination des Gardes françaises provoqua une émeute à Paris... » *ibid*, p. 137. Buchez et Roux, *op. cit.* II, p. 83.

Ce récit montre clairement l'émeute comme improvisation collective : « l'insurrection éclata avec plus de furie et, comme il arrive dans les émeutes populaires, une légère commotion mit en mouvement une immense multitude. Une jeune fille partie des halles... entre dans un corps de garde, s'empare d'un tambour, et parcourt les rues adjacentes, battant sa caisse et poussant des cris relatifs à la rareté du pain... Le cortège grossissant à chaque pas, se porte à l'Hôtel de ville... D'autres troupes de femmes inondent la porte Saint-Antoine, se répandent comme un torrent dans la ville, entraînant avec elles toutes celles qu'elles rencontrent dans les rues... Paris entier est mis en alerte... et l'émeute va chercher La Fayette... » Buchez et Roux, *ibid.*, III, pp. 70-72.

dont elle prend souvent la forme, mobilisant ce qui était figé, résolvant en les faisant éclater, les contradictions des institutions.

Ainsi la succession des états mentaux croissant selon l'intensité de la mobilisation : fermentation, effervescence, colère, violence, correspond dans le même ordre d'intensité et de mobilisation croissantes aux états collectifs : l'agrégat ou la foule, le rassemblement révolutionnaire, l'émeute.

Le passage d'un état à l'autre s'opère par le franchissement de seuils : un seuil de mutation (entre 1 et 2) marque la transformation de l'agrégat en rassemblement comme celle de la fermentation en effervescence ; un seuil de spécification du rassemblement en rassemblement révolutionnaire et de l'effervescence en colère sous l'influence de la prise de conscience actuelle et active des motivations du rassemblement, que l'on peut résumer dans l'opposition déclarée à l'ordre établi (entre 2 et 3) ; un seuil de mutation entre la colère et la violence comme entre le rassemblement révolutionnaire et l'émeute, seuil du passage à l'action, c'est-à-dire à un autre ordre ; au-delà, la violence collective s'organise en révolution, poursuite d'un but par des moyens violents dont les émeutes sont des moments. L'organisation supplante alors de plus en plus l'improvisation.

L'analyse de ces processus se précise par celle de l'improvisation au sein du groupe à effervescence politique lui-même — comme le psychodrame nous renseigne sur les processus en jeu au sein des groupes à effervescence affective — Moreno prophétisait en ce sens l'intérêt de provoquer des révolutions sociales expérimentales.

Caractérisé par l'identité des individus qui le composent, le groupement se différencie du groupe ; défensif et réactionnel, ses membres restent incapables de provoquer la nouveauté. Le groupe, offensif et inventif, porte au contraire l'aptitude à une *praxis* spontanée. L'« improvisation de groupe » désigne la spécificité, l'originalité de l'improvisation collective en fonction des lois qui régissent la dynamique de groupe. Seuls les groupes improvisent, mus par une spontanéité dont la dynamique s'explique comme facilitation sociale, bien qu'elle risque toujours de se congeler dans le conformisme caractéristique des groupements et dans l'organisation qui la régule.

On ne peut donc nier la part prépondérante de l'improvisation au sein des processus historiques d'où les hagiographies, les rationalisations, les chroniques l'ont « omise ». C'est que dans le mouvement même où les hommes font l'Histoire, ils ne savent pas qu'ils la font ; dans les situations spécifiques où ils se trouvent, ils agissent en fonction de ce qu'ils sont, c'est-à-dire de ce qu'ils peuvent et de ce dont ils disposent. L'historien rationalise, après coup, la *praxis* dont il ne retient que le rationnel transmissible, explicable et justifiable.

VI. - L'improvisation inavouée: la planification.

L'improvisation n'anime pas seulement les mouvements historiques mais les pratiques et les organisations de l'existence sociale ; elle se trouve au sein même de ce qui a pour fonction de l'exclure — ainsi du cadre régulateur de l'avenir, figuré par la planification : spatiale ou temporelle.

a/ L'urbaniste, le stratège.

Plan implique spatialité : temps étale, rationalité, succession de la composition du plan antérieur à son exécution ultérieure ; totalité préexistante déterminant la fidélité de l'exécution reproductrice. La planification fait tout converger vers l'unité d'une conduite, d'une organisation, d'une conception dont la prévision intégrale et l'uniformité du devenir social figurent la limite, c'est-à-dire un destin arrêté d'avance par sa justification. Le partage du monde en deux ou trois blocs culturels et idéologiques préfigure ce temps ; le jour viendra-t-il où, d'un satellite télécommandé, la puissance détentrice des moyens de production de l'information imposera à la planète un devenir téléplanifié? Ce contrôle total d'une organisation totalitaire préluderait, par l'uniformité qu'il imposerait au monde, à une dissolution culturelle par entropie.

Les totalitarismes s'ingénient, en effet, à annihiler l'improvisation en rendant impossibles ses conditions d'existence ; la convergence létale de ces laminoirs réducteurs vise tout ce qui ose la différence. Déjà l'organisation de la vie collective, étant donné la rareté des biens, la difficile conquête d'un consensus à partir de la rivalité des intérêts et l'évolution des idées dans l'existence sociale cumulative, exclut l'improvisation qui suppose, au contraire, la pluralité des pratiques — il n'y a pas d'habitude de la nouveauté.

L'urbaniste qui établit le plan d'une ville n'est rien moins qu'improvisateur car il a pour fonction de prévoir les relations entre les éléments et sous-ensembles constituant cette ville. Ainsi Descartes rappelle-t-il[1] comme une évidence que cette construction doit être l'œuvre d'un seul architecte (les enceintes de Vauban, bornant l'extension des villes, l'illustrent bientôt), c'est-à-dire qu'une seule pensée préside à l'établissement des relations la constituant, y imprime sa marque, manifestant l'unité du projet, l'unicité de la vision et du jugement — l'auteur du *Discours de la Méthode* se réfère à Dieu, sage planificateur.

---

1. *Discours de la Méthode*, 1ère Partie.

Cependant une ville réussie devrait s'établir à chaque étape : que rien ne manque à cette totalité cohérente suppose qu'une extension en soit toujours possible, c'est-à-dire que rien de définitif n'y fasse obstacle — que le plan reste ouvert.

Le plan engloberait ainsi des possibilités d'improvisation dans son extension et dans sa conception même : volontairement inachevé, l'aménagement de la ville y associe alors ceux qui n'en sont pas seulement les usagers destinataires mais qui participent à sa réalisation ; la conception ne se sépare plus de sa réalisation ultérieure mais l'aménagement se conçoit simultanément à la construction de la ville dont les « habitants paysagistes » sont invités à disposer l'espace, responsables d'une Cité qui les définit concepteurs et acteurs.

On peut prévoir jusqu'en ses détails une campagne militaire, ses plans ne seront appliqués et efficaces que dans la mesure où l'inconnue — l'adversaire — voudra bien se ranger dans l'une des voies prévues, adopter l'un des moyens dont on lui attribue la possibilité et selon le rythme, la manière, la durée qu'on suppose. Sinon on improvise. Ainsi fallut-il improviser en 1916 un plan de bataille sur la Marne, les plans de l'État-Major français ayant été bouleversés lors de la foudroyante avance allemande ; de même Trotsky dut-il constituer rapidement de nouvelles armées en 1919 pour faire face au débarquement franco-anglais en Mer Noire — à l'exemple de Carnot qui organisa au pied levé une douzaine d'armées devant la situation de la France cernée de tous côtés en 1792.

Ici comme ailleurs, l'ignorance sur l'autre — fût-elle accompagnée d'une connaissance précise des moyens et des potentiels — rend hasardeuse toute prévision sur le déroulement de la campagne : le stratège a recours à l'improvisation du fait même que son adversaire est imparfaitement connaissable en ses composantes subjectives, c'est-à-dire en tant qu'il est homme. L'organisation qui évolue par son dynamisme même, réclame une préparation minutieuse, la prévision des incidents possibles, la détermination et l'emploi de moyens en vue d'atteindre des fins, le choix et l'utilisation de méthodes, de cheminements éprouvés. Mais s'appuyant sur cette préparation préalable, l'improvisation garde la primauté pour la conduite de la campagne sur le terrain, le moyen d'action efficace pour le tacticien de *cet art simple et tout d'exécution* ; loin d'être synonyme d'impréparation, elle signifie alors disponibilité — l'imprévoyant n'est pas disponible. Ainsi l'improvisation guerrière prend-elle souvent l'allure de la rapidité qui suppose la légèreté qui ne s'encombre pas d'*impedimenta*, de train... et son résultat : la surprise. Elle n'opère de façon efficace qu'à la condition de réunir la triple connaissance du terrain (supposant une étude minutieuse et l'observation), des capacités des hommes (leur endurance testée par un entraînement) et des forces de l'adversaire (par le renseignement, les déductions, les observations). Souvenons-nous de Bonaparte dévalant en Italie : la rapidité de l'action lui permet d'enlever la victoire en faisant passer l'impétuosité dans les failles provoquées par la surprise, ou encore de Napoléon doué d'ubiquité durant la Campagne de France ; de Koutouzov suspecté par des généraux diplômés des écoles de Guerre [1], et de ce que dit Clausewitz de la surprise [2]. L'improvisation consiste, ici comme aux Echecs, dans la simultanéité entre l'action du sujet et la modification de la situation qui lui est imposée par celle du partenaire, créant ainsi par l'adaptation de la stratégie à la disposition et au mouvement de l'autre, une situation de changement permanent où la seule façon de rester contemporain de ce devenir, et de le conduire, est bien d'improviser.

Ainsi tout plan n'est-il pas réductible au schéma rigide selon lequel on le présente ; surtout son exclusion radicale de l'improvisation ne vise que le sens privatif de celle-ci. Il se concilie avec elle, comme le confirment les exemples du plan de ville et du plan de bataille. Contraire de l'improvisation, le plan n'en est pas le contradictoire, la prévision de l'un pouvant cohabiter avec la spontanéité de l'autre ; paradoxalement, l'improvisation assure même la permanence et la survie du plan, comme on le voit dans la *praxis* politique.

b/ Improvisation et politique.

Les sociétés ne consentent plus à « laisser faire » des « lois naturelles » et l'action politique s'appuie sur des plans qui désignent ce qui n'est pas et qui doit être construit. Pourtant les plans ne suffisent ni à guider ni à garantir l'efficacité de l'action politique : l'exhortation qui les justifie tourne souvent en incantation et la planification dégénère en rituel ; en réalité, le plan vise à figer le devenir en commandant dès le présent un avenir dont on redoute l'autonomie ; le plan est inséparablement un outil politique — annoncer l'abondance à terme, c'est légitimer l'austérité actuelle, encourager le changement en situant le présent dans un contexte évolutif afin d'en faire accepter les difficultés. La planification est une activité de direction car de synthèse : c'est dans la mesure où on connaît les éléments qui déterminent le présent, leurs interactions et leur pondération, qu'on peut en prévoir le devenir. Le conducteur regarde donc audelà du relief immédiat afin que son attention polyidéique synthétise en un message unifié la multiplicité des signaux qui permettra l'harmonie

1. Tolstoï, *La Guerre et la Paix*, Pléiade, p. 1339, 1420.
2. *De la guerre*, L.III, chap. IX, L.I.

de ses mouvements ; le politique considère les changements qu'entraîne à un moment donné sa décision dans d'autres secteurs. Gouverner c'est établir des stratégies, or toute stratégie ne vaut que par l'action et suppose l'improvisation.

Le statisme du plan est ainsi englobé par le dynamisme de la politique qui s'infléchit selon la conjoncture, prêt à modifier la pratique en cours pour éviter les écueils ou saisir l'occasion. Cet art de navigateur culmine dans le renversement des signes, le contour des obstacles, l'usage des contre-courants, de la navigation contre le vent par la force du vent. L'impératif de la décision rapide se conjugue avec celui de l'approximation des choix et des concessions au temps : seuls les grands axes peuvent être fixés, afin de conserver toute la marge de manœuvre possible.

Comment la politique économique portant sur des faits quantitatifs hétérogènes peut-elle faire place à l'improvisation? Par les incidences qu'ont sur elle des faits politiques imprévisibles. Ainsi de la « crise du pétrole » de 1974 ou de l'inflation contre lesquelles les mesures techniques restent en grande partie improvisées car les méthodes concurrentes ne peuvent être mises en œuvre à chaque fois de la même façon dans un contexte politique et social différent — l'autre connaissant, pour les avoir déjà vécues, les mesures adoptées, peut les tenir en échec ; l'improvisation reste le moyen de devancer ces contre-mesures pour permettre à la politique économique pratiquée d'atteindre son efficacité. Toute action qui suscite une réaction par effet de *feed-back* doit utiliser la surprise en vue de permettre à ses mesures d'atteindre leur objectif.

Ainsi le rejet de l'improvisation de ce secteur d'activité correspond-il à un faux sens qui réduit la politique à une technique à laquelle on peut opposer d'autres techniques. Cette perspective n'est pas innocente : on réduit la politique économique à un ensemble de techniques présentées comme conduisant une orientation politique, bien que la réalité la révèle, au contraire, comme politique (avec ses choix et ses priorités) utilisant des moyens techniques. Ici encore, la présentation des modèles et des prévisions relève d'un « effet de démonstration », les décisions tenant aux nécessités techniques qui commanderaient les positions politiques, et se retrouvant dans des contextes différents, imposées par la conjoncture. La prévision de la rationalité technique passe pour incontestable et rassure.

Plus radicalement, cette présentation de la politique économique comme rationnelle et scientifique, procède de deux illusions. L'une réduit la Raison à la raison technicienne — on utilise les données techniques comme alibis des décisions prises pour des raisons politiques et seules susceptibles de résoudre les problèmes auxquels il suffit de les appliquer comme on administre une médecine ; la raison technicienne détachée du contexte qui lui donne sens suffirait alors à poser des fins. Pourtant la raison instrumentale n'est pas la rationalité totale : il y a des façons rationnelles d'agir irrationnellement. L'autre illusion, d'ordre psychologique, cherche pour se justifier une couverture idéologique à une pratique technique.

Qui improvise dans ce domaine économique et politique ? Celui — puissant ou faible — qui connaît l'axe de la conduite à tenir devant la complexité des données correspondant aux intérêts, parfois opposés, qu'il est censé représenter. L'improvisation s'impose au politique, *a fortiori* devant l'imprévu d'une situation dont il ne connaît pas toutes les données — la politique est un art : si elle était vraiment constituée en science, il suffirait de l'apprendre pour savoir la mettre en œuvre et n'essuyer aucun échec. Or certains y réussissent quand d'autres y échouent, et non par ignorance. Il s'agit d'un savoir-faire qui requiert flair, pressentiment, aptitude à trouver au moment voulu la solution, le compromis adéquat, c'est-à-dire à naviguer entre les écueils : une perpétuelle improvisation.

C'est pourquoi la qualité du politique est celle de l'improvisateur : l'attention, tandis que celle du planificateur reste l'intention. L'attention est cette présence d'esprit, comme l'a définie Bertrand de Jouvenel, attitude heuristique visant sans prévention la solution du problème particulier posé ici et maintenant [1]. Elle cherche à réduire la distance par rapport à l'événement et à récupérer le délai nécessaire à l'ajustement adapteur ; il ne s'agit pas seulement de « redresser tout ce qui va mal » [2] mais de se trouver le plus possible contemporain du mouvement et des occasions. La prévision ne porte que sur la possibilité de ces événement où l'attention reconnaît des occasions à saisir, étrangère aux rigidités d'intentions hypothéquant l'avenir. Empruntons à Bertrand de Jouvenel sa distinction entre *eventum* (l'événement qui arrive sans qu'on l'ait cherché) et *eventus* (l'événement qu'on cherche à obtenir), et précisons : le grand art politique est celui de l'improvisateur attentif qui sait transformer l'*eventum* en *eventus* au lieu de se crisper sur l'*eventus* en restant incapable de discerner les occasions de l'*eventum*.

Planification et prévision ne suffisent pas à assurer la réussite du devenir social pour une raison qui ne tient pas seulement à l'indétermination subjective mais aussi à l'impossibilité de prévoir, contrepartie de la

---

1. B. de Jouvenel, *De la Politique Pure*, p. 238, 242. Cependant il ne s'agit pas d'une attitude réactive lorsqu'on cherche à « trouver très rapidement les moyens d'y faire face » devant « quelque chose qui arrive ».

2. *Ibid.*, p. 243.

liberté[1]. L'être humain est dans l'histoire, et l'histoire est celle de sa créativité — « ce que nous nommons liberté, c'est l'irréductibilité de l'ordre culturel à l'ordre naturel »[2], l'être reste irréductible au savoir, il le déborde, Descartes et Marx en sont d'accord contre Hegel, ce qui entraîne l'impossibilité de la prévision ou la ramène au temps de l'histoire, c'est-à-dire de la prévision rétrospective. Nous ne pouvons qu'improviser dans la mesure où, ignorant un grand nombre des variables, nous décidons, partiellement en ignorance de cause, sur des matières dont nous n'avons pas l'entière maîtrise : la densité du paradoxe est que la consistance du réel freine l'improvisation qu'elle provoque, et réciproquement.

La production des actions, l'élaboration des méthodes, l'institution des rites qui intègrent l'évolution technologique, ne suivent jamais le même modèle mais innovent dans l'ignorance, précédant les conséquences des modifications sociales qui en découlent. Les transformations sociales elles-mêmes ne suivent pas les mêmes voies — elles établissent parfois des modèles en s'inscrivant dans les faits. Le rapport de leurs références idéologiques au fondement matériel de leur mouvement reste toujours autre.

La planification traditionnelle s'efforce de construire des schémas cohérents à partir de l'ensemble des variables saisies. On établit le plan des différents itinéraires entre lesquels choisir pour se rendre d'un point à un autre en fonction des contraintes que l'on se donne ou qui sont imposées ; ces schémas permettent d'explorer toutes les variantes possibles, compte tenu des paramètres indiqués. Pour les construire, on effectue des prévisions en repérant dans l'évolution temporelle la position des variables à partir d'où on extrapole les tendances repérées : on se place donc dans le passé d'où on se projette dans l'avenir. Ceci postule un contexte économique et technique immuable où la coordination des efforts vise un objectif (par exemple la croissance censée assurer le plein emploi), le système d'information correspondant se référant à l'analyse de la situation antérieure et de la situation actuelle.

Ici l'improvisation joue un rôle au niveau de l'exécution, car malgré la rigidité théorique, elle apparaît comme l'exception non reconnue. On dispose rarement de toute l'information au coût élevé, nécessaire pour le long terme ; surtout, le postulat de continuité qui autorise la prévision et l'extrapolation se trouve souvent en défaut : parier sur l'*a priori* de la continuité, c'est négliger les phénomènes d'innovation, ces sortes de mutations.

---

1. On ne peut prévoir l'œuvre d'art de demain! cf. Bergson, *La Pensée et le Mouvant*, chap. 1 et chap. 3, p. 110.

2. « L'Histoire, c'est-à-dire la créativité humaine », selon l'expression de Sartre ; *Critique de la raison dialectique*, p. 68, 96.

Si l'on considère le plan en se plaçant délibérément devant la situation où l'on souhaite se trouver dans l'avenir, par exemple dans vingt ans, on établit alors les itinéraires et les programmes qui permettront d'atteindre, à partir de celle où l'on se trouve, la situation décidée — on construit l'avenir systématiquement. Cette anticipation qui contemple le passé de sa propre situation initiale, projette dans l'imprévisible l'objectif défini parmi une nébuleuse de possibles. Ainsi « la planification a pour objet de changer le présent pour l'adapter à l'image de l'avenir voulu, plutôt que de projeter le présent dans une conception du futur obtenue à partir des directions logiques inhérentes au présent », dit Ozbekhan[1] ; la prévision, pour enrichir la conduite humaine, doit imaginer et non pas déduire — la déduction n'est pas un mode de raisonnement créateur.

L'improvisation apparaît ici au niveau de la saisie des variables intervenant dans le système : lorsqu'il s'agit, en l'absence de vision immédiate générale d'un ensemble, de prendre des décisions dont les données ne se réduisent pas à celles que nous fournit la stabilité de la situation passée. Alors le système d'information consistant en une analyse du passé et du présent ne suffit plus ; pour « voir plus loin, voir plus large »[2], selon le mot de Gaston Berger, il est dorénavant nécessaire d'imaginer à long terme (dans le domaine d'une entreprise comme dans celui de la société globale), les conséquences des décisions prises aujourd'hui. On est ainsi amené à modifier des décisions lorsqu'on entrevoit certaines de leurs conséquences, contraintes qui conduisent à remonter vers le système de décision pour refuser l'action qui y conduirait — à l'extrême, chaque intervention renvoie à une échelle imprévisible.

Dans un écosystème, toute improvisation réagit sur le plan ; de même toute tentative pour faire entrer la réalité dans un cadre déterminé *a priori* délimite le champ et le niveau où s'exercera l'improvisation. La nécessité de la planification ne se sépare donc pas de l'improvisation qu'elle appelle, dès lors, comme son complémentaire.

Enfin l'improvisation joue toujours un rôle dans la mise en œuvre même d'une planification car ce qui est formalisé ne peut se mouler sur les exigences d'une réalité imprévisible — chefs d'entreprise et chefs d'État qui « connaissent leur métier » ont toujours décidé et agi suivant leur intuition, improvisant à tout moment : l'improvisation a longtemps tenu lieu de plan. Quelle raison d'être a le plan, sinon de servir de démarche intermédiaire pour récupérer le délai et dominer par avance quelque chose de l'imprévisible ? A moins qu'il n'ait pour but de justifier

1. « Vers une théorie générale de la planification » in *Prospective et Politique*, par Erich Jantsch.

2. *Temps et Prospective.*

des décisions déjà prises ou de servir d'alibi au *statu quo* — comme certaines délibérations, censées précéder les actes, les suivent parfois pour les justifier par une rationalisation *a posteriori* ; bien entendu on n'avoue pas le moment où la pratique est contrainte d'oublier la planification. Au-delà de l'ajustement à court terme imposé par notre myopie incapable de saisir *uno intuitu* l'ensemble des variables et des paramètres, l'esprit marque son infinie supériorité sur les machines à données et à plans qu'il construit et programme : l'ordinateur reste incapable d'improviser l'imprévisible ; l'irréductible de l'ordinateur demeure l'improgrammable. L'improvisation joue un rôle irremplaçable dans la mise en œuvre des modèles économétriques où une pluralité de variables, en particulier les variables du comportement, ne sont pas quantifiables — la spécificité de l'esprit humain s'affirmant précisément par sa capacité à les intégrer, autant que possible, aux variables quantifiables.

Provenant du détenteur des responsabilités de décision, tout plan reste contralisateur par fonction, du fait même de la synchronicité à laquelle invite sa pratique. Prévision et décision supposent des informations dont la confrontation permet de discerner les compossibles, mutuellement dépendants — la centralisation s'appuie sur la détermination. L'exercice de la prévision et de la planification suppose un esprit capable de se déprendre d'une situation pour en considérer les conséquences, d'envisager certains des possibles entre lesquels il devra choisir dans un temps qui n'est pas encore ; l'aptitude de la secondarité à s'éloigner de l'adhérence à l'instant, de peser les risques et les gains pour un temps incertain, enfin l'attitude dont le modèle pourrait bien être « l'attente réfléchie de l'avenir », selon l'espérance de Kant[1]. La conception de l'avenir diffère selon le rapport établi entre le plan et l'avenir.

c/ Le plan vivace et l'initiative.

La planification suppose une temporalité envisagée sur un long terme et un agent planificateur : Dieu ou homme. Ainsi Kant se demandant « comment une histoire *a priori* peut-elle être possible ? » posait-il la question de la légitimité d'une prospection temporelle — qui donne sens à une planification[2]. Là où Bossuet et la tradition se référaient au plan

1. « Ce pouvoir de ne pas jouir seulement de l'instant de vie présente, mais de se représenter d'une façon actuelle l'avenir souvent très lointain, est le signe distinctif le plus caractéristique de la supériorité de l'homme pour se préparer selon sa destination à des fins lointaines » *Conjectures sur les débuts de l'Histoire humaine*, p. 116.

2. « Si le devin fait et organise lui-même les événements qu'il annonce à l'avance », *La philosophie de l'Histoire*, p. 164.

divin, Hegel décelait la ruse de la raison ; l'idée que l'homme peut planifier son destin, qui se fait jour avec Condorcet, se développe dans les théories des réformateurs du XIXe siècle, du côté de la raison technicienne plus que de la politique. La tentative de s'assurer la maîtrise d'un avenir qui, par définition, lui échappe, est la tentation d'acquérir la puissance divine en conquérant la connaissance ; l'accession à la prévision et à ses conjectures [1] plus qu'à la prévoyance, attention à ce qu'il nous réserve, donnerait la possession de l'avenir. L'attitude prévisionniste cherche à établir la meilleure des solutions alors que l'attitude futuriste se borne à rechercher les divers futurs possibles [2].

Ainsi la planification recherche-t-elle — improvise-t-elle — les possibles de demain, par des techniques qui peuvent se ramener à la synectique [3] ; il ne s'agit pas de tout prévoir mais de fournir une aide à la créativité en accroissant les possibilités du travail créatif, comme dans la création musicale collective aidée par un ordinateur.

Cette recherche prend ses sources dans de lointaines origines [4] : Saint-Simon proposa de substituer l'administration (des choses) au gouvernement (des hommes). Cette organisation se retrouve chez Auguste Comte qui traduit par un Plan [5] son projet. Se constitue une science du devenir social qui écarte tout contact direct du planificateur avec les agents et parfois les sujets de cette planification et qui institue une classe de maîtres, exégètes du Plan : les technocrates. Toute improvisation se trouve alors refoulée pour des raisons psychologiques (l'improvisation doit pas-

---

1. Hérité de *l'Ars conjectandi* de Jacques Bernouilli (1713) ou stochastique, qui suppose la perspicacité intellectuelle et qui réclame la prudence pratique, la conjecture est un art de construction des probabilités.

2. Les « futuribles ».

3. Découverte par les surréalistes et systématisée par l'américain Gordon, la synectique (du grec : *sun* avec, *ektos* en dehors) est une méthode de production des idées ; il s'agit de faire jaillir des idées qu'on soumet aussitôt à l'appréciation critique en vue de faire un tri et de retenir celles qui sont susceptibles d'apporter de nouvelles perspectives, ce qui pose le problème de leur sélection ; c'est une méthode qui conduit à la création collective.

4. Selon *Le grand Art* de Raymond Lulle, la combinaison systématique d'un petit nombre de principes devait permettre de résoudre tous les problèmes philosophiques. On sait que Lulle avait établi des cercles tournant les uns autour des autres et contenant des cases, lointain ancêtre des ordinateurs contemporains.

La méthode de l'analyse morphologique a été mise au point par Zwicky (astrophysicien suisse des États-Unis) en vue d'explorer systématiquement les solutions possibles d'un problème donné.

Certains termes de Saint-Simon sont révélateurs : il se pose des questions en termes de « démonstration scientifique », pour des entreprises à effectuer « avec le moins de temps possible », comme dit *L'Organisateur* ; édit. Anthropos II, p. 199.

5. *Plan des travaux nécessaires pour réorganiser la société.*

ser par l'expression rationnelle de la science), politiques (elle est protestataire), et logiques (elle reste inintégrable dans les calculs et imprévisible dans la prospective), mais aussi pour des raisons inavouables (l'improvisation rendrait inutiles les planificateurs — ce qui est une erreur). Descartes remarqua les dangers inhérents à la mécanisation de cette systématique qui sert « plutôt à parler sans jugement des choses qu'on ignore qu'à les apprendre »[1], critiquée par Swift [2] qui décrit une machine combinant au hasard les lettres et « permettant au plus ignorant d'écrire des livres sans le moindre secours du génie ou de l'étude ».

Champ d'action où la liberté appelle l'efficacité et indissociablement temps où sa connaissance et son ignorance jouent avec les incertitudes, soulignent l'ambivalence de l'avenir — nous ne pouvons conduire notre action en ignorant ses retentissements ultérieurs ; inversement, nous répugnons à compromettre hâtivement ce qui promet. Action ou prévision, l'exclusivité de l'une sacrifie l'autre : la précision de la prévision retarde l'action, comme la précipitation de celle-ci compromet un avenir dont on prévoyait les possibles. Cette dialectique entre l'urgence de l'engagement et l'attente de la disponibilité précise, du point de vue de l'avenir, la relation d'indéterminisme de la liberté et du savoir ; les sociétés élaborent des plans pour quadriller les incertitudes de l'avenir en classant les possibles. Mais lorsque tout est surplanifié, l'improvisation reste la seule conduite pour décider ou agir, la vitesse rendant plus incertaine la connaissance de l'avenir qui appelle l'action. La seule façon de surprendre le changement à temps — c'est-à-dire hors temps (*extempore*) — c'est de devancer le temps, c'est-à-dire d'improviser au lieu de le suivre par une imagination rétrospective, ce qui fait gagner à la fois dans l'ordre de la connaissance et dans celui de la liberté. Cette supériorité supposerait, contre les stoïciens et Spinoza, que le monde n'est pas tout entier rationnel, sinon l'avenir serait prédictible et même évitable tout entier ; c'est pourquoi la prévision rencontre l'incertitude d'un devenir irréductible et appelle l'improvisation. Le devenir se précipite, les communications ramifiées multiplient le changement et mobilisent notre continuelle adaptation par l'improvisation — au contraire, le plan suppose bien un aménagement du temps. C'est pourquoi, par crainte ou incapacité de vivre cette indétermination qu'ils appellent le hasard, certains prétendent planifier le temps lui-même par des modes d'emploi [3]. Ce calcul qui projette

---

1. *Discours de la Méthode*, 2e Partie.
2. Les voyages de Gulliver.
3. « Je ne veux rien devoir à l'occasion »... « je n'ose rien donner au hasard », Laclos, *Œuvres*, Pléiade, p. 253, 46.

de maîtriser le temps, est maîtrisé par lui[1] : l'illusion de l'emprisonnement du temps dans les éphémérides ironiques et de son remplissage par des activités déjà prévues lui ôtent la fraîcheur de la découverte matinale.

Surtout le plan ne prévoit pas le commencement : ceux qui consentent à l'indétermination improvisent selon les occasions qu'ils discernent, trouvant charme et plaisir à cette navigation. Prévision et planification sont d'autant plus certaines qu'elles portent sur des domaines qui entrent moins en interaction avec l'indétermination des décisions humaines, et d'autant plus urgentes mais d'autant moins précises qu'elles concernent les décisions et le gouvernement des hommes. Ainsi la prévision technologique surpasse infiniment en justesse la prévision politique et sociale, comme le pressentait déjà Hume en 1767[2] — c'est pourquoi l'improvisation joue un rôle central dans l'art politique, même si on le nie pour rassurer les hommes sur leur devenir.

L'improvisation suppose une conception axiologique du devenir : si la perfection, l'ordre, la vérité sont derrière nous, toute évolution est régression, émiettement, dissipation, tout plan pauvre tentative d'enrayer la désagrégation, et toute improvisation vain désordre trahissant les ridicules tribulations humaines ; la valeur est la conservation, l'antivaleur la nouveauté qui éloigne de la perfection première en même temps qu'elle nous trompe par la séduction qu'elle exerce sur notre inconstance. Au contraire si le chaos est derrière, l'improvisation reste la voie royale pour atteindre directement la perfection à venir tandis que le plan chemine par des intermédiaires laborieusement construits. Le plan se révèle encore le substitut de l'improvisation : c'est parce que nous ne pouvons pas improviser de façon continue ni en toutes circonstances que nous élaborons des plans.

N'étant plus cet arrêt juridique enfermant le futur dans ses inscriptions, le plan est susceptible de révision ; le considérer comme provisoirement définitif permet de résoudre le problème de son inadéquation à la réalité. L'ajustement *a posteriori* du planificateur aux fluctuations du contexte n'est pas une simple correction au fur et à mesure de la nécessaire correspondance avec la situation mobile : l'adaptation court après l'anticipation. Dans ce contexte incertain de la stratégie[3] s'ouvre le pas-

1. Ainsi Valmont est contraint d'improviser pour avoir trop voulu détenir le temps. Cf. Georges Poulet, *Études sur le temps humain* II. *La distance intérieure*, p. 80.

2. « C'est une forte présomption contre la plupart de nos sciences qu'aucun homme prudent, si assuré qu'il soit de ses principes, n'ose prophétiser un événement futur, ni énoncer des conséquences éloignées » ; *Essays and Treatises on Several Subjects*, I, p. 43.

3. C'est-à-dire « ensemble de décisions conditionnelles définissant les actes à accomplir en fonction de toutes les circonstances susceptibles de se présenter dans le

sage du déterminé à l'indéterminé où l'on va « compléter les projets établis à l'avance par de nouveaux projets inspirés par les circonstances », selon l'expression de Gaston Berger[1].

Ainsi le plan n'est pas une construction définitive développant des prémisses qui contiendraient en germe toute sa richesse mais une construction évolutive, une structure dynamique dont l'essence est l'équilibre instable ; Erich Jantsch parle de « stabilité dynamique »[2]. La limite de l'adaptation du plan serait la transformation permanente — ce qui ôterait au plan sa raison d'être : la détermination d'une ligne directrice sur laquelle on peut faire fond pendant une durée donnée. Cependant un plan qui ne tiendrait pas compte du devenir serait le plan d'un échec — il est de la nature du plan vivant de dépasser ses pratiques antérieures, de se transformer en fonction de l'adaptation de ses intentions, de son esprit, aux exigences qui le pressent : un plan est moins une projection de l'avenir qu'un processus d'adaptation en vue du résultat visé. Ainsi c'est dans la mesure où il est capable d'autodestruction sectorielle, que le plan sera un processus de construction par l'adaptation sur laquelle il s'appuie. Comme improvisation, cette adaptation émane de l'intérieur du plan comme un processus vital au lieu d'être seulement provoquée par les contraintes extérieures auxquelles il devrait se soumettre : *un plan vivace* modifie en lui ce qui ferait obstacle à sa maturation. Il n'a donc rien de commun avec une construction *a priori*, sans contacts expérimentaux avec le réel, c'est plutôt un processus de guidage, d'ajustement qui suppose l'exercice continuel d'un contrôle et pas seulement une décision prise une fois pour toutes par une rationalité. Ainsi le fossé séparant théorie et pratique, plan et réalisation se couvre de ponts puisque l'action s'insère ou s'immisce dans le plan qui l'enrichit d'informations sans cesse neuves.

Le plan n'est donc pas un système clos sur une vérité déjà trouvée qui neutralise l'improvisation mais un rééquilibrage permanent — ce processus de prévision a pour essence la révision ; il est continu et non pas tranché une fois pour toutes, on n'a pas figé sa délimitation temporelle mais son devenir précise son contenu. Comme l'improvisation qui favorise l'unification, le processus planificateur qui augmente l'organisation contredit l'entropie et intensifie l'être ; cependant l'improvisation porte sa signification dernière dans l'ordre métempirique, tandis que la

---

futur. Définir une stratégie, c'est établir la table de toutes les situations auxquelles on pourrait être confronté et choisir dès l'origine la décision que l'on prendrait en face de chacune d'elles », comme la définit Pierre Massé, *Le plan ou l'anti-hasard*, p. 200.

1. Cité par P. Massé, *ibid.*, p. 199.
2. *Prospective et politique*, p. 27.

planification, toute dans l'empirique, risque d'enserrer l'élan de la première dans les facilités de l'utilitarisme et les nécessités des déterminations.

Enfin si le processus planificateur serre la réalité par des réajustements permanents, il ne coïncide pas tout à fait avec elle ; il suit le devenir dont il prétend prévoir le mouvement : il prévoit ce qu'il suit. L'improvisation seule permet de rejoindre le devenir hétérogène avec lequel elle parvient à coïncider ponctuellement et de façon discontinue par des incursions éclairs jusque dans la mouvance de la réalité qu'elle rejoint un instant avant de la perdre.

Devant la difficulté de prévoir, nous élaborons des stratégies planifiant nos actions dans un certain nombre de cas que pourrait présenter le futur ; mais nous ne pouvons cataloguer tous les cas possibles, la pondération des variables et jusqu'au dernier élément ressortissant au pouvoir de décision qui reste le propre de l'homme et à l'issue aléatoire. Par ses limites mêmes ce recours à la stratégie reste d'autant plus proche de l'improvisation que le choix s'exerce devant des scénatios différents simulant la même difficulté, avec des redressements approximatifs analogues à l'adaptation pressentante de l'improvisation.

Or si le prévisible est le coutumier, le répété, l'organisé, c'est aussi l'inessentiel tandis que l'imprévisible reste le surprenant que nous n'avons pu enserrer dans les cadres de notre rationalité et qui commande pourtant notre destinée — la mort, l'amour, le sacrifice, le don : l'essentiel. Le moins prévisible est l'unité entre les valeurs et les actions, les premières justifiant les secondes qui les posent. On ne voit pas, sinon après coup, le surgissement des valeurs, leur éclosion ni leur évolution ; or une nouveauté qui n'a pas atteint les valeurs ne s'inscrit pas vraiment dans le réel et ne le transforme qu'en surface ; mais on ne peut savoir à l'avance l'histoire des valeurs, leur constitution, leur devenir, si bien que nous obtiendrons plus d'efficacité par l'action improvisée que par la prospective sur le qualitatif du futur : si on ne peut prédire le devenir des valeurs, on ne peut rien prédire d'essentiel quant à celui des sociétés.

L'improvisateur est bien l'homme de l'initiative — comme le chercheur celui de l'invention. Initiative et invention ne répètent pas mais commencent à partir d'un socle qui les permet. Celui qui a l'initiative conduit le devenir, politique par exemple — ce qui montre l'ambiguité de la démocratie qui découle de la représentation puisque celle-ci confère au représentant une autorité dont il est amené à faire usage à l'égard et parfois à l'encontre du représenté. Le principe d'activité et l'initiative qui émanaient de la souveraineté populaire passent maintenant au représentant du peuple, le conflit entre la puissance instituante et l'autorité instituée pouvant prendre la forme d'une concurrence pour détenir l'initiative qui va s'exprimer par la rivalité dans l'improvisation de l'un et de l'autre. Le jeu politique exprime la même vérité que celui de l'improvisation : l'activité juge son principe en sanctionnant ses conséquences, la pratique sa théorie, comme le peuple apprécie sa représentation, conservant l'initiative de l'instituant et celle de sa confirmation ou de son infirmation. La meilleure façon de légitimer son pouvoir est d'exercer l'initiative afin que le devenir en dépende ; or exercer l'initiative c'est improviser, car il faut surprendre pour s'affirmer et transformer les données du moment. C'est toujours commencer, avant toute théorie, les planifications n'étant que des garanties de relative immobilité du devenir, des filets lancés sur la réalité mouvante pour y exercer plus commodément son action. Planification et prévision sont alors des instruments d'action qui servent moins à connaître l'avenir qu'à freiner son bouillonnement en l'enserrant dans les limites d'un cadre connu et commode. L'intelligence planifie, le pressentiment improvisateur agit, conduit le devenir.

Si les politiques dévalorisent l'improvisation, ce n'est pas seulement pour l'irrationnel qu'elle suppose car ils ne sauraient avouer son recours, mais plus profondément parce que l'improvisation impliquant initiative et devenir, un pouvoir attestataire ne peut, sans se contredire, affirmer le devenir de ce qu'il veut immobiliser dans le *statu quo*. Le pouvoir qui refuse le changement au nom de l'ordre, dévalorise l'improvisation qui suppose et suscite le devenir, il tente d'enfermer l'Histoire dans des théories de la répétition et du juridisme, il privilégie la gestion par rapport à la novation, la planification par rapport à la consultation — l'être au détriment du devenir. Enfin il ne peut avouer comme l'improvisation considère la situation en elle-même et sans la rattacher aux déterminations d'où elle procède. Ce refus de l'explication causale qui contredirait le quadrillage du plan n'en est pas moins utilisé par le politique : comme au théâtre où l'action improvisée prend pour principe la simultanéité dans le rapport des protagonistes ; il s'agit de trouver l'impulsion ou la réponse réclamées par l'occasion ou les exigences du moment. Ainsi, loin de s'opposer au changement, la planification-processus le permet ; de son côté, l'improvisation qui n'est pas coupée de ses conséquences et de son commencement inaugure toujours, au contraire de la planification rigide qui défend une stabilité et s'institutionnalise comme les révolutionnaires au pouvoir dogmatisent.

Nous avons constaté comment l'improvisation est d'autant plus reconnue qu'elle se donne davantage comme spectacle esthétique et moins comme pratique utilitaire, qu'elle est plus individuelle et moins collective ; comme elle se dévoile dans son originalité à travers la composition dont elle se distingue au fur et à mesure que celle-ci se détache d'elle ; et comme une spontanéité meut cette pratique dans les domaines où elle est traditionnellement reconnue et maintenue, comme à travers les expressions de la vie sociale qui l'omettent ou la nient.

Depuis la composition à laquelle on voulait la réduire jusqu'aux systèmes qui l'évacuent ou la flétrissent, nous avons trouvé partout l'improvisation, *praxis* spontanée motrice de l'exister humain. Quel en est le sens et que vise en vérité cette pratique à laquelle sa persistance polymorphe donne une permanence démentie par sa nature disparaîssante? Etouffée, dévalorisée, elle renaît avec l'insistance de la vie. D'où la confiance foncière qu'elle évoque et appelle, cette foi en l'avenir — « ne vous souciez pas... » — l'improvisation a choisi, une fois, de se livrer à l'avenir en épousant le présent. Aurait-elle trouvé l'essentiel?

DE L'IMPROVISATION DU TEMPS A L'IMPROVISATION DANS LE TEMPS

L'omission de l'improvisation dans les domaines socio-historiques, sa naissance par les actes nocturnes des révolutions dont l'historien justifie, par après, les prémisses, traduisent un refus du devenir. Méconnue ou reconnue selon les domaines, accueillie dans l'innocence ou apprise comme méthode, sa situation reste à préciser au regard du temps.

Temporelle et intemporelle, l'improvisation opère l'intersection de l'extemporanéité, sa dimension verticale où l'être humain transcende un instant sa condition temporelle vers ce que son insatisfaction absolutise, et de la contemporanéité avec soi, avec l'autre ou avec l'Être, qui commence toujours puisqu'elle cesse en naissant.

Elle court-circuite le délai, transforme le décalage en coïncidence, supprimant les intermédiaires : elle est réparation de la séparation et la fin des moratoires, pour reprendre le terme par lequel les latins désignaient l'écart temporel séparant aujourd'hui de demain ou d'hier.

Cette intersection de contemporanéité et d'extemporanéité la désigne comme emblématique de l'ambiguité de notre situation où nous avons à consentir au temps et à la fois à le maîtriser. Au lieu de retarder, par l'accumulation des délais, le moment de s'y livrer, l'improvisation maîtrise le temps. Tandis que l'interprète d'une œuvre achevée est tenu d'en adopter le rythme, l'improvisateur rythme le temps de sa *praxis*, ne se répétant ni comme préparation en amont ni comme réitération en aval : conduisant le temps qu'elle instaure, elle y reste immanente à la manière dont la conscience juge le temps qu'elle vit. Jamais totalement absorbé dans son acte, l'improvisateur vit la durée sans s'y perdre ou s'y oublier, il la conduit sans y rester étranger comme l'exécutant à l'œuvre qu'il interprète. Tout homme est capable de transformer en destinée le destin où il est embarqué, de garder la main sur ce qui dépend de lui à l'intérieur de ce qui n'en dépend pas. L'indétermination de l'improvisation ouvre le maximum de possibles en spécifiant le moins l'avenir qui peut tout sauver comme tout compromettre ; la seule limitation fixant en arrière ce qui vient d'être fait, désormais irréversible. La situation d'improvisation n'est vraiment telle qu'en acte — il n'y a pas plus de situation d'improvisation que de liberté en soi mais pour un projet et un savoir-faire dont chacun est nouménalement capable : la situation tient à l'improvisateur, non à l'ordre des choses, et tel qui s'en tire à son honneur réussit là où d'autres auraient répété. Le pressentiment d'une situation, l'aptitude à s'y disposer s'enracinent dans l'inimitable manière d'exister de chacun.

Le modèle divin de cette pratique multiforme figure ce que nous tentons parfois d'imiter dans un temps qui nous renvoie à son origine.

VII. - La divine improvisation du temps.

Au commencement était l'Acte, l'improvisation inaugurale fit l'Être dans l'instant de son jaillissement où exister est agir. Ni délai ni possible ne séparent l'Acte de l'Être dont il est la manière d'être ; l'existence de l'Être est son acte — pas d'intervalle entre le fait d'être et le fait de faire. Ainsi l'Être est création pure, fait exister — « Dieu improvise génialement la lumière », comme dit Jankélévitch[1], l'initiative divine est absolue et radicalement antérieure à tout chaos, à tout tohu-bohu[2]. Cette création échappe à l'évaluation humaine : d'une part l'acte par lequel Dieu fait et fait être d'un coup, sans délai, passage, incubation ou gestation, nous communique le vertige ; d'autre part, la générosité de ce don ne porte pas sur des qualités mais sur l'être même, à qui il confère l'existence. Ainsi l'Être fait exister en se donnant lui-même, le don s'invente par son mouvement et invente son bénéficiaire, comme Dieu, en étant, crée l'archétype du Bien.

Cependant la création divine est-elle vraiment une improvisation archétypale? La Bible précise que Dieu crée par sa sagesse selon un plan, non qu'Il improvise — mais en même temps la Genèse atteste la parole immédiatement ontogénique : « que la lumière soit! et la lumière fut ». Par ailleurs, un monde transcendant ne connaît ni avant ni après ; or toute improvisation se produit dans un monde orienté d'un avant vers un après, même si son surgissement est une saillie extemporelle — mais précisément Dieu crée le temps, sa première création, inconditionnée, condition des autres, par définition l'improvisation radicale. Comment prendre pour modèle une situation à la structure radicalement différente de celle de la temporalité humaine où l'anthropomorphisme réductionniste explique l'acte divin comme acte humain génial? La coïncidence de la parole et de l'acte, de l'essence et de l'existence, met un terme à l'aporie : le récit chronologique de la création — Dieu n'a pas tout créé d'un seul acte mais selon un Plan — se combine avec l'éclair, « *dixit et facta sunt !* », désigne la parole se manifestant comme acte. Sans

1. *Philosophie première*, p. 228.
2. *Ibid.* p. 195 et Chouraqui, nouvelle traduction de la *Genèse* : « Entête ».

tomber dans la fiction sensualiste de la création comme effet magique d'une volonté : « je pense » qu'il y a la lumière et, magiquement, la lumière se crée ; la création, cachée derrière les mots, sortirait du néant comme le lapin du chapeau avec, par surcroît, un décalage temporel au lieu d'une simultanéité. La création sans modèle préexistant porte au contraire sur l'effet et sur sa possibilité : elle est improvisation. Le combat contre le non-être prend du temps et se développe selon le rythme de la manifestation de l'être ; l'improvisation n'est pas une absolution du temps et personne n'improvise s'il n'en est capable. Celui qui sait faire (qui a la *praxis*) sait parler ; si le Verbe est premier, l'action est première, car ce verbe est un acte ontogénique.

La parole est créatrice c'est-à-dire énergie efficace — comme dit le P. Marcel Jousse : « au commencement, la Parole toute puissante du Créateur fit jaillir de rien toute chose. Il « memrâïsa » et les choses se tinrent »[1] — le « *Memrâ* » est la substantification de l'acte créateur dont parle la *Genèse* ; il signifie : gestualiser, parler de façon créatrice (et « memraïsa *Elâha*, que soit la Lumière! et fut la Lumière »), cette parole faisant se tenir la chose. Le terme de « verbe » ne traduit pas l'« énergie opérante, effectuante »[2] qui est le propre de la Parole divine, alors que geste et parole sont un même acte. Il y a donc identité entre Dieu et l'Acte : « au commencement créait *Elâhâ* ; et cette création s'opéra par dix « memrâïsations » — mais « au commencement était le *Memrâ* » ; il y a identité entre le *Memrâ* et l'acte créateur d'*Elâhâ*, c'est-à-dire entre l'acte (la parole créatrice) et Dieu (*Elâhâ* : *Elohim*). Le prologue de Jean remonte par delà le commencement : à l'engendration du *Memrâ* par l'*Elâhâ*, « engendration transcendantale et éternelle existant « au commencement » : au commencement était le *Memrâ* »[3].

Cette priorité chronologique de l'improvisation divine créatrice par rapport à la secondarité de l'être souligne le passage de l'insufflant à l'insufflé, du créant au créé, de l'instituant à l'institué. Ce *Memrâ*, parole créatrice, « s'est fait chair » en la personne de Jésus qui, à son tour, « gestualise le verbal avant de verbaliser ses gestes » ; « *Talithâ qoumi*! Lève-toi », « lève-toi et marche » ; « *Ephata*! Ouvre-toi! » L'instantanéité de l'effet est contemporaine de la parole avec laquelle il coïncide : « et aussitôt » (*oumin yad*). Cet acte-parole vitalisant répète le premier *Memrâ*, « Iéshoua », le « *Memrâ* libérateur », rejoue les geste du « *Memrâ* créateur » dans une nouvelle création[4].

1. *Anthropologie du geste*, p. 126.
2. *Ibid.*, p. 189, note 12.
3. *Ibid.*, p. 188.
4. *Ibid.*, p. 126, 127.

Ainsi la création n'est pas un acte second de Dieu mais un acte lié à son essence ; cela n'a guère de sens de parler de Dieu comme s'il sortait de son repos pour créer — il est de l'essence de Dieu de faire comme d'exister, en Lui coïncident essence, existence et acte. La parole étant l'acte improvisant l'être, c'est le modèle de toute improvisation qui transcende la succession, rend inutiles le délai et les priorités ; l'acte invente le contenu, ce qui est fait est tout entier dans le fait de faire.

Dès lors, si parler est agir, l'éphémère improvisation laisse des traces chez ses témoins : elle transforme les cœurs, inspire les conduites, ensemence les stériles imaginations. Active, tout en acte bien qu'elle ne transforme rien elle-même, elle instaure des modèles de conduite, originale parce qu'originelle. Cet acte créateur donne un sens à l'acte humain en le portant au-delà de la capacité du devenir naturel, c'est-à-dire entropique, où Aristote voyait la matière.

L'improvisateur laisse aux spectateurs l'inquiétude sur les conditions de possibilité de son action ; il montre le possible par l'acte en ouvrant son chemin sans s'arrêter aux limites (cognitives et historico-sociales) qu'une raison historiquement retardataire lui objecte. L'improvisation qui seule peut les faire éclater, incarne le possible dans l'acte qui lui donne l'être. Renversant l'ordre qui avait basculé la temporalité la tête en bas, elle restaure le temps dans son règne : l'action est première, avant l'inquiétude de la réflexivité crépusculaire et du légalisme sur ses conditions de possibilité.

L'improvisation divine dont il nous est parfois donné d'imiter l'immédiate effectivité jusqu'à la tangence qui en donne l'illusion, fonde le temps sans se trouver conditionnée par lui ; radicale et première, elle crée le temps de la création.

L'acte n'est création et position radicale qu'en Dieu ; l'homme se recevant ne se crée pas. Instaurant des conduites irrévocables et éphémères, il lance ses actes comme des appels qui réclament la guérison [1] vers ce qui cicatrisera sa blessure et légitimera son élan.

VIII. - Les subversions de la temporalité et la liberté du commencement.

L'improvisation suppose donc la temporalité à laquelle ses subversions : prédestination et nécessitarisme, refusent tout droit à l'existence.

1. Cf. Platon, *Le Banquet* 191d.

a/ Subversions de la temporalité.

— La forme la plus oppressive de détention de l'avenir, la prédestination, réduit l'improvisation à une illusion en considérant le devenir comme déterminé déjà. Ainsi de l'inconscient psychologique ou génétique : influencée par la préhistoire psychologique, l'histoire de l'individu l'est aussi par les conditions culturelles de sa maturation qui modèlent sa vision du monde, sa manière de se situer, sa spontanéité même et dont dépendent en partie besoins, aspirations, opinions et manières de vivre. Ainsi nous suivrions une route invisible pour nous mais pourtant fixée, voués au salut ou à la perte avant toute œuvre et tout examen. Expression de ce qui a avorté, retour du refoulé ou recherche fantasmatique de ce qui n'a pu se satisfaire, l'illusion de l'improvisation trahirait, à son insu, la répétition névrotique des fantasmes ou un désir d'éterniser le passé. Le mythe platonicien du choix des vies qu'une amnésie nous cache, traduisait un choix de destinée à travers celui du caractère qui reste, avec la mort, le grand trait du destin. L'illusion interprète les conditions (organiques, psychiques, sociales) comme destin, trop vite accepté en fatalité.

Le simplisme naît de la confusion paresseuse entre destin et destinée, avec la réduction de celle-ci à celui-là : la destinée réclame notre collaboration active, elle dépend de nous en fonction de l'occasion adventice, comme Machiavel l'a précisé [1].

En effet, rien n'est écrit d'avance pour celui dont l'ardeur et les œuvres tracent la destinée — Dieu ne saurait être, sans contradiction, ce metteur en scène qui jette des marionnettes au sort déjà fixé dans une carrière où il se plaît à les châtier s'ils se révoltent. La prédestination n'est inscrite nulle part dans l'ordre métempirique, pas même dans notre mort puisque nous lui donnons, par notre vie, un sens ; elle n'est forte que de notre démission : c'est notre consentement à réduire nos valeurs et notre champ à la reproduction du Même qui donne consistance à son fantôme. Cette subversion de la temporalité présente le passé comme avenir, elle supprime le caractère inédit de l'avenir qui déroulerait un plan antérieur ; elle s'appuie sur une conception éternitaire du temps dont le *statu quo* actuel serait l'achèvement, et du réel comme résultat du passage de l'essence à l'existence. Mythe formé pour des besoins d'ordre social, la prédestination se traduit dans le *logos* par la prédisposition.

— Le terrorisme culturel du structuralisme généralisé l'illustre : la diachronie subordonnée à la synchronie ne saurait rendre compte des trans-

1. « La Fortune dispose de la moitié de nos actions mais elle en laisse à peu près l'autre moitié en notre pouvoir », *Le Prince*, chap. XXV.

formations, des passages, des genèses — d'autant plus mal placé pour comprendre l'improvisation que celle-ci est toute commencement, cet éléatisme fige le devenir et manque les passages. Il prétend dissoudre ce qui représenterait l'illusion métaphysique ; certes la métaphysique classique a laissé croire à la prédestination (comme au droit divin, sa forme politique) parce que l'idéologie en avait besoin pour fonder et justifier son autorité. Mais l'ordre social n'est pas indifférent aux espérances et devant des métaphysiques de libération la volonté d'évacuer la métaphysique traduit l'illusion de ceux qu'elle gêne, ne parvenant pas à se situer puisqu'ils n'attendent de changement que du déroulement naturel de l'ordre des choses. Loin que toute métaphysique soit impossible qui ne soit une superstructure idéologique, ce sont certaines formes de structures sociales et certaines idéologies totalitaires qui la bloquent chez ceux dont la croyance à la nécessité leur fait oublier que l'Histoire a le sens qu'on lui donne.

Ainsi Lévi-Strauss réduit-il l'improvisation en voulant retrouver une « nécessité immanente aux illusions de la liberté »[1], l'esprit comme objet — « réduit à s'imiter lui-même comme objet » — révélant comme les lois de son fonctionnement sont analysables, « il avère ainsi sa nature de chose parmi les choses »..., car « l'apparence arbitraire, le jaillissement prétendu libre, l'invention qu'on pourrait croire débridée, supposent des lois opérant à un niveau plus profond »[2]. Cette attitude traduit une extrapolation abusive : d'une part de ce que l'auteur, analysant magnifiquement des mythes, y découvre des parentés, voire des constantes, il ne s'ensuit pas que « l'esprit humain apparaît déterminé jusque dans ses mythes » ; de l'autre on ne peut extrapoler des constantes de certains mythes à la détermination de l'esprit auteur de ces mythes, et il n'est pas légitime de conclure : « alors *a fortiori* il doit l'être partout »[3]. Si les mythes n'ont pas d'auteur[4], l'improvisation est inséparable de l'improvisateur et sa perception comme son analyse entraînent l'émerveillement devant l'imprévisible liberté et à reconnaître l'extrême difficulté de ce qui vient d'être improvisé, précisément parce qu'on ne peut le réduire à des constantes repérées et prévisibles. La démesure est d'extrapoler à l'humain subjectif et à l'imprévisible temporalité, des méthodes qui conviennent au schéma logique de rapports entre des termes figurant des hommes : on réduit par commodité les hommes historiques aux symboles qui les représentent, adoptant vis-à-vis du représenté la même méthode

1. *Le Cru et le Cuit*, p. 18.
2. *Ibid.*, p. 18.
3. *Ibid.*, p. 18.
4. *Ibid.*, p. 26.

qu'à l'égard du représentant. Le mythe que Lévi-Strauss désigne comme une élaboration sociale progressive ne saurait représenter l'exemple le plus typique de la création — il n'a pas d'auteur ; d'autre part le présenter comme une infrastructure n'autorise pas à suspecter la conscience et la philosophie comme illusoires. Si « les sciences humaines doivent se convaincre que la réalité de leur objet d'étude n'est pas tout entière cantonnée au niveau où le sujet la perçoit »[1], ce n'est pas une raison suffisante pour réduire la conscience comme jouet de structures sociologiques.

Le structuralisme, lui, n'est pas du côté de l'action mais de l'établissement des faits ; or il outrepasse ses droits en extrapolant de ces faits à la totalité des conduites qu'il réduit au déterminisme. Ce n'est pas la philosophie, la morale ou la politique qui « se barricadent » en « prétendant enfermer tout le monde avec eux à l'étage qu'ils jugent le plus honorable »[2], c'est plutôt le réductionnisme *a priori* déterministe, qui ramène les faits sociaux au fait physique — c'est le structuralisme qui enclôt les perspectives en refusant celles qui échappent à son laboratoire, augmentant le « grossissement »[3] de sa lentille au point d'être aveuglé par son objet. Qui mérite le reproche d'immobilité, sinon le structuralisme, conservateur par essence et attestataire par définition, qui ne débouche que sur le nihilisme de la fin de la philosophie ; craindrait-il la nouveauté? Il est surprenant que ces critiques contre la philosophie soient conduites au nom d'un déterminisme que nous aurait enseigné l'étude des mythes, alors que de l'aveu de Lévi-Strauss, « les mythes ne visent rien qui nous instruise sur l'ordre du monde, la nature du réel, l'origine de l'homme ou sa destinée »[4].

Faisant système avec ces réductions, les attaques de Lévi-Strauss contre la musique contemporaine ont été démystifiées dans leur caractère anhistorique[5] — rapprochant la musique du mythe, Lévi-Strauss en fait une réincarnation ; cependant on aurait tort de penser qu'il se rapproche du Nietzsche de *L'origine de la tragédie*, pour qui la musique ou sa « fécondité mythique »[6] est de la nature métaphysique du mythe. Pour Lévi-Strauss au contraire, le mythe serait à l'origine de la musique, celle-ci abstrayant le sens du son, celui-là concernant le sens moins le son[7] ;

1. *L'homme nu*, p. 570.
2. *Ibid.*, p. 571.
3. *Ibid.*, p. 571.
4. *Ibid.*, p. 571.
5. Umberto Eco, *Musique en jeu*, N° 5, p. 45, et Henri Pousseur, *Fragments théoriques*, p. 9.
6. *L'Origine de la tragédie*, par. 17.
7. *L'Homme nu*, p. 583 ; et Bergson, *Les deux sources de la morale et de la religion*, « La fonction fabulatrice ».

de façon générale, on voudrait nous condamner à choisir entre « une rationalité sans sujet » et « un sujet sans rationalité »[1]. Or il n'y a pas d'intériorisation sans sujet, ni — comme le montre Piaget[2] — de structures sans sujet — ces structures ayant elles-mêmes une genèse et un devenir (Lévi-Strauss n'en disconvient pas mais renvoie sans fin à d'autres structures), des rapports et des liaisons entre elles. Le sujet de l'action structurante (avant lequel tout n'est pas déjà donné, tout structuré) construit, élabore, disjoint « des schèmes et par là des structures »[3].

Ce qui nous intéresse n'est pas le résultat déposé du langage ou de l'art, mais de « comprendre le langage dans son opération d'origine », comme disait Merleau-Ponty[4], de saisir l'opération elle-même, en train de se faire ; « l'œuvre accomplie n'est donc pas celle qui existe en soi comme une chose mais celle qui atteint son spectateur, l'invite à reprendre le geste qui l'a créée et, sautant les intermédiaires, sans autre guide qu'un mouvement de la ligne inventée, un tracé presque incorporel à rejoindre le monde silencieux du peintre, désormais proféré et accessible ». Enfin la structure ne rend pas compte des inflexions, des nuances qui modifient un énoncé et lui confèrent ce charme qui nous l'attache — nous analysons une partition mais sa poétique nous dépasse.

b/ Liberté et commencement.

« Laissons là tout le passé, commençons toujours »
ÉPICTÈTE

A-demi immergés dans les limitations de notre milieu amphibie, ballotés de la maladie et de la souffrance au plaisir et à l'embonpoint, nous étalons les projets de nos jours en quelques décennies programmées sur les impératifs d'une carrière, les calculs de bénéfices, les intrigues de la renommée.

Au cœur de l'occupation soucieuse, surgit l'angoisse des limites radicales : car le malheur tourne vers la mort, réponse à la question rétrospective de la naissance, vers la mort-propre dont les divertissements ne parviennent pas à étouffer l'angoisse. L'avoir jusque-là collectionné pour camoufler le vide de l'être et isoler de la rugueuse réalité, n'est ni assez dense ni si permanent ou étendu qu'il préserve l'humain de ce destin. Alors les conjectures, l'imagination transportent l'être-promis-à-la-mort vers cette béance, vers ce Toujours-Jamais qu'il échoue à comprendre et

1. *Ibid.*, p. 614.
2. *Le structuralisme*, p. 59.
3. *Ibid*, p. 60, 61.
4. *Signes*, p. 58.

dont chaque jour l'approche se fait plus sûre, le délai plus ténu. Cette angoisse des limites fait tendre de toutes ses forces l'être vers l'illimité comme vers une source régénérante d'immortalité. Sublime espoir humain, trop humain s'il vient de la panique de la mort propre, sublime s'il conduit au dépassement. L'idée de la mort réveille l'être au devenir, à sa vocation qui, au-delà de la survivance — l'adhérence de l'huître à son rocher ou l'adhésion d'Achille à la condition terrestre, fût-elle d'un simple laboureur — manifeste un désir d'échapper aux astreintes de la préparation, à l'attente de la maturation naturelle et de la dissolution.

Or l'improvisation affirme la vocation de l'être dans un mouvement ontogénique devant la menace de mort. *L'inachèvement suscite l'improvisation*; si l'homme reste indéterminé c'est parce qu'il est aussi — mais jamais vraiment — ce qu'il voudrait être et qu'il tend à être : l'improvisation est la percée, vigoureuse et tremblante, de ce que l'on est vers ce qu'on voudrait être, et qui fait l'être ainsi.

— L'homme ne connaît pas de joies qui durent, de grâces continuelles, il n'est pas longtemps capable de donner et de se donner sans parfois compter, sinon l'éclair d'un instant qui va se perdre dans l'intervalle. C'est par éclairs dans la continuité horizontale de l'immanence que l'improvisation jaillit, *extempore*, mais son sens ne s'y livre pas, enté dans la verticalité discontinue de la transcendance. Ce qui a fulminé peut briller encore, la vie passer à travers cette multiplication de soleils accélérant leur fréquence d'apparition vers la lumière continue — l'instant n'est rien qu'une suture, une charnière entre deux intervalles, mais ce relief exhausse l'existence : l'improvisation naît dans l'instant recommencé qui condense la continuation temporelle. Ces points de contact entre le temps et l'éternité sont des moments d'exception où décisions drastiques comme contemplations engagent l'avenir : là, « le temps interrompt l'éternité, et l'éternité pénètre le temps »[1]. L'extemporanéité se manifeste, en effet, par l'imprévisibilité et la soudaineté de l'événement — hors du temps comme la réciprocité, la rencontre spirituelle qui invite à vivre — le miracle est une sorte d'improvisation divine.

L'instant est ainsi le relief de l'existence qu'il marque d'une espérance à laquelle elle n'osait croire. L'improvisation l'imprime jusque dans la mutation-limite dont la disposition nous est refusée : on ne peut connaître la mort et revenir donner ses impressions de voyage! N'est-ce pas le grand espoir que la fin soit un commencement, que le grand cycle ne s'achève pas avec l'épuisement d'une forme mais qu'il ouvre sur une vie autre — mutation destinale qui « transfigurera nos corps mortels? » L'improvisation porte ainsi une valeur eschatologique, manifestant un

---

1. Kierkegaard, *Le concept d'angoisse*, p. 151.

caractère « religieux » puisqu'elle tente de relier à l'autre ou à une transcendance — appel nostalgique de l'être en émoi vers son origine — la finalité de l'acte donne le sens de son origine.

Dans le Paradis perdu toute action était extemporelle comme toute conscience, innocente ; la réalisation du caractère fini du temps et de ses promesses a fait basculer dans le temps et rendu nécessaires les médiations. Dès lors, l'improvisation devient une conquête ; postérieure à la médiation, elle n'est plus celle qui la précédait et sans doute y a-t-il dans sa nostalgie quelque regret de la première. Percée dans le devenir, à la poursuite de l'être, elle laisse en arrière la conscience étonnée de ses échos comme l'avion, le son. Elle n'a besoin d'aucun complément comme les actes dont l'essence temporelle trouvent dans l'instant leur perfection.

Mais les instants viennent toujours après un certain passé dont l'expérience diffère selon la durée antécédante ; au contraire du moment qui se comprend par le passé qu'il cerne et par l'avenir qu'il ouvre, l'improvisation tranche sur ce qui la précédait et ignore ce qu'elle annonce. Hétérogénéité radicale capable de retourner les situations, elle surprend toujours, réponse adaptée à la réalité changeante, percée qui oriente le devenir en l'entraînant à sa suite.

L'improvisation ne répond pas à une attente précise mais invente un rapport comme le philosophe crée une problématique et ne se contente pas de répondre aux problèmes déjà posés ; cependant son immédiateté marque l'écart temporel avec l'invention. D'autre part elle n'a pas été lancée au hasard par une liberté d'indifférence qui l'aurait pu faire autre (quel intérêt trouve-t-on aux conjectures sur le nez de Cléopâtre?) mais selon des motivations en rapport avec le contexte historique. Elle se situe d'emblée sur le plan du vécu où la vérité ne s'atteint pas comme totalité mais se révèle comme présence. Or on n'analyse pas l'infinie richesse d'une présence, on éprouve ses promesses. L'improvisation, qui témoigne par l'exemple, n'a pas besoin de démonstration, elle provoque à son tour.

— Enfin elle se passe d'augures, d'oracles : *elle inaugure* dans l'instant ce qui veut se poursuivre dans l'avenir mais qu'elle ne continuera pas puisque, comme le disait Pascal de l'amour, elle est toujours naissante. Sans antécédents, elle crée une lignée : la première phrase de l'orateur, la première parole, le premier geste de l'exemple, le premier mouvement. Le plus difficile est de commencer, comme l'avouait Stanislavski[1] ; et dans la crampe du pénultième instant, l'improvisateur puise l'énergie qui lui permet de faire face en commençant : le commencement est le remède

---

1. *Ma vie dans l'art*, p. 85.

au vertige provoqué par l'appréhension du commencement ; il assure l'improvisateur en comblant le vide qui le précède.

Dès lors, l'irrévocable posé, rien n'est plus comme avant, et si on n'est jamais contraint de poursuivre, du moins l'arrêt marque-t-il un échec (la continuation elle-même nécessite un renouvellement). L'improvisation est l'acte néguentropique par excellence qui informe le réel et contrecarre la dégradation. Elle ne cherche pas à dominer l'instant par une décision volontariste mais à retrouver le mouvement spontané qui la permettait, d'où elle ouvre l'expérience exceptionnelle d'une future continuité qui nous échappe encore.

A la différence de la nouveauté qui se réfère au passé, l'improvisation est tournée vers l'avenir, à la fois commencement et annonce ; il est de tout commencement d'annoncer sa poursuite bien que le commencement ignore ce qu'il annonce — après coup seulement on saura qu'il annonçait quelque chose. Sur le moment, l'actant vit la passionnante aventure vers un inconnu à chaque pas conquis de la discontinuité temporelle où le tiers ne voit que continuation du fait de la continuité des commencements. Si l'agent inaugure une continuité, il ne doit pas le savoir, faute de perdre sa spontanéité — la plupart des improvisations sont impures, l'agent réussissant à reconstituer du délai supprimé par l'urgence.

L'improvisation lance un devenir qu'elle ne contient pas, dont le prédicat n'est pas contenu dans le sujet — amorçant à chaque instant la continuation cependant discontinue par rapport à ce qui l'annonce : le réel n'est plus le dépliement d'un possible mais se crée au fur et à mesure en créant le possible *a fortiori*. Elle débloque ainsi le devenir confisqué par la répétition qu'entraîne l'éternel dépliement de l'essence ; elle enrichit le futur d'une nouveauté qu'il ne contenait pas.

Les apories éléatiques voudront-elles nous montrer les illusions du commencement ?

Certes le devenir humain n'est pas linéaire et continu, il connaît des crises, des ruptures, des illuminations, des sacrifices — bien plus, on ne découvre le commencement qu'à la fin où est la plénitude. Si le recommencement ne commence pas un renouveau, il est voué à l'échec puisqu'il retombe sur l'ancien qui appelait précisément une nouvelle tentative. Ainsi le sentiment de sécurité apporté par l'expérience favorise l'improvisation en permettant de se lancer en avant sans l'angoisse du vide, extrapolant des techniques maîtrisées aux techniques inconnues ; mais il gêne l'improvisation en tendant à conserver dans son aire ce qui serait tenté par le risque aventureux.

L'improvisation garantit et préserve la vie en la dilatant ; la vieillesse tient moins à l'âge qu'à la cessation de fécondité — Le Titien, à 94 ans, commença une *Descente de Croix*, nous apprenant, après Epictète, qu'il ne faut jamais cesser de commencer. L'irréversibilité du temps ne pétrifie pas seulement l'irrévocable de ce qui a été fait, elle pérennise le commencement, lui assurant ainsi une sorte d'éternité. L'improvisation reste conaturelle à la jeunesse, l'homme étant davantage virtualité, c'est-à-dire indéterminé, qu'il est plus jeune ; au contraire à un moment ultérieur de son développement sera davantage prévisible ce qu'il dira, fera et deviendra. Nos possibles se raréfient quand nous allons vers la mort, la spécification progressive de notre être étant corrélative du refus des possibles non élus [1].

Loin du monde enfantin où le temps infini ignore les responsabilités, où rien n'a d'importance puisque tout peut encore être rattrapé, la prise de conscience du temps irréversible dramatise l'existence — d'où les chants des poètes et les regrets sur l'envol du temps, c'est-à-dire de l'homme. Il est de l'essence de l'être humain de tenter de sortir de son essence, de consacrer sa vie à tenter de comprendre sa limitation — nous ne dirons pas : de passer sa vie à apprendre à la quitter, comme le *Phédon*, mais *la vie est la seule occasion de chercher à savoir ce qui la limite.*

Certaines préparations étouffent tout tonus créatif, mais l'absence de préparation laisse démuni devant l'infinie variété des situations complexes. L'impuissant souffre par excès ou par défaut, par vide ou réplétude : il n'a rien à donner et n'a ni l'idée ni le goût de ce qui lui manque et de ce qu'il perd ; ou n'ayant aucun désir, il ne peut plus rien recevoir. Toute improvisation, comme tout désir, suppose qu'on soit assez pauvre pour désirer et assez riche pour savoir la saveur de ce qu'on désire et le désirer vraiment. Il en va ici comme d'Eros. Alors, non pas : *Carpe diem* mais *Uteris die* ! [2] On peut rester toute une vie — la sienne — bloqué par une atonie replète ou sec comme une outre vide, et l'occasion est manquée à jamais, sans regret ni consolation ; c'est pourquoi tout acte avec lequel on est le plus en accord, selon son histoire et ses références constitutives, est une étape de la vocation propre. Ou sur le plan du savoir après celui du désir : ou bien l'improvisation sait de science infuse ce qu'il faut faire en tous cas, ou bien ce qu'elle sait ne lui sera d'aucun secours dans une situation qui, nouvelle et imprévisible, nous trouve toujours démunis — d'où la supercherie de prétendre tout prévoir et sur-organiser. En effet les mêmes problèmes ne se posent plus dans les mêmes termes, d'autres surgissent, liés au développement et à la spécification d'une culture, à la transformation de la démographie, des rapports de force, mais aussi à l'alourdissement croissant de l'appareil de direction et de prévision. Plus que jamais l'improvisation est le mode d'action sal-

---

1. Cf. Bergson, *L'Évolution créatrice*, chap. II.
2. Marc-Aurèle, IV, 26, 5.

vateur dans lequel se cristallise le vieil espoir de conciliation du salut et du bonheur.

Tout commencement réclame un sujet : les masses ne peuvent entreprendre qu'en ôtant à la personnalité des individus ou des groupes qui les composent, une part de leur responsabilité, risquant ainsi de les transformer en suiveurs ou en contrôleurs. Leur volonté d'action engluée les isole en les rattachant, les paralyse en mouvant l'ensemble — tout commencement reste personnel ; chacun doit, en ce qui le concerne, sauter le pas du commencement qui fait passer du rien à l'être, du notionnel à l'effectif : l'improvisation montre par l'exemple, que le possible, plus large que le réel, ne demande qu'à se réaliser — en s'improvisant. Un déclic, une initiative suffisent, et tout en dépend. Ainsi l'improvisation déjoue les machinations qui cherchent à secondariser l'action en la soumettant à des conditions de temps qui la reculent à l'infini, aux méthodologies qui la brident ou la désamorcent, ou aux orthodoxies qui neutralisent son originalité.

—L'improvisation suppose enfin la liberté de commencer et pas seulement de continuer l'univoque et cyclique répétition du Même : d'abord le pouvoir d'échapper à la sujétion d'une prévision décidant par avance du possible et de l'impossible ; ensuite le pouvoir dont dépend déjà l'ordre des choses, comme l'a montré Lequier, d'allumer l'étincelle échappant à toute prévision.

On ne peut résoudre en démonstration la liberté éprouvée à travers l'improvisation jaillissant en son régime de spontanéité : le cœur de l'improvisation est la liberté, comme la plus authentique liberté, celle de l'acte improvisé. Sans liberté, l'improvisation se dégrade en rumination d'un passé qui ne veut pas passer ; sans improvisation la liberté se limite à la décision rationnelle. Pour mériter ces instants de grâce, ne s'agit-il pas de consentir parfois à oublier les sécurités de la science pour considérer l'homme comme capable de commencements, comme auteur de ces inaugurations qui échappent à nos prévisions et inquiètent nos certitudes? En effet, nous répugnons aux commencements — Descartes luimême y souffrit — comme heurtant la raison : comment ce qui n'était pas commence-t-il, puis un jour, ce qui a été cesse-t-il d'être? Seule la liberté permet d'inaugurer à partir de nos déterminations même — l'ironie étant que dépourvus de toute détermination, les critiques de la liberté n'auraient pas plus d'existence que des fantômes, et sous le régime du déterminisme qu'ils embrassent, pas même la liberté de leurs critiques!

A la fois dans le temps et hors du temps, notre liberté s'y situe et le transcende aux instants irrationnels du commencement, du sacrifice ou du don. La liberté du commencement c'est le commencement de la liberté.

L'improvisation tente de retrouver le temps que l'existence répétitive et dépersonnalisée nous ôte ou qui se raréfie en accélérant son rythme. L'inquiétude horaire est un souci de sédentaire qui accompagne la fixité de l'installation, le retour régulier des besognes, rythmé par les rationalisations et les ramifications de l'emploi du temps. Cette attitude comptable qui considère le temps comme rare, crée déjà la rareté ; l'aménagement du temps correspond à la mentalité mercantile qui raréfie le temps comme l'espace en le substantifiant — on « a » le temps, on « gaspille » le temps, on « prend » du temps, on « fait » son temps avant de disparaître, comme pour mieux indiquer que cette portion égale notre laps d'existence ; ce sont ceux qui croient le plus que le temps les tuera, qui se gaspillent à tuer le temps dans les divertissements — comment oseraient-ils l'improviser, c'est-à-dire entreprendre de le consacrer?

En fait, le rythme temporel est le nôtre ; il n'y a qu'une existence à vivre, chaque jour est le seul, toujours à improviser au lieu d'abandonner à la répétition ce qui peut faire advenir la nouveauté d'un temps qui, de toute façon, dépend encore de nous. Cela suppose d'accueillir le relief temporel pour lui-même, que chaque moment, grave ou léger, garde son irréductible qualité au lieu de se perdre dans l'indifférenciation d'une existence que nous n'aurions pas vu passer. L'improvisation permet de vivre la qualité de ce temps éphémère. Accueillir le temps c'est s'accueillir soi-même, accepter — sans complaisance — ses limites. Sans doute faut-il un attachement à ce qui est hors du temps pour prendre le temps au sérieux — ainsi dans la contemplation esthétique ou mystique, dans l'amour — seule l'espérance en un dépassement du temps permet d'oser risquer le temps, son temps, en improvisant ; peut-être l'espérance en l'immortalité permet-elle de mieux vivre la limitation temporelle, non de la supporter mais d'improviser ses voies.

IX. - Réparation de la séparation : de l'extemporanéité à la contemporanéité.

> « Quand, aux jours où la terre entr'ouvrait sa corolle,
> Le premier homme dit la première parole,
> Le mot, né de sa lèvre que tout entendit,
> Rencontra, dans les cieux, la lumière et lui dit :
> « Ma sœur, envole-toi, plane, sois éternelle »
>
> Victor Hugo, *Les Contemplations.*

Les anglo-saxons disent : *extemporaneous*, *extempore*, pour désigner ce qui est impromptu, sans préparation, qui d'autre part, correspond souvent à une abondance mystérieuse dont l'agent ne contrôle ni le début ni la provenance, enfin ce qui, achevé du premier coup, est d'un autre ordre que le travail compositionnel, comme la génération spontanée d'Athéna, sortie tout armée du cerveau de Jupiter ou la naissance de Vénus.

L'extemporanéité trouve son achèvement dans la contemporanéité qu'elle conditionne — parce qu'il faut sortir de soi pour atteindre l'Être ou trouver un rythme commun avec l'autre. Rencontre de séries indépendantes, la contemporanéité signifie la communauté des actions ; la simultanéité entre la conception et l'acte commande les improvisations humaines. La réparation de la séparation conduit vers l'être qui justifie le dynamisme de l'improvisation et l'acte auto-créateur qui répare les coupures, les manques et les échecs. Si cette réparation donne sens à l'improvisation, réciproquement il n'y a pas d'acte plus réparateur car plus personnel que l'improvisation.

a/ La visitation.

— Par quel prodige sommes-nous capables de cette action instantanée, efficace et brillante? Il ne s'agit ni de formules ni de mémoire du passé — « le vieillard perd la mémoire... mais le vieillard a l'inspiration divine », dit Kierkegaard [1] — or l'improvisateur trouve à dire quelque chose qu'il n'avait pas prévu, inspiré par son enthousiasme comme le poète, le prophète et l'amant selon les anciens grecs, pourvu que le dieu s'en charge — « ceux qu'un dieu possède, il leur souffle les paroles hors de la bouche » [2]. L'improvisation fulgurante ouvre à chaque instant le suivant et anime l'être entier qui pourrait dire comme Job :

Car je suis plein de mots,
Le souffle est en moi qui m'oppresse,
C'est un vin nouveau qui veut fuir,
Et faire craquer les outres neuves.
Ah! parler me soulagerait,
Mes lèvres vont s'entr'ouvrir! [3]

ou Nietzsche en termes identiques : « mes lèvres déborderont de tout ce que je sais » porté par *l'ivresse sobre*, νηφάλιος μέθη, selon Philon [4].

Cependant l'inspiration ne se dépose pas automatiquement sur celui dont la disponibilité appelle la grâce ; elle survient au cours de la création comme fruit d'un travail — ce n'est un paradoxe qu'aux yeux des

1. *Étapes sur le chemin de la vie*, p. 17.
2. Platon, *Ion* 533, 534d, 536 ; *Phèdre* 244d.
3. *Livre de Job*, 32, 18.
4. Nietzsche, *La volonté de puissance*, II, 549. Philon, *De ebrietate*, 145 s.q.

tenants de l'idéologie romantique selon laquelle l'inspiration se déposerait en de rares être géniaux, avatar de l'idéologie de la prédestination divine, artistique ou sociale. Travail et don ne sont pas des contradictoires mais des complémentaires qui se développent mutuellement : le travail suscitant l'inspiration qui permet d'improviser au bout d'un processus d'élaboration technique et de préparation psychologique, comme le montre l'expérience de l'engendrement des pensées à partir de leur formulation — l'inspiration étant comme la sacralisation d'un processus de mémorisation inconsciente sur la synthèse culturelle personnalisée. L'acquis culturel s'est intégré à la personnalité qui l'a assimilé ; par l'imbrication des acquis synthétisés, cette assimilation ne laisse plus le souvenir de chaque acquisition datée, avec son relief et son caractère propre, dont la personnalité a oublié l'événement. Cette amnésie permet d'interpréter la tentative réussie comme due à une inspiration spéciale et actuelle ; comme venant de l'extérieur ce qui vient de sa richesse ontique — riche dans sa docte ignorance de ce qu'elle a oublié — *l'être est plus sans avoir plus*. Il ne s'agit plus du sujet cartésien, héros du choix rationnel, à la conscience coextensive à tout le psychisme, ni du patient d'une combinatoire réduisant l'inspiration à l'agencement rationnel ou empirique d'éléments préexistants. Incapable de rendre compte de l'improvisation comme *praxis* immédiate, cette théorie réduit le sujet à sa fonction pensante et à la priorité de l'activité théorétique.

Picasso disant : « je ne cherche pas, je trouve », faisant écho à Nietzsche : « on entend, on ne cherche pas », décrit l'éclosion de l'inspiration improvisatrice au cours de l'action et par l'action même : « tel un éclair, la pensée jaillit soudain avec une nécessité absolue, sans hésitation ni recherche »[1].

On n'est pas inspiré sans faire, comme toute inspiration est inspiration à faire — on est poète ou créateur par ses actes, comme on est moral par ses œuvres. La primauté apparente de la *praxis* traduit la simultanéité effective de l'action et de la pensée dans l'improvisation. Ainsi le véritable inspiré improvise, agit simultanément à son inspiration ; celle-ci s'explique et s'exprime par l'improvisation, qui l'accomplit et sans laquelle elle resterait dépourvue de sens : pieuse intention, impression évanescente pour la valorisation romantique d'un moi aboulique. On a l'inspiration de sa technique et l'aptitude improvisatrice de son savoir-faire

1. *Ecce Homo*, p. 119, 120, et *La Volonté de Puissance*, II, 119. Le poème du Kalevala nous transmet des échos plus significatifs encore : « voici qu'un désir me saisit, dans mon esprit naît une pensée, je veux commencer à chanter, je veux moduler les mots : les mots fondent dans ma bouche, les paroles s'en échappent, s'envolent de ma langue, s'écoulent d'entre mes dents », Chant I, vers 1-10.

— l'improvisateur s'inspire de ce qu'il fait et trouve en faisant, ce qu'il trouve relançant son acte de même que cet acte le fait encore trouver, à la jonction de l'extemporanéité (puisque c'est hors du temps qu'il trouve) et de la contemporanéité (puisque l'action et l'inspiration se relancent l'une l'autre).

— La *praxis* improvisatrice éprouve la réalité de l'être dont la quête impétueuse traduit le dynamisme par lequel nous anime la transcendance au sein de l'immanence. La souveraineté de notre libre arbitre dont l'acte engage l'avenir, suspend le destin à chacun de nos mouvements. Tout est encore possible et ne va plus l'être dès que j'aurai parlé, décidé, joué, c'est-à-dire spécifié l'avenir en réalisant un possible ; nous sommes infiniment responsables de ce que nous commençons, de ce que nous inaugurons.

Ni vérité première ni terme d'une expérience jamais totale, ce que nous rencontrons dans des moments de grâce, éclaire la platitude désertique par une ouverture de l'être qui ne se révèle qu'à grande vitesse et si on y est tout entier lancé. Cette dilatation de l'expérience porte à une autre qualité d'être où nous nous sentons dire et faire ce que nous voudrions toujours pouvoir et que nous rêvons d'être — retombés dans la banalité de l'intervalle, nous éprouvons la nostalgie de ces moments de grâce tandis que nous coïncidons le mieux avec nous-même quand nous allons au-delà de nous-même. L'improvisation permet cette recherche d'un absolu que nous ne pouvons atteindre par concepts mais qu'il nous est donné d'expérimenter par instants — qu'on se souvienne des mots griffonnés par Pascal le 23 novembre 1654 dans son *Mémorial*[1] au cours d'une expérience proche de celles dont témoignent les mystiques à l'épreuve de la divinité.

Au sein de la réparation de la séparation, ce mouvement vers l'unité prend le sens d'une purification de l'être déchu vers une pureté conquise ; le sens d'une mutation : il cherche à retrouver l'Être par la conversion, la transformation intérieure. Plotin situait l'extase, expérience suprême de l'union avec l'Un, au sommet de l'ascension spirituelle, après une sortie de la vie sensible vers la contemplation de l'ineffable[2]. Cette sortie du sensible se double d'une sortie de l'âme hors d'elle-même : l'épectase (ἐπέκτασις) c'est-à-dire tension — « oubliant ce qui est derrière moi et tendu vers ce qui est en avant », comme dit saint Paul[3]. Une telle con-

---

1. « Depuis environ dix heures et demi du soir jusques environ minuit et demi » et « qu'il gardait très soigneusement pour conserver le souvenir d'une chose qu'il voulait avoir toujours présente à ses yeux et à son esprit » ; note du P. Guerrier, 1732.

2. Cf. *Enn. V*, 3.

3. *Philippiens*, III, 13.

ception de la vie spirituelle comme ascension selon des paliers (κλῖμαξ signifie échelle) et de l'âme en quête de sa source, justifie celle de l'improvisation comme *praxis* spontanée à l'exigence infinie et entraîne une morale du dépassement, ou comme disait Grégoire de Nysse : « trouver Dieu consiste à le chercher sans cesse. En effet, chercher n'est pas une chose et trouver une autre, mais le gain de la recherche, c'est la recherche même » ; ou encore : « le désir de l'âme est comblé par cela même qu'il demeure instable »[1].

Ici l'échange est inégal, la réciprocité imparfaite — on le voit dans la classification des types d'amour établie par Descartes[2] — et l'improvisation unilatérale. La contemporanéité n'est pas la tangence de l'homme avec ce qu'il voudrait être mais avec l'Être. On ne séjourne pas à sa source ni dans le feu du soleil : on s'y abreuve puis on redescend. Cette tangence est indescriptible puisqu'instantanée.

La conaturalité avec l'Acte qui le crée, c'est-à-dire avec l'essence métempirique de l'Être, ne se trouve que dans les limites ponctuelles de cette tangence où désappropriés de nous-mêmes, pleinement nous-mêmes sans essayer de l'être, nous coïncidons — un instant — avec l'Être. Pas d'habitude car pas de permanence à demeure pour l'homme en l'Être mais le mouvement par lequel l'homme entrevoit l'Être dans l'intuition qui coïncide instantanément avec lui — mouvement de l'homme habité par l'Être. En effet, l'Être est le Tout-Autre, dont l'essence est l'existence ; l'essence infinie de l'Être fait l'éternité de son existence, c'est-à-dire de son Acte, et l'infinité de ses attributs : la modalité de l'exister de l'Être est l'Acte. Au contraire, l'essence humaine se construit dans le temps à partir d'une existence limitée. L'essence de l'homme se fait par son existence ; elle ne lui préexiste pas totalement et ne se réduit pas à son déroulement. La contemporanéité, dès lors, reste celle, discontinue et gratuite, de l'instant. C'est pourquoi le commencement prend tout son sens dans l'improvisation : comment commencer puisqu'un donné préexiste toujours à mon action et qu'il me faut m'en détacher? Ni aides ni recettes, les tergiversations retardent, les conseils embrouillent : il faut commencer par soi-même, c'est-à-dire se lancer à l'action, d'un coup et tout entier. De même pour finir : on passe toujours seul ce qu'on ne passe jamais qu'une fois, commencement ou fin, et cela s'improvise toujours.

Ainsi l'improvisation cache-t-elle les tentatives perpétrées par l'homme pour atteindre la contemporanéité où règne l'absolu, la source désaltérante ou le feu qui orientent à travers les illusions des ombres et les

---

1. XLIV. 720c.
2. *Lettre à Chanut*, 1er Février 1647.

rationalisations des techniques, l'aspiration à dépasser l'empirique où il vit en attente. Mais cette contemporanéité reste inexprimable adéquatement ; c'est pourquoi nous parlons tant, pour transmettre cet intransmissible qui ne pouvant s'atteindre que d'un instant, ne saura se dire en la sécheresse d'un langage privé de métaphores. Seule, en effet, la métaphore parle de l'Être, langage de la ressemblance, créateur et immédiat, qui ne s'évade pas dans la comparaison ou la réduction : comme le montre Paul Ricœur, bien métaphoriser c'est voir, et voir le semblable — ainsi le discours métaphorique, phénomène « génétique », remplit-il une fonction ontologique [1]. Or l'improvisation métaphorise, nous l'avons vu pour la parole et l'ornementation musicale — on peut en dire, comme du discours métaphorique : « ce qu'il crée, il le découvre, et ce qu'il trouve, il l'invente », selon l'expression de P. Ricœur [2].

Ce mouvement de réparation suppose une Foi dont les expressions improvisées relèvent de l'expérience mystique — les premiers chrétiens improvisaient leurs prières et la liturgie fut d'abord l'expression de l'action spontanée de ceux qui y participaient — puis des manifestations des dons de l'Esprit à la Pentecôte et dans les événements rapportés par les *Actes* des Apôtres. Remis en honneur dans des mouvements de prière, chez les Pentecôtistes, ces dons (essentiellement don de langues et de prophétie) se manifestent par les improvisations à l'occasion de prières communes — on dirait presque : « ça prie », et rejoignant la phrase de Paul, chacun pourrait dire : « ce n'est plus moi qui vis, c'est l'Esprit qui vit en moi ». Ainsi la glossolalie est-elle une prière de louange où le croyant, enthousiasmé, prononce des paroles incompréhensibles à la plupart des autres sauf à ceux qui sont très proches spirituellement de celui qui parle ainsi à Dieu ; cette forme de langage expressif n'est pas tournée vers la communication — « celui qui parle en langues ne parle pas aux hommes mais à Dieu, nul ne le comprend » [3]. Sa xénoglossie la définit comme le don de parler en une langue non apprise, non identifiable à l'utilisation d'une langue instituée [4], parler élémentaire que facilite la disparition de certaines inhibitions. Elle implique, en effet, une confiance à l'égard du groupe et de son leader, un sentiment de bien-être et une détente du moi qui relâche le contrôle de sa parole ; cette improvisation de la parole et la libération de l'affectivité qui l'accompagne s'opèrent chez des sujets qui en auraient été incapables dans un contexte formalisé.

1. Paul Ricœur, *La métaphore vive*, p. 33, 37, 61, 652.
2. *Ibid.*, p. 301.
3. I *Co*, 14, 2-4.
4. Cf. André Godin, « Moi perdu ou moi retrouvé dans l'expérience charismatique : perplexité des psychologues », et sa bibliographie ; Ronéo pour *Archives de Sociologie des Religions.*

Le groupe charismatique, caractérisé par la simplicité, la spontanéité, l'accueil de la nouveauté de paroles exprimant une foi vécue, provoque le désir de s'y associer en y associant l'ensemble. L'improvisation enrichit la vie du groupe par l'expression spontanée de la conviction de chacun, d'autant plus que l'approbation qui l'accueille ne s'arrête pas à la participation de son contenu mais le tourne en témoignage supplémentaire de la louange adressée à Dieu par le groupe qui y confirme sa solidarité. Ainsi l'improvisation exprime-t-elle la satisfaction du désir d'union aux autres et d'approbation dans la même louange. Cependant la glossolalie n'est pas réservée à l'expression de la foi religieuse sous la forme de louanges en groupe, et certains sujets la pratiquent dans des activités fort prosaïques, comme activité seconde.

Les institutions cherchent à réguler l'activité spirituelle des mystiques comme l'orthodoxie rationalisatrice, qui la range dans ses cadres, en fournit une explication-modèle et décide des méthodes d'interprétation, désignant ce que l'Histoire transmettra, établissant ainsi les cheminements d'un monde quadrillé par l'organisation dont elle forme les spécialistes de ce dédale. En effet, tout mysticisme n'est pas de bon aloi ; il convient de discriminer le nocturne (démoniaque et possession) du diurne (divin et extase), un pathologique et un normal, le ravissement et ce qui trahit une « faiblesse de constitution », selon l'expression de sainte Thérèse, les transes rituelles, stéréotypées et les transes spontanées, « sauvages »[1], les unes permettant de créer, les autres conduisant à l'hystérie.

Les institutions se défient toujours d'abord des mouvements spontanés qui échappent aux ritualisations reconnues et intégrées. A l'inverse, elles meurent quand s'exténue la tradition — « si on ne veut plus répéter les gestes des dieux, on ne répètera que les traumatismes de son enfance »[2]. Comme dans les mouvements protestataires, nous l'avons déjà observé pour les mouvements révolutionnaires, les flambées de mysticisme correspondent historiquement aux crises, aux mutations d'un ordre et d'une vision du monde où des réactions protestataires se lient à la recherche d'un Ailleurs, le politique au spirituel.

---

1. Roger Bastide a différencié le défoulement de la transe occidentale (révolte contre la société) et le conditionnement de la transe africaine (contrôle social) ; *Le rêve, la transe et la folie*, p. 96.

2. R. Bastide relate (*op. cit.* p. 95 et cf Henri Desroche, *Sociologie de l'espérance*, p. 110, 111) comment, au cours de certaines fêtes marquant la clôture de l'initiation, « la nouvelle fille de Saint qui a oublié sa personnalité antérieure, va réapprendre les gestes de la vie quotidienne ». Bastide ajoute : « une grande marge d'improvisation est laissée à cette fille», et il fait remarquer que « l'invention nécessite un minimum de lucidité intellectuelle et un moi structuré ». Cette improvisation se situe en effet dans le cadre d'une cérémonie organisée qui lui fournit un canevas et suppose la lucidité suffisante pour conduire son comportement.

Ces expériences particulières se répètent-elles? Il ne s'agit ici ni de l'essai de mise au point (comme au théâtre ou dans un spectacle à préparer) ni de la réitération de la première fois (on refait ce qui a déjà été fait et comme cela a été fait), du fait du devenir en général et plus particulièrement de l'imprévisibilité de l'improvisation : toute expérience de ce type commence un temps nouveau, mais tout commencement est à revivre dans l'intervalle.

Ainsi il n'y a de répétition que dans le domaine de l'inconscient — individuel ou social, mais la répétition inconsciente des fantasmes et des désirs infantiles rend incapable d'improviser dans des situations neuves [1] — F. Alquié a montré le désir d'éternité sous-jacent à ce refus du passé en tant que tel ; la répétition trahit l'échec dans l'affrontement de la nouveauté, par faiblesse d'intégration. L'expérience pourrait se reproduire dès lors que seraient retrouvées les conditions favorables. Or, dans l'ordre métaphysique comme dans l'ordre humain, le déterminisme est en défaut : l'événement échappe à la provocation, à la répétition, à l'observation — toute improvisation est exceptionnelle, tout événement n'arrive qu'une fois car le temps dans lequel il se produit est toujours autre : la répétition ne ramène jamais exactement l'antérieur, elle est elle-même une étape du devenir irréversible. Enfin les événements nous trouvent nous-mêmes différents, leur avènement n'est jamais identique par rapport au contexte dans lequel ils surgissent et par rapport au sujet qui les vit ou les reçoit. Ainsi l'événement est-il irrépétable : si on le provoque, ce n'est pas le même, du seul fait de la provocation ; même, toute répétition est première puisque c'est la première fois qu'elle se répète. Il y a encore de l'improvisation au cours de la répétition et de la répétition au sein de l'improvisation (musique et théâtre sont variations et répétitions) ; la nouveauté, d'ailleurs, ne procure le plaisir que par équilibre entre ce que l'on connaît, où l'on peut se reposer, et les événements nouveaux.

a/ Contemporanéité avec l'autre.

L'improvisateur est contemporain des rythmes naturels et d'abord de ceux qui l'habitent et le meuvent, comme lui-même son corps. Le symbolisme du rossignol évoque pour André Suarès le chant improvisé qui rejoint la nature car il en vient — « l'être qui chante se répand sur la nature. Voilà le chant à l'origine » [2]. Comme dit Arthur Koestler [3]

1. comme l'a montré Freud dans une intéressante analyse de la répétition compulsive (*Essais de psychanalyse*).
2. « L'homme qui improvise », *Musiciens*, p. 219, 220.
3. *Le cri d'Archimède*, p. 40.

au sujet d'émotions qui nous envahissent, « le moi se sent faire partie d'un tout plus vaste, d'une unité supérieure — que ce soit la nature, Dieu, l'humanité, l'ordre universel ou l'*anima mundi* » ; sentiment que nous éprouvons dans le cas-limite de la perception pure analysée par Bergson où « notre perception étant dans les choses, les choses participent de la nature de notre perception »[1]. Cette contemporanéité de l'improvisation avec la nature s'avouait déjà dans le désir des présocratiques de retrouver le chant cosmique, dans la recherche de l'unité chantée par Empédocle. Ou encore, par référence à des thèmes archaïques, le monde non manifesté nous enveloppe, englobant dont le monde manifesté est l'émanation. De ce Cosmos ou de ce fleuve primordial émane la musique du cœur du monde, où se dévoile la réalité première que nous devons reconnaître et qu'il nous faut apprendre à écouter ; ce qui n'est pas manifesté, force encore anarchique, ne se révèle qu'à une vue purifiée. Alors les cultures font appel à des moyens non rationnels pour tenter de joindre cet englobant qui commande le manifesté.

Cette coïncidence ne satisfait jamais autant que lorsqu'elle s'opère avec l'autre dans la réciprocité par la parole déliée ou par le regard : la simultanéité de l'heureuse rencontre. Ainsi de la démarche simultanée de personnes aux rythmes accordés : celle de deux musiciens qui commencent et s'arrêtent ensemble sans se consulter[2], la réponse à la question impromptue ou encore le contact avec le Maître initiateur comme Alcibiade recherchant Socrate au cours du *Banquet*.

Cette simultanéité récompense une longue connaissance des rythmes et des goûts de l'autre, acquise comme la vie commune des troupes de théâtre, par une familiarité permettant l'accord tacite qui en est source. La contemporanéité avec l'autre suppose une aptitude à l'empathie : l'acteur qui s'est identifié à son personnage, à tel animal, à tel objet ou à telle personne devient capable, sans aucune préparation, d'en projeter sa nature hors de lui. Certains rituels de possession, conquête d'états seconds, conduisent à une identification qui est une méthode de connaissance, l'improvisateur conservant une rémanence de l'objet auquel il s'est assimilé et qu'il connaît davantage ainsi.

Que faisait déjà le chasseur primitif, lorsqu'avant de se mesurer à un animal plus fort que lui, il devait découvrir des méthodes pour l'abattre d'un seul coup, car son arme n'était pas susceptible de servir deux fois ? Il fallait que la perception du geste et l'identification à l'animal fussent si parfaites qu'elles lui permissent de comprendre et comme de sentir

1. *Matière et Mémoire*, chap. I.
2. Spinoza a relevé cette communication silencieuse dans sa *Lettre* 17 à Balling.

où se situait la vulnérabilité de l'animal, car le chasseur ne pouvait pas le manquer.

L'exemple classique mais mal connu du jazz, illustre encore cette contemporanéité avec l'autre. L'improvisation joue un rôle essentiel dans le jazz comme elle en a joué un dans le flamenco — musiques de proscrits. Au travers de la récupération par la culture blanche Nord-américaine, l'improvisation de jazz a reconquis sa pureté dans le *Free-jazz* où le musicien joue des sons inouïs. Dans les années 1920, le jazz annexé par la commercialisation, l'interprétation tendait à remplacer l'improvisation : celle-ci gardait le sens d'un geste révolutionnaire, échappant aux normes du système blanc où elle dévoilait l'aliénation des noirs — le *blues* est bien un chant primitif de protestation ou d'expression de l'intimité. L'improvisation de jazz utilise les mêmes méthodes que celles de la musique primitive ou orientale : les voix individuelles, parfois interrompues par des libres cadences, sont embellies et variées par les instruments à vent ou à cordes ; l'instrumentiste ajoutant des voix d'accompagnement ou une mélodie. Mais la conception de l'improvisation dans le jazz a évolué : la liberté diffère de celle qui règne dans le contrepoint classique où elle dérivait de la possession des règles : ici elle les précède.

Au début du siècle, l'improvisation dans le jazz se présente sous deux formes : le chœur et le *blues* individuel, mais il s'agit toujours d'un arrangement sans partition sur un thème connu. Au cours des improvisations en groupe, les thèmes lancés sont utilisés pour provoquer la tension ; ils conduisent à une improvisation collective où tous les musiciens peuvent improviser autour du meneur de jeu. L'œuvre prend une forme libre qui dépend du type d'interaction se produisant entre les personnalités des instrumentistes et sa structure momentanée, du réseau de ces interactions, y compris des rapports d'affectivité entre les actants. Le *chorus* laisse à chaque instrumentiste l'entière liberté de colorer chaque détail harmonique, de dessiner ou de divaguer autour de la ligne mélodique du thème ; ce qui suppose l'aptitude à la simultanéité pour suivre en même temps chaque voie et l'ensemble, c'est-à-dire une oreille contrapunctique et une spontanéité disponible. Dans la deuxième forme, soliste, chaque musicien improvise en altérant le thème de façon expressive, selon son inspiration et dans la ligne du *blues*. Comme on l'a reproché à ce type de jazz, les artistes donnaient souvent dans un expressionnisme outré, voulant entraîner chez les autres l'éclosion des émotions en imposant les effets physiques correspondant à ceux qu'ils voulaient provoquer. Cette pratique tacite de la théorie des émotions de William James fait perdre la sincérité et l'authenticité des sentiments en même temps qu'elle contraint à en donner un équivalent physique à un moment qui n'est pas nécessairement ressenti par tous comme propice ; elle incite à la surenchère du jeu virtuose, coupé des sentiments que l'on veut pourtant susciter. Ainsi se dessine une décadence de l'improvisation en répétition de formules et d'effets, comme dans celle de la Commedia dell'Arte.

Cependant le domaine du jazz reste celui de la variation continue autour d'une note, d'un intervalle, liant deux fréquences par une continuité de fréquences intermédiaires, pour une durée indépendante de l'unité de temps avec laquelle elle reste incommensurable. Joint à l'absence de notation, ceci rend imprévisible la mélodie, non que la redondance n'y joue pas mais parce que le musicien conserve à tout moment l'infinité des possibles de variations. L'extemporanéité dans l'originalité soliste se conjugue avec la contemporanéité dans la musique collective, l'une appelant l'autre. Fondée sur une structure harmonique de base, l'improvisation retrouve les fondements sur lesquels s'appuyait sa forme ancienne. Les musiciens de jazz improvisent sur des accords comme le faisaient ceux qui ornementaient aux XVIe et XVIIe siècles : par exemple Coleman Hawkins jouant *Body and Soul*, retrouve l'ornementation ancienne ; les accords et la forme du *blues* ont la même fonction que celle qu'avaient autrefois la « basse continue » et le *cantus firmus*, de proposer la structure d'un canevas. Ainsi l'harmonie tient un rôle central comme principe guidant le jeu des instrumentistes selon une structure qu'elle commande. L'improvisation occupe une place importante ici comme dans toute musique où coïncident composition et exécution ; elle invente des chemins mélodiques selon des formes que l'on pourrait nommer *la paraphrase* c'est-à-dire l'ornementation et l'enjolivement de la ligne mélodique, ou encore *l'embellissement* pratiqué par tous les musiciens de la Nouvelle-Orléans et du jazz ancien. Dans la variation de la phrase-chorus, le musicien modifie les structures de la mélodie en inventant de nouvelles lignes à partir de l'harmonie proposée par le thème ; cette variation de la phrase-chorus peut inventer à l'infini en variant le canevas du thème [1]. Le même thème peut susciter des improvisations très différentes mais chaque improvisateur se constitue en jouant un style propre qui se stabilise en des morceaux bientôt fixés puis répétés de la même façon. Dans le jazz c'est le même musicien qui répète ce qu'il a autrefois inventé, car le style lui en est propre et le morceau n'aurait plus la même personnalité s'il était « exécuté » par un autre musicien, sauf s'il s'agit de citations limitées. Comme toute musique improvisée, le jazz tient de la personnalité de son actant, dont il émane, si bien qu'on ne peut, sans fausser l'authenticité de ce lien, faire exécuter à l'un la musique vécue par l'autre.

---

1. La phrase-chorus a la même longueur que le thème. Pour l'*impetus*, les rapports entre les musiciens, cf. *La rage de vivre*, de Milton Mezz Mezzrow.

L'originalité de l'improvisation de jazz par rapport à celle de la musique européenne, tient au caractère vécu de l'*impetus* qui meut la création musicale, c'est-à-dire à la spontanéité créatrice. L'accent qui portait il y a 30 ans sur l'expression des sentiments, est maintenant (dans les années 1970) passé du côté de l'impulsion et de l'action dont l'interaction entre le moi et le groupe suscite l'intervention des participants. L'émotion est secondarisée au profit d'un jeu et parfois d'une construction collective intégrant et utilisant l'indétermination dont elle fait la règle d'une mosaïque moins construite que jouée, comme un puzzle qui peut représenter diverses images selon les apports et les demandes — dans cette improvisation le musicien reste son propre compositeur. Certains orchestres de jazz improvisent simultanément à l'improvisation de danseurs qui suit et parfois précède la musique ; l'orchestre repart des gestes des danseurs et, s'appuyant sur eux, joue de plus belle en improvisant à partir de sa propre image ou de son propre effet, reflétés par les danseurs. On finit par ne plus savoir qui entraîne et crée l'autre, de la musique ou de la danse — Hugues Panassié disait que ce mouvement d'entraînement mutuel est d'autant plus aisé que le batteur est plus souple. La correspondance entre la musique et la danse vient du rythme qui introduit les danseurs à une réalité collective qui participe au sacré. Ainsi l'improvisation porte-t-elle à l'unité des participants entre eux et de chacun avec soi, comme Plotin l'avait vu pour les danseurs inspirés et comme on le sait des danses collectives entraînant à une tension paroxystique qui conduit hors du temps les participants emportés par le rythme unifiant. Quand les danses et la musique ont une signification sacrée, l'unité se fait entre les danseurs, les musiciens et les spectateurs qui soutiennent et orientent le rythme auquel ils participent, envoûtés. Ainsi se provoque cette ivresse du rythme inspirant les actions sacrées ou symboliques. Les musiciens qui s'enflamment à partir des gestes dansés dans des orchestres non accompagnés de danse, reprennent avec fougue le thème du joueur précédent pour l'exprimer à leur tour. On a l'impression qu'ils s'amusent eux-mêmes, chacun pour soi et amusent les autres membres de l'orchestre qui guettent, en connaisseurs, leur interprétation virtuose.

Cette simultanéité avec l'autre est aussi simultanéité avec soi : l'interprète est le créateur même, qu'il accompagne ou qu'il joue le thème comme le pianiste Lelan Smith jouant à deux mains et improvisant de la main gauche.

b/ Contemporanéité avec soi.

—L'improvisation est le mouvement par lequel l'être tend vers ce qu'il voudrait être pour devenir contemporain de ce personnage qu'il n'est pas encore tout-à-fait, par des essais, des tentatives où il hasarde gestes et paroles jusque là étrangers à lui, mais avec lequel il a quelques affinités — moments de grâce où il vient en tangence avec celui qu'il voudrait être. Dans l'histoire vécue de chacun, l'absence de conduite exemplaire lorsqu'on ne trouve aucun modèle à imiter, aucun mythe paternel auquel se référer, amène à improviser — c'est le tragique permanent de l'orphelin qui devra assumer lui-même le rôle dont l'absence du modèle a rendu impossible toute imitation ; il improvise en improvisant *a fortiori* ses modèles, comme on crée les valeurs en les incarnant. C'est vrai des régimes politiques qui ne s'alignent pas sur les modèles dominants, et généralement, de tous ceux qui ouvrent leur route. D'autres qui choisissent cette voie escarpée, se jettent en avant pour élargir l'avenir qu'ils refusent de borner *a priori* ou refusant la limitation à l'univocité, ne supportent pas d'être réduits à ce qu'il sont devenus. Naïveté d'adolescent reculant devant la spécification progressive de la forme? Plutôt refus de la limitation à l'actuel. Dans ce mouvement d'ajustement à la projection en avant d'une image venant de son passé, chacun cherche à vivre réunifié sans éprouver le schisme de l'affectif et de l'organique qui annonce les aberrations et les mauvaises fois gidiennes. Cette contemporanéité avec soi prend ainsi l'aspect de la réunion du passé et du futur projeté dans un présent tendu vers lui, par le désir réunifié au-delà de l'écartèlement des concurrences et des contradictions.

L'improvisation unifie l'homme avec lui-même et avec le métempirique ; elle fait coïncider, un instant, l'existence actuelle et l'essence se-faisant — ni essence venant à l'existence par maturation, déroulement ontologique de la conception sans l'existence fulgurante, ni existence sans contenu. L'unification est la condition de la spontanéité de l'acte, sinon l'élan se perd dans les fissures de la conscience : l'unification ne mutile pas mais rassemble et figure déjà la volonté. Descartes lui-même n'en disconvenait pas lorsqu'il écrivait au P. Mesland que « la liberté étant considérée dans les actions de la volonté au moment même où elles sont accomplies, elle consiste seulement dans la facilité qu'on a d'opérer ; et alors librement, spontanément et volontairement sont une seule et même chose »[1]. C'est pourquoi l'élan issu de l'être unifié entraîne la conscience ravie, ou selon Bergson : « la liberté consiste à être entièrement soi-même, à agir en conformité avec soi »[2]. L'improvisation qui suppose

1. *Lettre* du 9 Février 1645.
2. Discussion à la Société française de Philosophie, 1910, art. *Liberté*.

l'élan de l'être unifié, entraîne à son tour cette unification dans la mesure où, impliquant la pauvreté désencombrée, elle exige la présence de l'être dans l'instant ; elle l'oblige à se reprendre, à « se ressaisir tout entier, à rassembler de lui ce que l'existence sépare en miettes, elle exige l'unité de l'être aux conduites éparpillées dans la multiplicité et l'inachèvement » — ainsi Gabriel Marcel exprime-t-il comme l'improvisation fut pour lui « plus qu'un refuge : un mode incomparable de ressaisissement intérieur ». Il note aussi dans ces brèves pages de confidences, comment l'improvisation fit pour lui « office de recueillement ». Le philosophe dit : « remembrement » pour désigner « tout ce qui au cours de notre vie a été gaspillé, éparpillé, à s'en tenir aux apparences, à jamais perdu »[1] ; évoquant le revenir du souvenir qu'appelle Henri Miller : « *remember to remember* », il relève cette « jonction » de soi-même qu'opère l'improvisation.

Une durée commune rythme le geste et l'âme : la spontanéité que nous percevons chez autrui par un regard, un geste, une parole, vient de cette simultanéité entre le rythme de l'âme et celui du corps qui le manifeste, non comme « expression » de quelque intérieur mais comme l'autre côté de la même réalité — Gisèle Brelet note comme dans l'improvisation, « le temps est réconcilié avec l'âme, et le geste traduit la forme qui les joint »[2].

Cette unification par réunion du séparé est le but vers lequel tend l'extemporanéité — celui de tout devenir humain sous l'aspect de sa vocation ; la contemporanéité sans cesse recherchée et toujours promise à l'asymptote — comme cette contemporanéité avec soi, effleurée par grâce dans un instant d'innocence : on a coïncidé avec son essence que déjà la surconscience dissipe. Le risque de l'improvisation refuse la capitulation qui renonce aux transmutations, le complexe de la chenille qui préfère perpétuer sa condition larvaire à courir l'aventure de la transmutation, le consentement trop complaisant à la nécessité et le renoncement devant les exigences de la liberté. Cette atrophie qui atteint la genèse de la personnalité révèle une asthénie ontologique par tarissement du mouvement que nous avons sans cesse pour aller plus loin, selon l'expression de Malebranche ; le consentement prématuré à la fixation dans sa nostalgie de l'équilibre antérieur, trahit un instinct de mort. L'hésitation devant le choix, la tiédeur devant le devenir dénotent plus qu'une sécheresse : l'indigence privée de désir ; choisir vraiment ce n'est pas délibérer — à la limite, il n'y a plus de différence entre vivre et choisir. Ce qui porte un sens éthique : si nous ne conduisons pas notre devenir et ne lui imposons pas notre rythme, le devenir, lui, nous emportera. Il faut faire

---

1. Gabriel Marcel, « Irruption de la mélodie », *Archivio di filosofia*, 1953, p. 76.
2. *L'interprétation créatrice*, T. 2, p. 463.

vite pour aller au rythme du temps et le devancer si possible, avoir su le précéder pour s'y abandonner en trouvant enfin une coïncidence avec lui, immobile à grands pas, selon l'expression de Valéry.

— L'unité de l'être résulte d'une unification, sa simplicité d'une purification ; comme la spontanéité, l'improvisation qu'elle sous-tend est conquise. Mais la conscience nuit à la spontanéité comme à la simplicité : il faut quelquefois ne pas savoir qu'on aime, selon l'expression pascalienne. La démarche même nous conduit ; Fénelon nous conseille seulement : « suivez votre chemin! » Il n'y a pas de meilleure façon de suivre son chemin que de le tracer, abandonnant sans regard en arrière sa trace en sillage pétrifiée. Cette simplicité inventive fait donner à l'élan plus qu'il ne s'y trouvait. Cela déroute notre accoutumance à la complication du mixte dont la richesse tient aux multiples interactions des déterminations, tout y est donné au départ, le devenir monnaye ce qui est déjà là. Ainsi en est-il des organisations qui proscrivent toute recherche, des systèmes qui ne peuvent se survivre qu'en reproduisant leur ordre. Au contraire, lorsque tout n'est pas de suite utilisable, l'application requiert une invention au lieu de prolonger seulement un commencement dont elle suivrait le déroulement. Il s'agit moins d'une cumulation, comme dans l'évolution linéaire des cultures, que d'une transformation, comme dans leur mutation — la simplicité de la création reste d'un autre ordre que la complexité de la fabrication.

La simplicité fait *l'innocence* parce qu'elle vient de la coïncidence avec soi-même, « le mal véritable », selon l'expression de Fénelon [1], étant le volontarisme qui encombre la spontanéité de ses prétentions oblitérant l'élan par ses décisions prématurées — pas d'improvisation dans un contexte où tout est décidé d'avance, chez celui que poursuivent les obsessions d'un passé qui ne passe pas ou celles d'un futur auquel il hypothèque son présent. L'innocence n'est pas naïve : ni méconnaissance ignorant son ignorance, ni ignorance relative ignorant jusqu'à quel point elle ignore, mais innocence conquise à travers la médiation des moyens termes et des méthodes qu'elle dépasse. Nous ne parvenons ni facilement ni définitivement à nous détacher de nous-même [2] et il y a toujours un abandon indiscerné où nous pouvons nous élever : l'abandon de la volonté de l'abandon même, cet au-delà du désir : « le cœur détaché ne désire rien et n'a rien non plus dont il aimerait être libéré » [3]. Le moteur

1. *Lettres*, 2, p. 405.

2. « Jamais encore personne ne s'est assez renoncé en cette vie qu'il ne puisse trouver à se renoncer davantage », selon Maître Eckart, *Instructions spirituelles*, 4.

3. Eckart, *Ibid.*, p. 43.

de cette désappropriation par la sublimation du désir, s'exprime par le consentement à la nouveauté de l'avenir, la sympathie avec le cosmos en ses rythmes et avec l'autre en son ipséité [1], aisance décrite par Bayer comme « intime absence de réticence » [2].

Cette innocence de la spontanéité conquise à partir d'une culture par laquelle on ne se laisse pas limiter, s'exprime dans l'absence d'intention réclamée par la conjonction de l'idée et de la naissance de la forme. Cela ne signifie pas que les grandes décisions se prennent d'elles-mêmes et que les grandes œuvres se produisent loin de tout travail, mais qu'à la gratuité de l'inspiration « qui ne peut pas elle-même être acquise par contrainte » [3] selon Romano Guardini, répond celle de la réussite : « ce jeu de circonstances favorables qui soumet la réalité à la main créatrice et rend possible l'accomplissement ». Cette innocence ose lancer des commencements incertains inaugurant une dynamique de hasard et de passion, car l'urgence prend la décision qui parfois engage l'existence — comme Fabrice à la bataille de Waterloo ou l'écrivain qui se lance à l'écriture. Peu importe le balbutiement initial et les premières recherches puisque la forme s'impose et les rachète ; cependant les premières décisions restent de la plus haute importance par le définitif qu'elles portent, du seul fait d'avoir été prises et par l'orientation de l'existence qu'elles entraînent dans le souvenir.

Cette ignorance du lendemain est la forme la plus radicale de la pauvreté de l'improvisateur dépourvu de provisions, dont le seul avoir consiste en ses ressources infinies, comme Eros ou Ulysse aux mille tours. L'improvisateur s'en remet à sa spontanéité et à son expérience, il ne s'encombre pas d'alourdissants bagages et ne prévoit pas maintenant ce qui risque d'être démenti plus tard ; détachement et légèreté permettent la mobilité de cet être exposé. Toute improvisation est ainsi toujours don en même temps que conquête. Le moment le plus insaisissable de l'improvisation reste sa fin, interruption du processus aussi imprévisible que son déroulement qualitatif ; elle surprend toujours, et d'abord l'improvisateur qui se rend subitement compte qu'il faut s'en tenir là, que le flot se tarisse, que s'y abandonner conduise trop loin ou lasse l'audi-

1. Le Zen prétend aussi conduire à cette innocence obtenue dans « l'acte de non effort », de « non dessein » ; cependant le Zen souffre d'une ambiguité du point de vue de l'origine de cet abandon, de ce « non effort » : il ne situe pas l'inspiration créatrice et l'inconscient et ne précise pas leurs rapports, si bien qu'on pourrait confondre l'action sans pensée comme spontanéité inspirée, avec une spontanéité automatique.

2. *Esthétique de la grâce*, p. 16.

3. Cf. Romano Guardini, *Liberté, grâce et destinée*, p. 99, 100.

teur ; tel celui de Socrate, son démon familier l'arrête. En fait l'improvisation se s'achève pas ; comme l'existence, elle s'interrompt.

—Cette contemporanéité avec soi qui s'exprime dans la simplicité et l'innocence, manifeste l'authenticité et *la conviction* de l'improvisateur. Celui-ci ne joue pas la comédie, ne se donne pas plus l'air d'éprouver ce qu'il ignore que de dire ce qu'il refuse : la simultanéité entre ce qu'il est et ce qu'il fait, fonde sa sincérité. L'improvisation, en effet, compromet : lorsqu'on improvise, dans la comédie ou l'existence sociale, on est nécessairement vrai, on se montre tel qu'on est effectivement — c'est la seule situation où l'on ne puisse tricher puisqu'on doit inventer sur le champ les mots et les attitudes convenables : l'être coïncide avec l'apparence, l'essence avec l'existence. L'esprit retors n'a plus le temps de reprendre ses techniques de protection, de constituer une pseudologie, d'euphémiser, de chercher des litotes, il n'a d'autre issue que l'évanouissement selon Sartre ou l'heureuse symbiose de l'âme et du corps, modèle de la congruence dont Carl Rogers fait la condition de la réussite d'une relation d'aide[1]. L'improvisateur n'est donc pas étranger à son acte, tel un biographe ou un nécrologue : il ignore la séparation entre le privé et le public, ce que l'on montre et ce que l'on cache. Sa simplicité inventive se donne en donnant, le paradoxe étant que l'improvisateur donne ce qu'il n'a pas, et que par ce don même il obtient.

La conviction se manifeste par l'*impetus* et la vitesse qui réduisent les délais, la spontanéité mobilisant ce que la mémoire a préalablement acquis. Ainsi l'improvisation, confidence et recherche en public, avoue-t-elle ce que l'on pense et traduit-elle ce que l'on est. Cet aveu et cette exposition frisent parfois l'impudeur et l'exhibitionnisme en s'enlisant dans le personnage de la vedette qui s'interpose entre l'artiste et son œuvre, le regard porté sur l'actant étant d'autant plus indécent qu'il vient de spectateurs qui compensent leur incapacité à créer par une boulimie de voyeurs. Si le compositeur travaille en secret sans avouer sa besogne et ce qu'elle lui coûte, l'improvisateur en train d'engendrer conçoit en même temps qu'il expose en public — exploit à l'image de la création divine. Pourtant n'est-ce pas dans un contexte où la plupart répètent, que le petit nombre de ceux qui créent sont considérés comme êtres extraordinaires qu'on regarde faire et que la pudeur se définit par rapport au résultat donné à voir? Qu'il n'y ait plus d'exhibitionnisme du côté de l'actant suppose que cessent le regard inquisiteur et la séparation entre ceux qui vivent leur spontanéité et ceux qui se consolent de leur impuissance par le spectacle de la spontanéité des premiers. Camouflant derrière les voiles de la pudeur le labeur de la création pour n'en

1. *Le développement de la personne.*

montrer que le résultat achevé, ils souffrent de n'avoir pas le sens de l'immédiateté et reprochent à l'improvisateur l'exhibitionnisme qui publie les secrets du cabinet, de l'oratoire ou du laboratoire — on ne montre pas les coulisses de l'être! Ce dogmatisme sous-entend qu'il est inconvenant de chercher en public car c'est avouer qu'on doit chercher pour trouver, tandis que le génie trouve sans chercher.

Cette réserve concernant l'exposition de l'improvisation ne doit pas laisser oublier l'exemple entraînant de son événement : celui qui cherche à trouver, suscite chez l'autre comment trouver ce qu'il cherche, l'improvisateur communiquant aux spectateurs la persuasion : il s'agit moins de la nature de l'argumentation et du choix des raisons que de la manière dont ces raisons sont présentées et vécues comme mobiles par celui qui en fait don. Sa pauvreté exhibe la contrepartie d'une force intérieure si puissante qu'il ose ainsi s'exposer sans appui au feu des critiques et des contradictions. Assurément, l'improvisateur vise l'efficacité, mais il montre et ne démontre pas de façon discursive. C'est pourquoi sa conviction provoque la persuasion du spectateur, comme l'exemple vivant, le précédant de son engagement, entraîne le mouvement naissant. Il est nécessaire d'être soi-même convaincu pour se lancer dans une aventure où l'on n'aura plus d'autre appui, comme le dit Faust : « jamais vous n'agirez sur celui des autres, si votre éloquence ne part pas du cœur même»[1]. Il ne suffit pas de donner l'apparence de la conviction — car la non-congruence inquiète ; les politiques improvisant leurs discours doivent être pénétrés du bien fondé de leur position, pour se rendre crédibles. Ainsi des gens de parole et plus largement, de ceux dont la fonction comporte la nécessité de vivre exposé au regard d'autrui : politique, religieux, enseignant. Déjà le fait même de dire convainc le locuteur dans la mesure où en exposant une idée il l'accepte davantage. Les vendeurs se convainquent eux-mêmes de la validité de leurs arguments qui les gouvernent d'autant plus qu'ils sont improvisés : il ne s'agit pas de répéter mais d'une argumentation qui se moule sur chaque cas d'espèce, c'est-à-dire sur chaque temps. La psychologie sociale montre comme les sujets qui donnent un discours improvisé sont plus influencés par son contenu que ceux qui font une lecture orale ou silencieuse ; reformulant leur communication dans leurs propres termes, ils y ajoutent spontanément des arguments, provoquant une auto-conviction qui entraîne chez le locuteur un changement d'opinion, voire une modification de comportement. Le postulat sous-jacent est que dire est croire, ou l'adéquation de la parole et de la foi — autre façon de confirmer que faire est être ou l'unification de la personne. Alors si le contact personnel avec des

1. *Faust*, 1ère Partie.

modes de pensée, si leur reprise verbale entraînent de tels changements dans la conviction et le comportement, l'improvisation s'annonce un ressort dont on n'a pas encore exploité le dynamisme.

—Les conventions du jeu théâtral dissoudraient-elles toute conviction ou réduiraient-elles à une illusion cet équivalent intellectuel de l'émotion? L'émotion est vraie lorsqu'elle est vécue et n'est vécue que lorsqu'elle est vraie, mais il faut la dominer pour en fournir un équivalent spectaculaire. Entre ce qui monte du cœur et ce qui descend du cerveau, le comédien est d'autant moins ému qu'il joue, surtout si l'art s'améliore avec l'âge, comme le pensait Nietzsche : « l'acteur n'éprouve pas le sentiment qu'il exprime, il serait perdu s'il l'éprouvait »[1]. Diderot qui souhaite la sensibilité de l'acteur avant le jeu, la proscrit pendant celui-ci[2] au nom de l'impossibilité psychique de faire deux choses à la fois et d'être sincère lorsque l'émotion coexiste avec un état mental de critique. Représenter une émotion suppose qu'on se détache de son pittoresque pour en donner le signe, par répétitions et techniques. Comme Stanislavski, Dullin insistait sur cette correspondance avec le monde extérieur d'où naît l'expression juste[3] : le premier temps de l'improvisation consiste à se laisser envahir par « la voix du monde » (« ce parfum que vous respirez, vous pensez à le donner à une amie... »), le résultat de cette réceptive concentration étant la naissance de « la voix de soi-même » dont la synthèse avec « la voix du monde » s'exprimera.

En réalité, il n'y a d'empêchement ni psychique ni physique à faire deux choses à la fois, comme Goethe composant dans le bruit ou Napoléon dictant plusieurs lettres simultanément, et comme les tests psychologiques (qui dénomment cette capacité : la « largeur du champ de conscience »)[4] le confirment. Certes l'extension est en proportion inverse de la profondeur, plus on est attentif à un objet, plus on fait abstraction des autres ; mais on ne peut nier cette capacité de la conscience sans compartimenter l'esprit, retomber dans l'atomisme psychologique et l'intellectualisme qui pour voir clairement, cloisonne les fonctions. Si on ne peut « se voir voyant », la simultanéité entre l'acte et son contrôle, l'être et le connaître, se résout en alternativité : chaque action inscrivant dans le temps une succession qui remédie à la concurrence de la simultanéité où chacune voudrait occuper la plénitude de l'instant et de l'être. Plus encore, les tangences de ces juxtapositions font cette simultanéité, comme lorsque nous vivons ce que nous disons et, nous entendant dire, nous

1. *La Volonté de puissance*, II, par. 443.
2. Cf. le *Paradoxe sur le Comédien.*
3. Charles Dullin, *Souvenirs et notes de travail d'un acteur*, p. 112.
4. Dans la caractérologie de Le Senne et Berger.

trouvons des raisons de poursuivre ou de justifier. Enfin la simultanéité entre l'acte et le contrôle ne s'étale pas dans un parallélisme mais l'instantanéité du contrôle est de l'ordre de la vérification dont l'habitude acquise a donné le rythme en libérant de son souci.

Ainsi lorsqu'avec Diderot nous distinguons le mouvement de création que l'émotion ébranle et l'exécution qui requiert sang-froid et possession de soi, que faisons-nous, sinon séparer les temps simultanés dans l'improvisation? Certes ce qui atteint à l'authenticité du don peut toujours s'enliser dans le ridicule en réalisant tout-à-coup la contingence de son acte, le merveilleux s'effriter dans le burlesque, la quête du spirituel dans la panique des organes ; ce danger de la surconscience qui déflore l'innocence, solidifie la spontanéité en motifs et dédouble l'univocité de l'être dans la duplicité du paraître, est conjuré par la simultanéité. En effet, l'improvisateur trouve en chemin ce dont il échoue à rendre compte en séparant par la pensée des fonctions réunies dans l'exercice, expérience privilégiée de l'union de l'âme et du corps dont Descartes constatait la réussite plus qu'il ne l'expliquait : la simultanéité possible comme union vécue effectivement, reste incompréhensible pour l'analyste qui décompose ce qui est vécu comme unité. Distinguons la surconscience par laquelle on se complaît à se regarder, gêne à l'action directe, et l'attention qui ne se porte à soi que pour mieux inter-agir avec autrui. L'attention veille à la façon dont nos actions sont reçues par autrui et observe ce que sa réceptivité libère en nous ; elle aboutit à une conduite unifiée et homogène — comme celle de l'homme politique qui, au cours d'une Conférence de presse, répond à des questions imprévues en tenant compte des réponses déjà fournies, de celles qu'il garde prêtes, de la façon dont sera perçue son attitude, de la ligne de son Parti, de ses projets, etc. Si l'acteur perd son contrôle ou sa concentration, son « jeu » ne sera plus vrai : les deux conditions étant simultanément nécessaires à sa vérité. Contrôle et engagement ne coïncident jamais autant que chez l'improvisateur : il n'a rien à imiter ou à restituer.

Dès lors l'improvisateur, tout entier dans son activité, peut ignorer le dilemme du *Paradoxe sur le comédien* : l'*impetus* dynamise son jugement en effermissant sa conviction, attestant que l'acteur est habité par une force spirituelle qui ne se réduit pas à des qualités d'interprétation. Cette vie intérieure conduit un mouvement d'approfondissement où Dullin voyait « le principe même de l'improvisation »[1]. Cette synthèse d'un sens et d'un élan, d'une forme et d'un dynamisme, intègre le jugement

---

1. « Je me suis efforcé de ne jamais laisser le sens critique et l'intelligence prendre le pas sur l'instinct », avouait Dullin, *Souvenirs et notes de travail d'un acteur*, p. 40, 82, 115.

dans l'expression. Le rôle du contrôle est alors de libérer des difficultés physiques et techniques qui entraveraient la spontanéité de l'acteur. L'improvisateur élargit sa manière d'être au monde aux circonstances où l'existence ne l'a pas (encore) placé en lui faisant prendre conscience de capacités qu'il n'osait pas s'avouer. Telle est sa manière d'être expérimentale. Ainsi, jouer le rôle d'une autre personne permet de donner sens à l'expression : « se mettre à sa place », de réaliser cette connaissance empathique qui nous est refusée d'ordinaire — technique de jeu de rôle utilisée dans le psychodrame morénien pour dénouer des conflits interpersonnels. Les qualités nécessaires au meilleur jeu sont les mêmes qui appellent la vie la plus pleine, comme l'observait Moreno. Ainsi l'improvisation développe-t-elle les qualités théâtrales parce qu'elle développe les qualités humaines : un bon acteur a d'abord une riche et large personnalité. Certes, l'improvisation théâtrale se maintient dans les conventions d'un spectacle, fussent-elles élargies, les actes n'adviennent qu'à l'intérieur de cette fiction dont la finalité est établie comme divertissement, mais réduire le théâtre à la bibliothèque, le jeu de la pièce à la lecture du texte, en dénature le sens : le théâtre est action, Hegel ne s'y est pas trompé[1], qui synthétise l'intellect, la sensibilité et les gestes.

Si dans l'art sur l'art, le comédien joue le texte d'un autre, dans l'art sur la vie il improvise lui-même, mais toujours l'unité du jeu vient de la tension des deux principes antagonistes : contrôle et spontanéité — si l'un cède, l'autre occupe toute la place et l'unité se désagrège. Si tant de jeux dramatiques restent si loin de la vie, c'est parce qu'incapables de vivre le jeu, certains ne font que jouer la vie ; or l'improvisation est toute la vie d'un jeu, chaque représentation l'occasion d'improviser et de vivre comme première fois ce qui doit être représenté — encore créée à ce moment, à tel point que le public ne parvient pas à différencier le jeu improvisé de celui qui ne l'est pas.

En ce sens, la quête du temps perdu illustre l'illusion nostalgique de ceux qui cherchent en arrière ce qu'ils ne trouveront qu'en avant : la décadence réduisant la force prospective du désir en force rétrospective tandis que le présent et l'avenir donnent la clé du passé. De même, l'illusion prospective d'accélérer l'avenir où se dissoudrait le passé : la mémoire individuelle et collective nous constitue et nous permet de projeter cet avenir qui nous accomplira en la réalisant.

— Cette problématique de la contemporanéité s'illustre dans la pratique théâtrale des principaux metteurs en scène contemporains dont l'orientation débouche sur l'existence sociale ou l'esthétique dramatique.

---

1. Hegel, *Esthétique* III, 2e partie.

• Stanislavski incitait l'acteur à vivre son rôle par des improvisations variées qui en faisaient un aboutissement. Dès 1923, il demandait de rechercher d'abord les émotions vraies ; ce n'est que lorsqu'il porta son attention sur la construction du personnage qu'il élabora la méthode des actions physiques. La conviction se combine avec la mémoire affective de l'être « physique autant que spirituel »[1] : le rôle ne sera bien joué que s'il est authentiquement vécu. Aidée par la mémoire affective, la conviction naît d'un retour à l'histoire personnelle — « nous commençons toujours par l'aspect intérieur du rôle et cherchons à créer sa vie spirituelle en nous servant de ce procédé interne qui consiste à vivre le rôle »[2]. On parvient ainsi à l'idée spontanée, à « l'élan sincère qui est comme la seconde nature de l'artiste » — la méthode propose un travail intérieur autant que les actions physiques qui tendent à éveiller cet état créateur.

Dans « l'art de représenter », l'acteur ne vit son rôle que pour en parfaire la forme extérieure, étape vers la démarche artistique. Les acteurs sont donc amenés à répéter sans éprouver les sentiments correspondants, les gestes et les expressions antérieurement trouvés ; ils s'appuient sur une technique sûre qu'ils préfèrent au sentiment — ils s'imitent eux-mêmes.

Au contraire dans « le théâtre de vie », chaque moment du jeu doit être vécu « aujourd'hui, maintenant, ici », l'acteur devant vivre son rôle chaque fois qu'il le (re)crée, avec l'émotion correspondant aux sentiments qu'il incarne devant le public. L'improvisation est l'activité fondamentale qui stimule le subconscient ou la mémoire affective pour accoutumer l'acteur à vivre sur scène. C'est pourquoi Stanislavski commençait toujours par faire éprouver aux acteurs l'aspect intérieur de leur rôle en leur apprenant à mobiliser leur mémoire affective et leur subconscient. Le conscient stimule, en effet, le subconscient et lance le déroulement de la chaîne conscient-inconscient-conscient — « c'est à travers des phénomènes conscients que nous atteignons le subconscient »[3]. Ainsi l'attention[4] favorise l'improvisation par la disponibilité qu'elle suppose tandis qu'elle sollicite la mémoire affective par le « Si magique », point de départ de la création : « que ferais-je si je me trouvais effectivement dans

1. *Ma vie dans l'art*, p. 208.

2. *La Formation de l'acteur*, p. 21, 180. « Votre façon de les interpréter (ces personnages) doit venir de votre façon de les vivre » — on ne triche pas en improvisation. « Ne vous permettez jamais de représenter extérieurement quoi que ce soit que vous n'ayez pas vous-mêmes éprouvé intérieurement et qui ne vous intéresse pas », *Ibid.*, p. 36.

3. *Ibid.*, p. 179.

4. Stanislavski distinguait l'attention d'origine émotive et l'attention d'origine intellectuelle, *ibid*, p. 96.

une pareille situation »? Comme le résume Stanislavski, « le *si* est un stimulant pour le subconscient créateur. En outre, il nous aide à nous soumettre à cet autre principe fondamental de notre art : éveiller notre subconscient grâce à une technique consciente »[1]. L'acteur s'exerce alors à un état créateur qui intègre la personne entière — lorsque vous sentez « à la fois la présence de votre personnage en vous et votre propre présence en votre personnage ». L'improvisation synthétise cette présence de la conscience et cette conscience de la présence. L'art stanislavskien du « revivre » confère ainsi à l'improvisation le rôle de mémoire métaphysique vers l'avenir comme vers le passé. Cet art de résurrection renvoie aux symboles universels où acteurs et spectateurs participent à la quête de l'humanité poursuivant les possibles de son ontogénie.

• Le travail à l'« Actors studio »[2] vise d'abord à lancer le processus de création. Il atteste cette unification opérée par l'improvisation entre l'impulsion et l'expression, l'effectivité mémorisante et la conviction, c'est-à-dire l'instable équilibre entre les deux abîmes du contrôle stérilisant et de la dilution hystérique, dans le but « d'encourager le processus privé de création », de réaliser l'acteur parfait « qui peut extraire de lui-même ce qu'il veut ou ce qu'on lui demande ». Cet acteur fait vivre de façon éphémère quelque chose qui n'a d'existence que la durée de son jeu, « l'art de l'acteur meurt tandis qu'il le crée ». La base du jeu théâtral, précise à son tour Lee Strasberg, est « l'illusion de la première fois »[3], consistant à donner l'impression que rien de semblable ne s'est fait auparavant ; même dans la répétition l'impulsion doit se renouveler. L'essentiel est de lancer ce processus de création, de trouver les moyens d'exciter l'imagination — « c'est la mémoire affective qui est la base du travail, qui permet de revivre en scène »[4]. Lee Strasberg insiste sur le rôle du contrôle conscient pendant le jeu : « rendre l'acteur conscient de ce qu'il fait au moment où il fait »[5] — dans la vie on ne peut-être conscient à chaque instant de tout ce qui arrive, par contre « le métier d'acteur est une profession où le fait d'agir et la conscience de ce fait doivent cheminer la main dans la main pendant le jeu » ou encore l'acteur « doit en être conscient tout en s'y laissant prendre »[6]. L'improvisation permet de libérer l'émotion que les impératifs de la vie sociale retiennent ; elle ne s'abstrait pas de ses implications sociales. Thérapeutique et moyen

1. *Ibid.*, p. 171.

2. Lee Strasberg dirige l'Actors studio (depuis 1956) à partir de l'influence de Stanislavski ; cf. *Le travail à l'Actors studio*, p. 48, 55, 202.

3. *Ibid.*, p. 70.

4. *Ibid.*, p. 116.

5. *Ibid.*, p. 163.

6. *Ibid.*, p. 163, 191, 231, 286.

de connaissance, elle réduit la coupure entre ce que nous ressentons et notre capacité à l'exprimer ; d'autre part, elle explore le comportement à partir d'un événement antérieur.

• Dans le théâtre de Grotowski [1], l'unification de l'inconscient et du conscient confirme encore la place de la simultanéité dont l'actant va être la victime dans le sacrifice où il s'offre lui-même. En effet, la simultanéité entre l'impulsion et la réaction s'opère par la rencontre, thème central et règle existentielle de Grotowski. Son événement secondarise sans en faire un prétexte à exhibitionnisme, le texte dont le vécu est conquis sur lui. Seule l'improvisation assure la rencontre en réparant la séparation entre ceux qui font et ceux qui regardent : s'il faut n'être pas confondu pour se rencontrer, il n'est pas nécessaire de se trouver opposés ; nous avons à nous défaire de cette mythologie de la dialectique qui ne connaîtrait de rencontres que sur le modèle de l'opposition, pour considérer les rencontres des complémentaires, des correspondants, des semblables. Ce renversement des barrières doit s'opérer, selon Grotowski, en rapprochant le spectateur-voyeur des actants, « qu'il sente la respiration et la sueur » (de l'acteur) [2]. Provoqué à la catharsis par l'improvisation, le spectateur rencontre l'actant dans le concernement personnel d'une célébration et d'une transgression — ainsi le théâtre est « un acte engendré par des réactions et des impulsions humaines, par des contacts entre les personnes ; un acte biologique et spirituel » [3]. Chaque être unifié désire l'autre qui permet à l'actant de se livrer, en confiance devant la projection de son désir — création du créateur créant, par l'acte même de sa création sur lui rejaillissant. Cela suppose une formation de l'acteur stricte et sans concessions. La technique ayant été politisée, l'acteur doit recourir au seul moyen dont il dispose vraiment : son corps ; le comédien doit descendre en lui-même afin de pouvoir communiquer sa vie intérieure. On tente ici de retrouver des aspirations profondes s'exprimant à travers un fonds mythique. Grotowski refuse le simplisme de la seule cruauté exigeante (Artaud) ou le fétichisme de la spontanéité : les deux restant essentielles à la création : rigueur et ardeur, exactitude et désir, la spontanéité fournissant l'élan pour l'action que construit la rigueur. L'engagement total de l'acteur s'accomplit en dépassant (Grotowski dit : « transcende ») le niveau où nous vivons habituellement et en réunissant ce qui est souvent séparé : pensée et action, réflexe et être. Il ne s'agit plus de présenter un événement passé tenant d'ailleurs son importance mais bien de le vivre comme un avènement — accomplir ici

---

1. Le Théâtre-Laboratoire de Wroclaw, fondé et dirigé par Jerzy Grotowski.
2. *Vers un théâtre pauvre*, p. 41.
3. *Ibid.*, p. 56, 39.

et maintenant l'événement. C'est ce que Grotowski nomme la « translumination » : don, sacrifice culminant en extase. Ces conditions par lesquelles l'acteur devient créateur se réalisent par l'improvisation. L'acteur en relation véritable aux autres passe, en effet, par trois renaissances : — lorsqu'il commence à connaître et à savoir utiliser son corps, — lorsqu'il commence à interagir au moyen de ce corps avec les autres acteurs, — lorsqu'il commence à découvrir le partenaire sûr avec lequel il improvise en confiance ; selon un crescendo de l'une à l'autre dans l'engagement personnel. L'art nous conduit donc au-delà de nos limites [1], vers une libération : « l'acteur qui n'a pas peur d'aller au-delà de toutes les limites normalement acceptables, atteint à une espèce d'harmonie autre et de paix » [2].

Cette conquête de soi qui permet le don dans la translumination, requiert les conditions déjà rencontrées qui se résument dans la pauvreté exigée par Grotowski. Cette pauvreté innocente connaît deux sortes de tentations : — l'hypocrisie manifestée par la complaisance et la satisfaction de celui qui prend goût à se regarder faire ; à l'égard du public, son corollaire : le désir de plaire — ici comme là, gangrène de l'innocence, narcissisme et exhibitionnisme ; — la tentation du refuge dans l'hystérie où l'acteur, enfermant l'art dans des pseudologies, cherche une excitation artificielle pour obtenir à tout prix des émotions. S'il transcende ces tentations, ce qui vient de l'intériorité et ce qui se manifeste ne se distinguent plus en l'actant — « le corps disparaît, brûle, et le spectateur ne voit qu'une série d'impulsions visibles » [3]. Par le consentement aux réactions scéniques, l'être s'engage corps et âme en interaction avec les autres — acte d'amour culminant dans un sommet [4] qui apporte par surcroît l'apaisement lorsqu'on s'est donné tout entier. Le climax lui-même est imprévisible, irrépétable et gratuit, couronnant des actions qui n'y ont pas tendu. Ne pas essayer de faire de l'art est ici encore le détour paradoxal qui conduit non à une beauté calculée mais à l'authenticité du vécu éclatant dans l'instant.

Enfin ce don de soi fait l'acteur « saint » s'offrant en sacrifice dans une tranche d'existence vécue qui provoque les spectateurs au lieu de les séparer comme témoins, comme y insiste Grotowski chez qui les termes de « combustion », de « sacrifice » de l'acteur reviennent souvent. Le don, l'amour de l'acteur « saint » se démarquent ainsi radicalement de la flatterie de l'acteur « courtisan », le théâtre pauvre se débarrassant des arti-

1. *Ibid.*, p. 20.
2. *Ibid.*, p. 44.
3. *Ibid.*, p. 14.
4. *Ibid.*, p. 36.

fices d'un théâtre bavard comme la rigueur socratique déjoue les pièges séducteurs de la rhétorique. Ce don total de l'acteur dans « un état de grâce », traduit une sorte de docte ignorance inversée, il sait qu'il se confie en se jetant en avant — Grotowski nomme ce don : « *Eros - Caritas* »[1]. Ces caractères « éthiques » de l'acteur pauvre sont ceux même de l'improvisation : se livrer tout entier, prendre des risques ; « l'acteur pour s'accomplir ne doit pas travailler pour lui-même. Il doit se donner »[2]. Au « théâtre total » donc, qui faisait appel à la totalité des ressources (plastiques, musicales), Grotowski substitue la totalité théâtrale de l'engagement de l'acteur qui témoigne d'une aspiration militante à l'unification (de la scission), à la réparation (de la séparation), à travers des thèmes religieux traités comme des tragédies antiques[3]. Ce théâtre métaphysique promeut l'homme total par l'improvisation qui tire tout de lui en ses interactions[4].

— Pourquoi l'improvisateur fascine-t-il? Il nous donne l'exemple de ce que nous aurions aimé dire ou faire mais dont nous n'avons pas été capable, et notre admiration est à la mesure de notre regret. Il nous convie à la prochaine fois — mais l'occasion ne nous sera indiquée par personne ni la décision de nous lancer dans ce risque, c'est-à-dire de commencer. Nous aurions souhaité avoir ce courage que nous admirons en l'improvisateur, joint à l'envie de réussir, comme lui — mouvement de projection en quoi consiste toute admiration. Il nous en-courage s'il nous laisse l'ouverture possible à l'imiter ; alors la fascination devient activation. Il nous dé-courage, c'est-à-dire nous repousse dans le rôle de spectateur s'il augmente la distance entre son génie et nos efforts, le délai entre l'instantanéité de son exploit et l'infinité du temps qui nous sera nécessaire. L'auditeur trouve en lui-même la vérité de ce qu'il entend, « laquelle on ne savait pas qu'elle y fût ; en sorte qu'on est porté à aimer celui qui nous la fait sentir car il ne nous fait pas montre de son bien mais du nôtre », comme l'analyse finement Pascal qui notait avant Bergson comme on fait sienne la parole dont on a entendu en soi un

1. *Ibid.*, p. 215, 181.

2. *Ibid.*, p. 201.

3. Le Prince et le Christ (*Le Prince Constant*) : le sacrifice ; l'idée eschatologique (*Akropolis*) : la mort ; Faust et Dieu (*Dr Faust*) : la Tentation ; l'Apocalypse et l'Écriture (*Apocalypsis cum figuris*) : Eros et Ananké.

4. Comme l'annonçaient déjà l'importance donnée par Grotowski à la rencontre, au vécu, son orientation fondée sur une recherche de l'autre s'engage de plus en plus dans cette voie et laisse comme un état et une époque nécessaires de son développement antérieur, le théâtre. Renaît ici l'exigence de temps et de lieux où puisse s'improviser l'existence ; « holiday », c'est la permission de ne plus vivre divisés — corps et esprit.

écho[1]. Enfin la pensée en acte provoque la nôtre à l'action compréhensive et inventive, elle invite à l'accompagnement d'une aventure et à l'intimité de ce dont on n'est habituellement pas témoin sans indiscrétion — la pensée déposée ne demande que l'intelligence de l'analyse et de la reconnaissance.

Cette supériorité de l'improvisation réclame des qualités plus que rationnelles : de cœur — au sens de courage, vertu du commencement — et de sensibilité — car ce qui vient spontanément est d'un autre ordre que ce qui résulte d'une laborieuse application de ces ouvrages « qui puent à l'huyle et à la lampe pour certains aspreté et rudesse que le travail imprime en ceux où il a grande part », dont parle Montaigne[2].

— Cependant ces qualités ne doivent pas laisser croire que la loi de l'improvisation soit la libre association : le véritable improvisateur pratique la réticence et se méfie de l'équivoque. Trait de l'urbanité et de la philosophie mondaine de Méré, *la réticence* séduit et, comme l'improvisation même, provoque une cristallisation chez celui qui en est spectateur, par ce qu'elle incite à la retenue, invite à un art du temps qui euphémise et fait mûrir. L'improvisateur, en effet, ne cherche pas à tuer le temps[3] ou à le remplir comme une capacité à mesurer ; s'il est stimulé par son public, il se défie de l'entraînement des paroles abondantes[4]. En effet, reviennent naturellement les poncifs, les habitudes qui reproduisent la situation passée dans l'originalité du présent ; ces *équivoques* « qu'on ne trouve que trop sans les chercher »[5], concernent l'expression d'un sens flottant qui peut être retourné contre son auteur. Il ne s'agit pas de revenir à la composition mais d'abonder davantage dans le sens de l'improvisation et de diversifier en distinguant, afin de conquérir une précision que n'aurait pas donnée la banalisation du langage qui classe des réalités différentes sous les mêmes termes. Cet effort nous convie au rassemblement de ce qui est épars — et c'est une tâche spécifique à la philosophie d'établir des liens au sein des distinctions qu'elle opère ; l'improvisation est philosophique au sens où elle découvre subitement et ingénument ces ponts entre des fragments. N'anime-t-elle pas le dialogue de la conversation philosophique, c'est-à-dire la dialectique définie par ce double mouvement de distinction et de rassemblement ? Trouvant la bonne forme inaperçue dans la banalité, elle découvre une filiation au

1. Pascal, *Pensées*, 7, 26 ; Bergson, *Les deux sources de la morale et de la religion*, chap. I, p. 101.

2. *Les Essais* I, Livre 1er, « Du parler prompt ou tardif ».

3. Cf. Méré : « Ce sont gens qui ne cherchent qu'à tuer le temps. Je n'aime pas ces meurtriers ».

4. Cf. Quintillien, *Institution oratoire*, L.X, chap. VII.

5. *Ibid.*

sein de la chronologie établie qu'elle féconde. Son mouvement permet l'unité de l'interprétation et de la transformation qui s'installent ordinairement chacune dans leur camp. Enfin l'improvisation garantit l'unité de ce que l'on dit, de ce que l'on pense et de ce que l'on fait, sans intervalle pour les fissures de la surconscience et du calcul.

L'improvisateur qui entraîne le temps dans la dimension transcendante de son acte selon une temporalité d'urgence, accompagne selon la dimension immanente ce temps qui n'est pas vécu de la même façon lorsqu'on s'y abandonne en symbiose avec les rythmes de la nature.

c/ Le temps de l'urgence et le temps de l'abandon.

—*Le temps de l'urgence* dépasse et conditionne la durée propre du sujet dont elle exige des actions impromptues, sans préparation ni recours méthodique aux ressources. Ici l'improvisateur fait face en fonction de sa densité ontique ; à la limite, l'urgence rend inutile la compétence. L'urgence la plus quotidienne est celle du commencement — il est toujours temps de commencer — elle appelle le courage dont il n'est pas de compétence. Cette exigence conditionne l'être qui doit saisir ou rétablir la situation à l'instant même, sinon tout est perdu : l'occasion, la vie ne pourront être sauvées — ou prendront un autre tour ; la conscience lucide, appuyée sur l'expérience, fera de l'improvisation une réussite entre l'inexorabilité du temps qui nous menace de mort d'un côté, et l'élégance de la réussite — il n'est pas équivalent de prendre ou de conserver le pouvoir en évitant de verser le sang ou par la seule terreur, de réussir une opération chirurgicale qui maintiendra en vie quelques heures de plus un grand malade ou de le sauver vraiment. L'improvisation d'urgence se caractérise par la rapidité qui garantit ou compromet l'avenir, elle concilie l'exigence de satisfaire à l'instant comme à l'avenir engagé déjà par le présent — à gâcher l'avenir qu'engage cet instant, on réduirait l'improvisation à l'impréparation.

L'improvisation d'urgence surgit dans des situations où il faut rattraper en voltige l'événement : parer à la catastrophe, renverser une situation menaçante, se mettre au rythme de « l'état d'urgence » qui est un état d'exception, prendre une mesure dont la radicalité se conjugue avec le compromis pour assurer le succès, changer un ordre de bataille ou le cours d'une opération selon les réactions de l'ennemi ou de l'organisme. C'est en d'autres domaines : la répartie à la plaisanterie ou à l'insulte, le mot d'esprit au mot d'esprit, le discours inopiné réclamé sur le champ dans un temps d'autant plus nerveux que les hommes provoquent ces situations où s'ajoutent alors les vitesses et l'*impetus*, comme des forces de sens contraire et de même signe. Fragile et audacieuse, action désespérée, tentative ultime, cette folle percée improvise et emporte par son audace l'adhésion de ceux qu'elle entraîne, retournant les situations. La décision immédiate — parade, adaptation-minute ou offensive — fait coïncider l'exécution qui mobilise toutes nos aptitudes avec une conception-éclair. Ces situations qui stimulent les émotifs-actifs, désarçonnent au contraire ceux qui n'ont pas leurs ressources et ne sont pas provoqués par l'urgence. C'est enfin le temps de l'être-pour-la-mort sur quoi débouche l'interrogation métempirique et dont l'incertitude rend tragique le choix : dans un temps fini, une existence limitée, l'urgence désigne une priorité.

Le fait de l'improvisation transforme le donné comme l'intervention dans un champ microphysique modifie la structure de ce champ. Si bien que dans la pire des situations l'improvisation reste encore un atout — plus : la seule voie est de ne pas essayer de récupérer ce qui est perdu mais de faire face en improvisant comme le professeur qui a perdu une feuille de notes, le stratège surpris par mégarde ou le politique trahi du côté dont il attendait un appui. L'improvisation tourne alors l'obstacle en avantage et domine par la surprise qu'elle impose une situation qui ne l'attendait pas ; elle invente l'issue. Seule elle manifeste l'infinité et la rapidité de l'esprit, « *raptim transit* », devant la véritable urgence : la réponse est adaptée à l'exigence d'immédiateté et de spécificité de la situation ; toutes deux échappent aux prévisions et aux codifications, ne rentrant dans aucun *cas* répertorié. Rendant inopérants les plans, l'urgence contraint à inventer sur le champ la solution que personne n'imaginait ; l'improvisation d'urgence consiste à maîtriser le temps lorsqu'il ne nous laisse pas le temps.

L'homme talonné par l'urgence se sent menacé jusqu'à l'exténuation de son essence par la raréfaction temporelle. Il va être trop tard, l'irréductible imminence le contraint à sacrifier de ses illusions, de ses projets et de ses rêves pour sauver ce qui peut l'être encore : il n'y a plus que le choix qui dépende de lui. Mais s'il guette l'imprévisible occasion à saisir, le resserrement de l'être qui se concentre pour sauver l'essentiel de la situation présente l'empêche de se dilater pour saisir l'occasion heureuse.

L'homme talonné par l'ennemi ne peut s'arrêter pour concevoir une contre-attaque, se remettre en garde ou se poster — tout délai favorise l'avance de l'adversaire, chaque mouvement ruse ou se dérobe.

L'homme talonné par le désir est pressé par le désordre psycho-organique ; entraîné par son emportement, il est écartelé entre l'attirance de l'objet et l'attirance de l'attirance, toujours reportée pour la vivre encore ; voulant tout à la fois, il se pétrifie bientôt en statue figée — comme s'il refusait de choisir par incapacité paralytique de choisir de refuser.

L'homme talonné par le remords est poursuivi par la conscience d'avoir irrévocablement décréé, c'est-à-dire d'avoir fait le mal ; il le retrouve, étranger à lui et pourtant familier dans le reproche inéluctable. Il invente, pour le fuir, des conduites susceptibles, telles un électro-choc, de briser cet ordre psychique pour en permettre un nouveau, à l'amnésie libératrice. Cette technique d'illusion fuit les lieux où s'attache le remords qui talonne d'autant plus étroitement le coupable qu'il en porte avec lui et la source et l'image.

L'homme talonné par la mort se résume à mesure qu'il s'approche du définitif, son existence précise de plus en plus son sens, ses actions passées et actuelles le représentant plus que jamais lui-même.

La catastrophe nous trouve totalement démunis, sans recours ni secours qui supposeraient une organisation dont la mise en œuvre a échappé à l'événement : la nudité radicale de l'être dépouillé des assurances, des délais et des pièces de rechange, l'expose à la merci de l'événement qui exige l'efficacité.

Tout ce qui veille attend l'urgence : la sentinelle de nuit ou le premier de file progressant en zone d'insécurité, lorsque tout bruit, toute ombre, tout mouvement trahissant la vie précipitent l'attention : la situation d'urgence est caractérisée par l'irréversible dont l'horizon reste la menace de mort. L'urgence est liée au tragique par cette menace, par la situation qui ne dépend pas de nous et par le pluriel des urgences qui nous écartèle entre leur concurrence en nécessitant le choix, c'est-à-dire le sacrifice.

Ainsi l'improvisation conduit-elle celui qui se trouve subitement au cœur de l'imprévu à faire feu de tous ses réflexes éclairés par une réflexion-minute ; à lui de saisir l'occasion par la présence de son savoir-faire à l'attention qui la pressent dans l'imminence. Cependant on ne saurait ramener l'improvisation d'urgence à la saisie de l'occasion : l'attention du σπουδαῖος vigilant à saisir le καιρὸς à l'attente, ni la combinatoire à la passivité.

Ce temps d'urgence présente deux modes : — dans la soudaineté jaillissante, quand les mouvements de l'Histoire accélèrent l'évolution des valeurs et des comportements, la temporalité ne laisse ni absorber ni amortir la vivacité de son dynamisme dans ses œuvres dont elle renaît toujours ; l'improvisation traduisant directement la spontanéité, saute les intermédiaires. — Dans l'avance précédente : quand le temps présent prépare l'avenir qui le conditionne, le temps de l'anticipation correspond au pressentiment. Les décisions prennent alors le caractère de grisante irréversibilité de la transformation des valeurs qui atteste une profonde mutation, comme dans la seconde moitié du XVIIe et la première moitié du XVIIIe siècle.

L'improvisation illustre une dialectique du pressentiment et de l'adaptation : — ou bien l'événement vient d'avoir lieu et il s'agit de s'y adapter rapidement, que le délai soit le plus court possible, c'est-à-dire de venir en coïncidence avec l'événement qui vient de se produire ; — ou bien celui-ci va bientôt avoir lieu et il s'agit d'en pressentir l'imminence pour ne pas le manquer dans son advenue soudaine. Question d'attention : tension vers l'instant à venir et attente de ce qui va se dévoiler dans la proximité de ce futur en instance dont on ressent les ondes avant-coureuses. Cette attente sympathise avec l'avenir sur quoi elle parie et transforme en conversion la proversion qui la meut. Veillons donc! L'événement arrivera et nous ignorera — ou nous emportera — sans que nous ayons eu le temps d'y faire face, de l'utiliser. Ainsi l'improvisation devançant légèrement le temps, adapte-t-elle ses actes à son rythme.

—*Le pressentiment* oriente un contexte d'incertitude où ce qui est refusé comme prévision linéaire lui est réservé comme finesse instantanée : il ne projette pas le passé dans l'avenir, dont il reconnaît d'emblée la spécificité où il sait trouver la certitude de ce qui n'a pas encore vu le jour. Connaissance avant la connaissance de l'imprévisible par le désarmé — sorte d'intuition d'une éclosion prochaine, réalisation soudaine d'un possible que l'on savait sans le savoir proche — « on se sent connaître ce qu'on se sait ignorer »[1] ; le pressentiment pousse aux « conduites de passage », ou encore à la tactique du chef militaire qui débusque les surprises ou en impose à l'adversaire : « il ne sait pas vraiment ce que l'ennemi va faire, mais, s'il est bon général, il devine juste. Mauvais général il ne devine pas juste »[2]. Ainsi la perspicacité du Koutouzov de Tolstoï ne tient-elle pas tant à sa grande expérience qu'à son aptitude à pressentir ; il empêchait l'armée russe de prendre l'offensive, pressentant l'affaiblissement de l'armée française, « Koutouzov savait, non par déductions de sa raison ou de sa science militaire, mais par toute sa nature russe ; il savait et sentait ce que sentait chaque soldat russe... »[3]. Précisément, si « les actions de la vie ne souffrent ordinairement aucun délai »[4], le pressentiment est appelé par l'ignorance dans un climat d'urgence ; sous-entendu dans la deuxième *Maxime* de la morale par provision de Descartes[5], le pressentiment est supposé guider l'action dans un climat de probabilité et malgré l'incertitude dont l'aspect subjectif est

1. Bergson, L'*Énergie spirituelle*, p. 138.

2. « Le mérite de Koutouzov ne consiste donc pas en ce qu'on appelle une manœuvre stratégique géniale, mais en ce que lui seul comprenait la signification des faits en train de s'accomplir », Tolstoï, *La guerre et la paix*, p. 1291.

3. *Ibid.*, p. 1420.

4. *Discours de la méthode*, 3e partie.

5. *Ibid.*

la conviction, comme Tolstoï l'observe au sujet de Konovnitsyne pour qui « les choses de la guerre paraissaient appartenir à l'intelligence, non à la raison mais à autre chose », ajoutant : « il avait au fond de l'âme la conviction inavouée que tout irait bien mais qu'il ne fallait pas le croire et encore moins en parler, qu'il fallait simplement faire ce qu'on avait à faire »[1] — déontologie de l'improvisateur, éthique de l'action.

Le pressentiment anime encore l'improvisation dans la conversation dont la conduite tient compte de l'ignorance où l'on se trouve des intentions et des positions de l'interlocuteur sur qui on doit deviner l'effet des paroles — c'est tout l'art analysé par le Chevalier de Méré[2]. Cette dialectique opère à l'intersection des idées directes — l'idée qu'on a de soi-même et l'idée qu'on a de l'autre ; des idées volontaires, intentionnelles — l'idée qu'on veut donner de soi à l'autre, l'idée qu'on veut donner à l'autre de celle qu'on a de lui, c'est-à-dire de nos sentiments à son égard ; des idées indirectes — l'idée qu'on pense que l'autre a de lui-même et l'idée que nous le supposons avoir de nous-mêmes.

L'improvisation tournée vers l'instant à-venir, lance son action légèrement avant l'événement avec lequel elle désire arriver en coïncidence, comme une pierre venant en heurter une autre, sur sa trajectoire, partie d'un point ignoré d'elle, comme ces phrases, ces mesures, ces actions lancées à la rencontre d'une personne ou d'un événement dont nous (pré)-sentons l'imminente advenue. Le pressentiment prépare par l'effervescence qu'il induit cette improvisation offensive victorieuse déjà par l'*impetus* animant sa conviction. Tandis que tout est endormi encore dans une quiétude étale, se lève derrière l'horizon l'impétueux ouragan — c'est le temps de l'action. Il ne s'agit plus maintenant de se retourner, de descendre chercher ce qu'on a oublié, comme nous le rappelle l'*Apocalypse*, de ramasser des provisions, de se préparer et de se prémunir car il va être trop tard : il faut agir, séance tenante.

Le pressentiment comporte une conscience de la durée et de l'imminence, d'une continuation et d'une naissance, de ce que nous sommes et de ce que nous allons devenir, — d'un passage vécu plus que pensé, en train de s'opérer. Le pressentiment est toujours plus et moins que la prévision : celle-ci prépare au savoir, ne concerne que l'intelligence, souvent en deça de la prévoyance active ; le pressentiment prépare à l'action

1. Et encore : « Koutouzov sentait de tout son être avec certitude que le coup terrible qu'il avait asséné avec l'ensemble des forces russes devait être mortel », Tolstoï, *La guerre et la paix*, p. 1337.

2. « Il faut observer tout ce qui se passe dans le cœur et dans l'esprit des personnes qu'on entretient, et s'accoutumer de bonne heure à connaître les sentiments et les pensées, par des signes presque imperceptibles » ; Chevalier de Méré, *Œuvres* II, p. 107.

soudaine dans le sens entr'aperçu. Il suppose la continuité entre passé, présent et futur et, à la fois, l'hétérogénéité de la nouveauté dans la durée vécue. Le pressentiment tourne vers l'événement que l'on guette, par quoi tout peut, dans l'instant, être gagné ou perdu, un faux pas suffisant pour que nous échappe ce qui valorise notre existence, un mot pour que nous soyons comblés. Le sentiment de l'instant pénultième ne laisse aucune place au délai, ouvre sur le définitif — l'improvisation est la seule conduite possible lorsque tout est irrévocable et impréparable parce qu'irrépétable.

L'imminence appelle le pressentiment et l'action parfaite en une fois, sans essais ni reprises. Si l'improvisation agit suivant un pressentiment, inversement le pressentiment de ce qui va se produire et ne s'est pas encore déclaré se révèle souvent par l'improvisation : ainsi des sociodrames ou des jeux de groupes révèlent la mentalité sociale ambiante. Un microcosme laissé à l'écoute de lui-même a la possibilité d'annoncer quelque chose de latent dans le groupe à un moment donné. Prémonitoire, le pressentiment prévient de ce qui va arriver et incite l'improvisation à prévenir ce que l'on pressent — alors prévenance, non prévention[1], l'improvisation agit sur ce qui se prépare et n'est pas encore là.

— *L'adaptation* n'est improvisation qu'en son régime ultra-rapide, lorsqu'il faut s'ajuster soudain à une situation imprévue. Ce mouvement discontinu par lequel l'être cherche à (r)établir l'harmonie avec son milieu, alterne tension et repos. Cela suppose qu'à défaut d'être privilégiés, ces moments soient significatifs. L'improvisation serait cet ultra-rapide mouvement vers ce qui vient, à peine, de nous dépasser et abandonne déjà la rétrospectivité. Comme on ne peut tout saisir, s'impose un choix qui ne s'encombre pas de sollicitations divergentes, évitant de se complaire dans une rétrospectivité nostalgique d'un passé où on s'attarderait à retrouver sa dépouille, faute d'avoir saisi, sur le moment, l'événement. Or il s'agit d'attraper en vitesse, en finesse et comme par la queue, ce qui vient à peine de se produire, d'être en train de passer. Le moins de rétrospectivité possible donc mais une postériorité immédiate parce que cet instant ne se reproduira pas : ne pas le re-trouver, c'est prendre du retard sur le devenir. Il ne s'agit pas de rechercher un temps perdu mais d'une adaptation instantanée de tout l'être ; la rapidité évite le piège de la justification rétrospective qui embellit l'Histoire. Cette adaptation particulière d'où sont absentes répétition et progressivité, n'est

1. Comme le notait Stanislavski au sujet de son apprentissage théâtral : « je pressentais bien certaines choses, et à ce moment là tout allait bien : j'existais. Mais à d'autres moments, je ne devinais rien et il n'y avait plus personne », *Ma vie dans l'art*, p. 49.

pas le réflexe automatique répondant aux signaux qui nous modèlent, mais la plus rapide action où nous dominons et englobons, un instant, la situation. A l'inverse de la plasticité, elle maintient le but que poursuit son dynamisme et ruse en obéissant à la nature pour lui commander — ainsi l'improvisateur abonde-t-il dans le sens de l'objection qu'on lui lance impromptu, pour y découvrir les raisons de la refuser. Tous les jeux sont possibles entre ces attitudes qui se rejoignent sur un sentier de crête.

L'improvisation, qui tient à la fois du pressentiment (de ce qui est imminent) et de l'adaptation (au passé immédiat), comporte une *dialectique de l'univocité* (de l'être unifié) *et de la duplicité* (de l'être se contrôlant) ; c'est parce que l'être est unifié (univocité) qu'il se contrôle (duplicité). Au contraire de l'emportement par la passion, en lui tout est ordonné à chaque instant et le contrôle intégré à l'unification. Adaptation et duplicité transparaîssent comme des dégradés dans le temps du pressentiment et de l'univocité ; de même le parallélisme structurel établi entre univocité et adaptation (toutes deux directes, l'une vers son objet, l'autre à partir du sujet), duplicité et pressentiment — sur deux plans : le présent et le possible, et deux modes : l'être et le connaître. Si l'improvisation tient du pressentiment c'est que celui-ci conduit à l'action qui le justifie : à l'adaptation.

L'art du diplomate illustre cette dialectique du pressentiment et de l'adaptation dont le jeu avec les impondérables intègre l'univocité et la duplicité dans sa conduite. Le diplomate se trouve dans la situation où il doit satisfaire à deux impératifs : adapter sans altérer, pressentir sans précipiter, c'est-à-dire de conjuguer la vigilance avec l'action, de façon simultanée ; il a pour devoir de représenter le différent et pour mission de favoriser la conciliation des incompossibles. Adaptant son message aux circonstances et pressentant les modifications du contexte, il tourne l'événement par ce qu'on a appelé « la grâce d'ajustement »[1], afin de s'y trouver toujours en position avantageuse. S'il a en partie pour métier « d'empêcher les événements de développer leur virulence et de les enfermer dans le piège savant des procédures et des circonlocutions », comme disait Claudel en 1934[2], il doit savoir se rendre maître d'un rythme et découvrir dans l'inextricable même et dans l'irréductibilité des positions l'ouverture dessinant pour chacun une issue honorable. Claudel disait avec davantage de perspicacité que le rôle du diplomate consistait à « ramener la cadence des passions à celle de la vie quotidienne » et aussi

1. Magendie, *La politesse mondaine de 1600 à 1660*, Paris, 1926.
2. *Propositions*, T. 2, p. 22.

« de susciter du mouvement et de provoquer de l'inconnu »[1]. Il s'agit d'un art de discernement, l'essentielle qualité intellectuelle de l'homme d'action : pour déceler dans la conjoncture ce qui revient selon des régularités, dont le complémentaire est la saisie de l'irrépétable — ainsi l'essentiel de l'improvisation s'avère-t-il le cheminement même qui infléchit à tout moment sa courbe, rectifiant au fur et à mesure des événements son allure et ses méthodes. Il s'agit toujours de combiner l'objectif visé et la saisie de l'occasion.

L'escrimeur aussi cherche à adapter un plan et des forces à une situation dont l'inconnue est l'adversaire et son savoir-faire — comme dans les passes de la conversation où, s'agissant de feindre et toujours de gagner *il faut suivre en précédant.* L'escrime s'apparente au dialogue philosophique où le duel dialectique s'arme d'arguments : il s'agit ici de convaincre et là de vaincre. L'improvisation qui relève du jeu dans l'escrime, invoque et provoque le dévoilement de la vérité dans le dialogue philosophique, à moins de réduire celui-ci au jeu sophistique. L'escrime est l'art « de toucher sans l'être » comme disait Molière, bien plus qu'un art de manier la rapière — Georges Clémenceau avouait : « je fais de l'escrime pour me battre en duel, bien entendu ; et aussi parce que sa pratique me donne des réflexes et je ne suis jamais pris au dépourvu par un adversaire, surtout à la tribune de la Chambre »[2]. Descartes qui eut deux fois l'occasion de mettre la main à l'épée, avait rédigé un *Traité* d'escrime[3] dont la référence relève chez lui du désir de sûreté correspondant à la volonté de certitude qui anime le philosophe dans le domaine intellectuel[4]. L'escrime révèle en effet l'importance de la riposte adaptée qui restructure instantanément un champ, comme l'agressivité dans l'offensive à partir de ce qu'elle a pressenti ; ce passage du pressentiment à l'adaptation ne relève pas seulement d'un parcours intellectuel, ne traduit pas seulement un changement d'attitude — il constitue une figure de l'improvisation.

L'extemporanéité de l'improvisation n'en fait pas une manifestation *ex nihilo* — divinisée ou indigente — mais vise une instauration temporelle. Elle fonde le temps dans la continuation dont elle sort un instant ; elle témoigne du métempirique, attestant que l'homme passe la répétition.

1. *Ibid.*, p. 22 et 23.

2. *Encyclopédie de la Pléiade*, Jeux et Sports, p. 1435.

3. *L'Art d'escrime*, dont il ne reste que quelques paragraphes, rapportés par Baillet.

4. Descartes fait voir « comme on peut s'assurer contre tous les efforts de l'adversaire, et en tirer de l'avantage pendant qu'on est en mesure longue, et comme on peut le mettre sûrement en mesure courte »... « comment étant en mesure courte, on peut infailliblement vaincre ». *Œuvres de Descartes*, Adam et Tannery, T. X, p. 536, 537.

— *L'abandon et les rythmes.* Les rêveries poétiques devant la nature sont généralement empreintes d'une sérénité joyeuse ou mélancolique rappelant à l'homme qu'il tient d'elle ses rythmes. En des temps heureux où nous sentons cette correspondance, vivre, contempler et improviser ne se distinguent pas.

Au cœur de situations quotidiennes il peut nous être donné d'éprouver un sentiment de plénitude parce que, à notre insu parfois, nos désirs ont été comblés, les tensions de notre activité se sont tues ou résolues ; nous éprouvons alors le contentement par lequel Descartes traduisait le bonheur. Cette plénitude devient euphorie lorsqu'elle s'accompagne de l'entrevision d'un sens, de la certitude intime de son accomplissement et de notre orientation vers lui — l'existence est épanouie. Appelé par la certitude, l'apaisement dilate tout l'être en ces instants où, soulevés par une calme exaltation, l'espérance nous confie l'avenir, nous nous sentons capables de tout surmonter. Le sujet coïncide avec sa durée, comme les rythmes biologiques (circulatoires, métaboliques) avec les rythmes cosmiques. Trompé dans son espoir insensé d'une vie continuée au sein de la nature, l'homme s'en prend à elle pour n'avoir pas compris que tenant d'elle ses rythmes il lui est en cela inférieur alors même qu'il la transcende : Pascal le vit mieux que quiconque et rejoint les poètes, non pour exprimer sa mélancolie mais pour tourner l'homme vers l'Unique nécessaire. Ce n'est pas seulement par la pensée mais aussi par la capacité de trouer le pesant plafond de la nécessité que l'homme se distingue de la nature.

La simultanéité meut l'improvisation détendue : pas de différence entre le sentiment qui envahit l'être et l'expression de ce sentiment — comme ces visages mystérieusement émouvants dans leur imminence. L'être ravi n'extériorise pas en un second temps quelque chose qui serait d'abord intérieur (quand on cherche à exprimer, on est en quelque manière divisé) mais il chante et danse dans le même mouvement qu'il n'a de cesse de faire partager : l'*impetus* fougueux ou serein croît avec la sûreté de la flamme qui dévore, déliant les paralysies. Le temps d'abandon mobilise et dilate les facultés de l'improvisateur dont l'augmentation des forces entraîne avec la mobilité des idées et l'excitation de la sensibilité, le besoin de sortir de soi en se communiquant. L'improvisation manifeste la surabondance de nos dynamismes lorsque nous avons trop de puissance pour nos besoins — c'est un don gratuit. Cette dilatation du moi donne l'illusion de décupler les prises sur le temps, la puissance sur l'espace, l'influence sur les autres, de pressentir l'avenir, de clarifier l'enchevêtré. Elle cherche à s'exprimer dans la surabondance qui enjolive une musique, un texte, une parole, une attitude comme la force créatrice féconde ou transfigure. Ainsi le promeneur au rythme de sa marche renvoie-t-il à la nature ce qui d'elle le charme, les oiseaux s'abandonnent-ils aux caprices du vent au-dessus des pentes abruptes, jouant des ascendances en se lançant dans le vide, portés par l'air auquel ils se confient. Elle paraît aisée à celui qui la vit comme naturelle sans retour complaisant, et à celui qui l'observe, la seule chose qu'il fallait faire. Ce que l'on fait coïncide avec ce que l'on voudrait faire, parce que l'on veut précisément faire ce que l'on fait.

Ce temps de l'abandon favorise les réminiscences, non seulement des formules, des procédés mais des impressions, des idées ou des rapprochements qui facilitent la pensée bisociative comme la nomme Koestler, source de nombreuses inventions : d'un temps où on re-trouve ce qui avait été oublié et qu'on croyait perdu. Ainsi en est-il de ces impressions réactivées par l'acte même de l'improvisation, qui viennent peupler le présent, d'une mémoire qui serait restée dans les décombres du passé si l'improvisation ne l'avait réanimée. L'improvisateur veille toujours à ne pas se laisser emporter par cet afflux de pratiques et de sentiments engrammés dans le souvenir et qui s'imposent à lui par leur évidence. Tendu entre l'abandon au flot imaginatif et la fidélité ascétique au canevas général, il est sans cesse obligé de couper ces floraisons surabondantes ; à l'inverse dans le cas d'une sécheresse, il joue lui-même de l'exagération pour se lancer et remplir l'espace ouvert à l'explication, l'antithèse ou la nuance. Son mouvement s'alimente du déséquilibre qu'il crée en abondant dans un sens qu'il mène à terme avant de poursuivre un autre sens que le premier aura nécessité.

Ainsi les régions de l'improvisation reconnue — généralement esthétique — où la détente règne, illustreraient ce temps d'abandon qui figure le rythme temporel de l'improvisation.

L'urgence de saisir l'idée éphémère contraste avec l'abandon aux sollicitations de l'imagination ; s'il est toujours urgent de saisir l'occasion et de formuler l'idée surgissante, s'abandonner à l'une c'est oublier de s'ouvrir aux autres : l'abandon ignore l'état d'urgence et celui-ci se refuse à l'abandon. De même, la fine conscience de l'urgence se concentre sur les exigences immédiates en se fermant aux sollicitations qu'un abandon réceptif aurait su discerner. Au risque et à l'exposition de l'urgence s'opposent ici la *tranquilitas animi.* Le régime de l'abandon repose de l'intensité énervée de l'urgence où le temps manque, le vertige redoublant les risques qu'on ne parvienne pas à l'infléchir. Dans le temps de l'abandon au contraire, la peur est conjurée, relativisé le précipice temporel auquel on se confie au lieu de vouloir le dépasser — on ne traverse pas le mur du temps comme le mur de son. Voués à nous sortir à notre honneur de l'urgence, peut-être connaîtrons-nous ce serein abandon à une temporalité amie où le vide est remplacé par le bonheur d'épouser la simultanéité d'un rythme spirituel ou biologique? Au *presto*, au *scherzo* de l'urgence se substitue alors le *rubato* de l'abandon, « repos de l'être au sein de la durée », selon l'expression de Gisèle Brelet [1]. En effet, il faut être capable de l'improvisation d'abandon pour être capable de l'improvisation d'urgence, au lieu d'adhérer seulement à l'utilitaire qui éloigne l'invention.

Ainsi la contemporanéité supporte une improvisation de participation dans un temps d'abandon connoté par la désappropriation et une improvisation d'affirmation dans un temps d'urgence connoté par le volontarisme.

L'extemporanéité prend le temps au sérieux et lui donne sens : pas de devenir où tout soit semblable ; si le temps s'offre à nous comme ce fleuve sans bords de Chagall [2], la seule façon d'échapper à ce monstre dévorant [3] consiste à le surprendre en coïncidant avec lui. Loin de la prudence frileuse de Sénèque nous conseillant d'économiser le temps, comme si celui-ci pouvait se conserver et se stocker, l'improvisateur vit toujours en temps réel. Son *impetus* recherche des buts où s'investir, espérant que l'éphémère *eskaton* ne fera pas de notre action la pénultième : l'improvisateur est mû par l'espoir d'une continuité, d'une descendance, d'une immortalité par-delà la menace d'un lendemain de ruines — les Apôtres traçaient des chemins pour un monde dont ils croyaient qu'il allait disparaître.

L'improvisation qui a lieu dans l'instant, n'y limite pas le temps ; visant la contemporanéité avec l'être, elle suppose que la perfection se trouve au terme de l'aspiration, que le temps évolue vers le mieux ; elle traduit la croyance optimiste dans le progrès. C'est pourquoi le contresens serait de prétendre improviser par des drogues. Substituts de machines à remonter le temps qu'elles ne font que répéter, celles-ci éloignent, en réalité, de l'immédiateté qu'y chercheraient leurs victimes puisque le temps paraît d'autant plus long, comme la drogue le fait imaginer, qu'il est plus morcelé. L'improvisation suppose l'altérité (la différence) et le temps (le changement) ; elle saisit la présence de l'objet et ne le réduit pas à ses structures.

Le temps de l'improvisation se manifeste comme rythme par delà commencement et répétition, à travers l'urgence et l'abandon. Le rythme de l'urgence correspond à une spontanéité qui pare ou invente, celui de l'abandon reflète une harmonie avec le moment présent ou un émerveil-

1. *L'Interprétation créatrice*, p. 456.
2. *Le temps est un fleuve sans bords*, 1930.
3. Cf. Goya, *Saturne*, ou *Chronos dévorant ses enfants*, 1821.

lement aux antipodes de la contention de l'esprit. Le physique conduit le psychisme par la technique[1]. Cette répétition itérative marque l'intersection d'un mouvement (agogique) et d'une intensité (dynamique). Le rythme est le corps temporalisé, le temps créé à partir de la pulsation corporelle : battements de cœur, mouvements respiratoires, régularité de la marche donnent une mesure au temps. Le rythme de la réflexion, de la recherche, de l'association des idées, de la démonstration et de la réfutation se combine avec le premier pour animer l'improvisation ; on est reconduit au commencement, car il faut commencer, c'est-à-dire lancer le premier mouvement. Tout se passe comme si l'être entier disposait de plusieurs claviers, comme ceux de l'organiste, dont il peut lancer le souffle qui l'inspirera : organique, psychique, social. Strawinski le note pour la passion qu'il éprouvait en composant *Piano-Rag-music* : « il ne faut pas mépriser les doigts ; ils sont de grands inspirateurs »[2]. Cependant l'instrumentiste doit se méfier de l'entraînement corporel[3]. Le rythme dans l'improvisation ne se réduit pas à la régularité métrique mais s'exprime au cœur de la totalité vivante par vibrations, palpitations, tremblements, oscillations, variations — dans l'art ou la vie quotidienne. Souple et gracieux chez le méridional, appuyé et carré chez le nordique, il montre la finesse des nuances ou la force de l'accentuation selon son auteur et les circonstances.

L'improvisation donne l'équivalence de la vitesse et de l'énergie sous la forme de sa spontanéité (où Moreno voyait une source d'énergie extraordinaire, non encore exploitée). Le rythme de l'improvisation s'explique par les tentatives d'expression ou de répression, de décontraction ou de concentration de cette unité psychophysiologique selon les composantes, les impératifs sociaux et la manière dont on vit le temps. Chez le spectateur comme chez l'actant, le rythme crée une pulsation instinctive qu'étonne tout retard ou toute irrégularité — c'est pourquoi nous mettons du temps à nous familiariser avec ce qui ne se réfère plus aux redon-

---

1. « Je propose d'en revenir au théâtre à cette idée élémentaire magique, reprise par la psychanalyse moderne, qui consiste pour obtenir la guérison d'un malade, à lui faire prendre l'attitude extérieure de l'état auquel on voudrait le ramener », comme disait Artaud ; *Le théâtre et son double*, p. 122.

2. « Les différents épisodes rythmiques de cette pièce m'étaient dictés par les doigts mêmes. Ceux-ci y prenaient un tel plaisir que je me mis à travailler la pièce... pour une satisfaction personnelle», «...et, en contact avec la matière sonore, ils éveillent souvent en nous des idées subconscientes, qui, autrement, ne se seraient peut-être pas révélés » ; *Chroniques de ma vie*, p. 129.

3. Ainsi, lorsque Strawinski voulut se mettre à pratiquer le violon, Hindemith lui dit que cela lui permettrait d'«éviter une technique routinière et donnerait naissance à des idées qui ne seraient pas suggérées par le mouvement accoutumé des doigts » ; *ibid*, p. 255.

dances auxquelles nous sommes acculturés. La vie improvisée serait la vie de chacun selon son rythme propre et l'utopie politique de l'improvisation — expérimentée dans l'improvisation collective — serait de permettre l'accord des rythmes, c'est-à-dire la simultanéité dans la différence. Ainsi les spécifications culturelles et individuelles constituent-elles son inimitable manière : chez les bergers crétois, les griots africains ou dans les danses des collectivités villageoises africaines, à la fois rituelles et vécues par les actants. Comme le disait Mauss, « cette conventionalité et cette régularité n'excluent nullement la sincérité... tout ceci est à la fois social, obligatoire et cependant violent et naturel »[1] ; en effet, l'improvisation du danseur provoque celle de la musique et celle des spectateurs qui vivent intensément la cérémonie dont ils accélèrent parfois le rythme, recherche collective d'un état second, facilitée parfois par l'absorption d'alcool. L'improvisation augmente la densité et la largeur des suggestions, récréant ainsi l'équilibre éphémère entre la proposition individuelle et l'accueil collectif, si bien que la cause ne se distingue pas de l'effet ni l'intention de l'expression.

1. *L'expression obligatoire des sentiments*, p. 425, 434.

PRAXIOLOGIE ET EXISTENCE

La *praxis* improvisatrice traduit l'action humaine en instaurant comme résultat l'œuvre dont il s'agit alors de préciser le statut.

X. - L'improvisateur trouve *en faisant :* la forme progressive.

Si l'improvisateur inaugure une continuité en commençant, son action se profile au fur et à mesure de son avance. Il ne sait pas, dès l'abord, ce qu'il va faire mais il le trouve en faisant (en parlant, en écrivant, en décidant) et parce qu'il fait — l'action est son accoucheur.

a/ L'auto-maïeutique.

Il n'est pas de meilleur moyen pour faire la clarté dans ses pensées que de les exposer à quelqu'un, même profane en la matière, l'essentiel étant l'obligation de logique et de clarté que sa présence impose. Ainsi le paradoxe est-il que, pour comprendre ce dont on parle, il convienne de commencer à parler sur ce que l'on ignore et que l'exposition permet de trouver. L'improvisation serait cette maïeutique qui conduit chacun à savoir sur n'importe quel sujet, ce qu'il ignore s'il n'en parle pas. Cela conduit au double gain : — de la délimitation du savoir et de l'ignorance, — de la conquête sur ce que l'on ignorait par l'appel à l'ensemble de ses connaissances, parallèles, comparaisons, filiations ou oppositions esquissées, dont les conséquences apparaissent au fur et à mesure qu'on les expose. Toute improvisation revêt plus ou moins ce caractère de recherche où le dynamisme entraîne à trouver ce que l'on ignorait. Comme dans la discipline définitionnelle imposée par Socrate à ses interlocuteurs, il ne s'agit pas d'exposer avec vraisemblance ce que l'on ignore, c'est-à-dire de tromper deux fois, mais de trouver en disant le sens de ce que l'on dit, afin d'éviter la répétition des erreurs ou des opinions sur ce dont on ignore le fondement.

Le désir initial de chercher ce qu'on ignore correspond à un processus de maturation tacite : travail de tête ou cristallisation qui désigne l'improvisation comme le procédé privilégié pour rechercher ce qu'on ne pensait pas à chercher. La façon dont s'enchaînent et s'appellent les idées montre l'auto-renouvellement de l'activité verbo-motrice qui trouve dans son propre exercice les sources de son développement — l'idée vient en parlant.

Il arrive souvent que, devant parler impromptu, on commence sans savoir ce qui suivra — ainsi Mirabeau aux États-Généraux, le jour de sa fameuse réplique au Marquis de Dreux-Brézé, passa-t-il dans la même phrase de la soumission à l'injonction, même à la menace spontanément proférée sans qu'il ait su, en commençant, comment il poursuivrait sa réponse : l'enchaînement de ses répliques le conduisit par la notion d'*autorité*, « évolutive » en cette période, à la contestation des Ordres et à la menace de la force. Mais ce que nous disséquons s'opéra dans l'unité d'un acte qui porta Mirabeau autant que celui-ci le produisit. De même le renard des *Animaux malades de la peste* improvisant une apologie du lion, est-il contraint de trouver ses arguments sur-le-champ à partir d'un donné limité et dans un contexte défavorable ; il tourne l'obstacle en tremplin et détourne vers l'âne la menace. Ainsi les idées viennent-elles pendant l'exécution et de son fait même, par la mobilisation psycho-organique.

Si celui qui se livre ainsi n'a pas l'idée précise de ce qu'il va faire, un rythme, un mot, un regard suffisent à lancer son impulsion et à enclencher le processus de l'imagination créatrice. Alors la détermination de l'agent utilise toutes les occasions pour se déployer, esquiver et retourner les coups, combinant un comportement agonistique et adaptatif comme dans les transformations de l'improvisation théâtrale. La progression s'oriente en fonction du pas précédent, selon l'axe poursuivi. Ainsi l'improvisation ne cherche pas une expression adéquate qui l'habillerait ; la pensée s'entraîne à sa propre poursuite parce que, inséparablement, les mots où on la pense s'appellent et se relancent.

— Pourtant une situation imprévue risque toujours de paralyser — ainsi de l'examen oral comme situation où manque toute préparation. Son procès suppose la mise en cause du postulat sur lequel repose la pratique de cet examen : celui qui ne dit rien ne sait rien, c'est-à-dire l'identité de ce qu'on dit et de ce qu'on sait, de l'acte et du possible, du savoir et du manifesté. Comment faire si celui qui sait ne sait ou ne peut pas dire ce qu'il sait, ou même ne sait plus qu'il sait ? S'il faut dire pour savoir, la situation est sans issue autre que de commencer à dire, ce qui suppose de n'être pas inhibé psychologiquement — or le blocage vient du retour de la conscience sur ce qu'on croit savoir et qu'on sait avoir appris, inutilisable hors du contexte où on l'a acquis. L'ordre d'exposition (parallèle à la mémoire-habitude) correspondant à l'exigence présente, ne peut retrouver l'ordre de genèse de l'apprentissage (parallèle à la mémoire vraie), si bien qu'au lieu de rechercher le souvenir d'un mouvement déposé ou une totalité constituée, le candidat a de meilleures chances de réussir s'il se livre avec confiance au dynamisme évocateur des paroles qu'il va prononcer. La vertu du commencement mobilisera son être unifié, ce qu'il sait réapparaîtra dans l'ordre voulu par la nécessité présente. L'abandon est ainsi plus fécond que la crispation, l'unité du moi plus sûre que le dédoublement pour rappeler un passé qui revient d'autant moins que sa recherche le confirme comme passé. L'examen oral impromptu est ainsi un excellent test des aptitudes mobilisatrices d'une personne et de ses capacités existentielles. Au-delà du par-cœur superficiel de la répétition, l'improvisation révèle l'être qui, rassemblé, dit et fait selon l'exigence du moment, les trouvailles [1] modifiant les chemins qu'il emprunte, à la manière de l'orateur repartant du mot prononcé.

— Lorsque nous improvisons, nous trouvons, en effet, dans notre action même l'essence prochaine que nous poursuivons — lorsque Picasso improvise, par exemple [2], il trouve à mesure qu'il peint ce qu'il va commencer (pour lui), c'est-à-dire prolonger (pour le tiers) ; c'est à partir de ce qu'il vient de faire qu'il poursuit, et de cette poursuite la peinture seule est l'objet. Des éléments divers et adventices comme le grain de la gouache, l'inégal étalement de la pâte, le rythme respiratoire de l'artiste, l'éclairage... incitent brusquement à prolonger, à établir une ligne, à doubler ou repousser un contour ; la main entraîne et guide l'esprit. L'improvisation s'inscrit dans une succession, l'improvisateur peignant à partir de ce qu'il vient de peindre sans que s'intercale entre chaque coup de pinceau une réflexion, un projet. Dans la suite temporelle des actes qui construisent pour le tiers l'unité de l'ensemble, s'établit à chaque moment cette simultanéité de la conception et de l'exécution assurée par la vitesse qui, supprimant le délai, permet à la spontanéité de shunter les réflexions méthodologiques. Naturellement, l'artiste peint à partir de ses techniques et de son savoir-faire, sans avoir besoin de s'arrêter de faire pour se retourner vers son savoir qui s'actualise immédiatement — il n'y a plus de distinction entre la théorie et la pratique.

La calligraphie et la fresque figurent des exemples de technique dans l'improvisation selon des normes.

Ainsi dans la culture japonaise : le *sumiye*, sorte de croquis peint en noir et blanc avec de l'encre composée de suie ou de colle et un pinceau qui retient facilement le liquide. L'artiste dessine sur un papier mince qui absorbe l'encre et l'oblige à des gestes continus et rapides pour ne pas le percer ; en même temps, il doit obéir à une exigence d'économie

---

1. « Où caser cette mélodie, ce vers, cette attitude qui viennent? » Valéry, *Cahiers*, XI, p. 501.
2. Cf. le beau film de Clouzot : *Le mystère Picasso*, 1955.

des lignes, s'interdire toute rature, retouche ou correction. Tracé une seule fois, ce dessin qui n'est pas une copie est définitif : une improvisation. Le geste coïncide parfaitement avec l'inspiration dans une spontanéité définitive qui exclut réflexion ou recul. La pauvreté de ce dessin inspiré a transcrit l'esprit qui coïncide avec lui comme l'artiste avec sa plume. De même la calligraphie islamique — quand il s'agit de dessiner chaque matin le nom de Dieu, d'un seul trait, comme sur les superbes parchemins du palais de Topkapi, à Istanbul : rigueur conjuguée avec spontanéité.

Dans la fresque, de Michel-Ange à Foujita, l'artiste n'a que quelques heures pour peindre un mur avant que sa couleur ne sèche avec le revêtement. Ou encore plus visible dans l'irrévocable, chaque geste du sculpteur rend plus définitive la forme où l'avenir du prochain coup de ciseau ne peut que souligner davantage l'état engagé, à partir duquel la poursuite de l'œuvre est toujours un commencement : l'art de l'éphémère est celui du définitif.

L'effectuation modifie en lui conférant une manière d'être, le projet initial ; l'improvisation crée par elle-même son objet en même temps que son acte dilate l'improvisateur. Celui-ci ne se contemple pas dans le miroir de son propre jeu mais s'enchante de ce qu'il s'entend dire, de ce qui se dit à travers lui sans qu'il sache d'avance qu'il va le dire ni ce qu'il va dire. Au contraire de l'orgueil du fat qui se plaît à se regarder dans la glace ou à s'écouter, ce sentiment de plus-être naît de la certitude vécue d'un exhaussement ontologique.

L'improvisation fait obstacle à la restitution, à la retranscription comme à la répétition ; elle ne respecte pas l'objectivité scrupuleuse de l'écrit qui a partie liée avec le mesurable, le répétable, l'impersonnel. Mais ayant à l'esprit une pluralité d'idées à partir d'une seule, c'est-à-dire une multiplicité de mots à partir d'un mot dont il arrive que les natures riches s'intoxiquent, ses pensées, c'est-à-dire ses mots, lui échappant ; l'improvisateur court pour les dire avant de les perdre. La simultanéité de la pensée à la parole comme des pensées à l'esprit, qui entraîne souvent leur bousculade, préserve leur vie. Ainsi la rapidité relance l'enchantement de sa verve où l'improvisateur trouve l'inspiration pour poursuivre ; elle entretient l'excitation de la pensée qui s'y trouve relancée.

— L'improvisateur s'inspire lui-même en faisant, ce qui ne serait pas possible si tout était déjà là dès le commencement. Confiant dans le devenir, il est foncièrement optimiste. Par sa situation de plus en plus irrévocable d'être-devant-le-public, auquel il se donne en entier, s'étant coupé toute retraite, il n'a d'autre alternative que de réussir, qu'une conduite possible : faire ; qu'un état d'esprit : la conviction. Cet homme exposé est déjà vainqueur, s'il doit mériter sa victoire. On peut certes improviser chez soi pour soi ; cependant le public modifie le rapport de l'improvisateur à son acte qu'il facilite généralement [1], le portant souvent à se surpasser. L'improvisateur puise dans les yeux de l'auditeur un stimulant pour la poursuite et un encouragement pour l'approfondissement de sa pratique — un regard annonçant qu'une pensée encore à-demi exprimée est déjà comprise, suscite et encourage la suite de l'expression — « Une improvisation... Mais est-ce que vous pouvez vous passer de public, de musique et du tonnerre des applaudissements ? » [2] — en même temps qu'il projette en lui la reconnaissance qu'il ressent, comme dans l'intérêt de la libre conversation ; ce qui renvoie à la question du mystère métaphysique de la réciprocité dont la connivence est la composante psychologique. Cet écho dans le regard de l'auditeur qui, en termes de communication, établit un *feed-back* avec l'émetteur, l'amène à modifier son comportement en mêlant à la trame principale les excursions suscitées par les appels du moment et infléchit le jeu comme Liszt savait le faire, sans rompre avec ce qui précédait. Ainsi l'improvisateur conduit-il sa parole « au public » comme on dirige un voilier selon le vent et comme certains gouvernent selon l'opinion. Cependant on se méprendrait à réduire l'improvisation à un art de suiveur ou d'opportuniste ; les caractères positifs d'adaptation y sont portés à l'extrême de la célérité par l'obligation d'exercer dans l'instant l'art du commencement — il est plus facile de continuer dans l'intervalle de la répétition que d'inaugurer l'instant de la nouveauté par une affirmation qui n'était pas préparée dans la répétition antérieure. C'est tout le processus d'une évolution qui est créateur — l'improvisation tient en cela d'un mouvement divin en donnant ce qu'elle n'a pas, ce qui ouvre le dilemme du don et de la conservation puisque, du même mouvement, on conserve et à la fois on donne — le don est toujours puissance.

Mais rien ne se fait si on se borne à rechercher d'abord et à rassembler les conditions de possibilité de l'action : sa fécondité se réalise au fur et à mesure et par son fait même — rappelons Bergson dont il faudrait relire ici toute une page [3] de *L'Évolution créatrice* : « mais l'action brise le cercle...! »

---

1. La «facilitation sociale» est un processus spécifique du dynamisme des groupes.
2. Pouchkine, « Les nuits d'Égypte », in *La Dame de Pique et autres nouvelles.*
3. p. 193.

b/ Novation du langage.

La contemporanéité entre conception et acte se retrouve encore dans l'aptitude inventive du langage, sur laquelle insistait Descartes[1], à former des énoncés exprimant des idées nouvelles. Chomsky s'y réfère lorsqu'il parle de « l'aspect créateur de l'utilisation ordinaire du langage », citant Huarte : « l'esprit (*ingenio*) est une puissance générative... l'entendement a une vertu et des forces naturelles pour produire et enfanter »[2] — la parenté de *ingenio* avec la créativité du langage caractérise l'entendement. L'innovation caractérise le langage — rappelle après Cordemoy, Chomsky — « ce qui peut rendre compte de la nouveauté, de la cohérence et de la pertinence du discours normal... c'est la capacité d'innover en fonction des situations nouvelles et sous la forme d'un discours cohérent[3] ». Le langage trouve en exprimant. De même, la réplique adaptée distingue essentiellement le langage humain des systèmes de signaux animaux, particulièrement dans l'improvisation qui condense dans l'instant la capacité novatrice et atteste l'imprévisibilité de son contenu. « C'est un seul et même dynamisme qui produit la pensée et le langage »[4], dit Humboldt qui caractérise le langage par son *impetus* lorsqu'il parle d'*energeia* pour désigner l'activité en train de s'opérer ; le langage est une génétique puisqu'il est appelé à un usage infini de moyens finis — la même énergie meut la pensée et engendre le langage. Des classiques aux romantiques, une constante traduit l'association de la créativité linguistique à la créativité artistique, « dans la vie quotidienne, dans la vivacité voire la passion qui alimente la langue de la conversation courante »[5]. L'improvisation révèle ainsi le plus directement l'essence du langage.

Insister sur la créativité du langage c'est mettre l'accent sur la libre expression au lieu de l'enclore dans un système arrêté qui en limite l'exercice et en organise la succession[6]. Cela entraîne pour conséquence l'ouverture du langage à la pluralité des expressions — le postulat étant l'aptitude de chacun à la libre création, la spécificité des parlers et réci-

---

1. *Discours de la méthode*, 5e partie.
2. Noam Chomsky, *La linguistique cartésienne*, p. 19 et ss. (Huarte, *L'examen des esprits*, 1668, cité par Chomsky).
3. *Ibid.*, p. 26.
4. Cité par Chomsky, *ibid*, p. 42.
5. Schlegel, cité par Chomsky, *ibid*, p. 37.
6. « Bien entendu, la liberté est la condition absolument nécessaire sans laquelle les actes qui portent le plus nettement le cachet de l'âme ne peuvent entraîner aucune de leurs conséquences salutaires », affirmait Humboldt en ce sens ; *Essai sur les limites de l'action de l'État*, p. 34.

proquement le droit pour tous à l'expression créatrice[1]. Cela renvoie aux débats concernant la place des minorités dans la Cité.

Cette aptitude novatrice vient de la simultanéité entre la pensée et la parole — il n'y a pas ici de pensée cherchant le matériel qui lui convient mais le sens et les mots naissent ensemble, « les mots sont en moi comme une essence à la fois précise et générale », dit Merleau-Ponty. Il n'y a donc ni séparation ni réaction automatique mais simultanéité entre la pensée et l'action, « la pensée ne dirige pas le langage du dehors : l'écrivain est lui-même comme un nouvel idiome qui se construit[2]. C'est pourquoi l'improvisation inspire à son tour, souffle qui en anime d'autres au lieu de programmer leur mobilisation. Lancée vers un objet toujours inattingible, l'improvisation ne s'arrête pas dans la provision de l'intention mais l'habite, endroit et envers d'une même réalité.

Le discours n'est plus seulement la rationalisation du geste mais s'engendre simultanément au geste qui le justifie — *la* geste est le dit des gestes qu'elle encourage en pérennisant. Tel l'oiseau de Minerve en avance sur son heure, la parole vient avec l'acte. Du geste à la parole et à l'écriture, la filiation ne continue pas : les mots ne sont vraiment « parlants » qu'accompagnés du geste, comme Marcel Jousse l'a montré dans ses études sur le rythme ; le concret anime l'abstrait où sa rémanence rattache le signe à son signifiant.

Les conteurs vivent cette unité rythmique de l'organique et du récit. R. Jakobson a montré[3] comment les rhapsodes serbes improvisent des milliers de vers épiques d'après un mètre vivant en eux — « incapables d'en abstraire les règles, même les plus minimes ». Comme les griots, ils reproduisent un modèle dont ils possèdent la structure. Le conteur transmet en agençant à chaque fois de façon différente les fragments de récits déjà constitués : leur improvisation consiste en cette disposition analogue au choix des plages par l'improvisateur musicien dans la situation aléatoire ; l'*Iliade* et l'*Odyssée* comportent de nombreux passages ainsi disposés.

---

1. « Tous, paysans et ouvriers deviendraient des artistes, c'est-à-dire des hommes qui aimeraient leur industrie pour elle-même, qui l'amélioreraient par une direction et un génie à eux propres, qui par là-même cultiveraient leurs forces intellectuelles, anobliraient leur caractère, élèveraient leurs jouissances. C'est ainsi que l'humanité serait anoblie par ces choses qui, quoique belles en elles-même, ne servent souvent qu'à la déshonorer », disait encore magnifiquement Humboldt ; *id*, p. 32, cité par Chomsky.

2. *Revue de métaphysique et de morale*, Oct. Déc. 1962.

3. *Essais de linguistique générale*, p. 229.

XI. - L'improvisation et son œuvre.

Le mouvement instantané qui pose l'essence avec l'existence est l'aventureux commencement projeté dans un avenir qui l'appelle par le désir qui l'y porte. L'improvisation sait devancer ce temps où elle vient se reposer entre ses fulgurations entraînantes, novatrices d'existers inédits ; elle l'entraîne à sa suite en marquant les mémoires, les sensibilités, débordant les frontières dont, pour mieux vivre dans l'empirie, les hommes ont dû convenir. Ainsi naît la suspicion et le refus d'accueillir l'improvisation au Trésor des Œuvres ; comment pourrait-elle s'installer dans ce Conservatoire culturel, elle qui n'existe qu'en acte?

a/ Problématique de l'œuvre.

Pourtant l'improvisation laisse dans les différents domaines de l'activité humaine la trace d'un résultat construit. La constitution nocturne de la science traverse l'alchimie du laboratoire où l'improvisation stimule la rationalisation. Bachelard a retrouvé l'épopée de la formation de l'esprit scientifique qui montre comment la science est sortie de ces zones impures, de l'occasion ; on le voit encore dans le cas de « la double hélice » de Watson.[1] Refusant d'absolutiser ce qui est déjà trouvé, l'instituant lutte contre l'institué.

En un autre sens, une illusion rétrospective nous conduit toujours à considérer l'improvisation comme l'œuvre que l'on s'applique à construire chaque jour, alors qu'elle rythme le temps de notre être. Ainsi, nous dit Jean Guillou, la pensée musicale de tel improvisateur est ininterrompue depuis que le sujet a commencé à penser et ne s'arrêtera que lorsqu'il n'en sera plus capable — c'est un processus évolutif continu. L'improvisation correspond alors à un certain moment de l'ouverture de ce flot. A la limite, la création coïncidant avec la vie de son auteur, la vie devient création.

— La difficulté vient de la spécificité de l'acte improvisateur : cette « création » qui disparaît en naissant, n'est pas une *poïésis* mais une *praxis* instaurant un résultat qui ne se sépare pas de son dynamisme. L'omettre, c'est négliger le sens de l'opération, conséquence de l'évaluation quantitative des gens et des actes qui déconsidère l'éphémère et le mouvement pour privilégier le définitif et le résultat. Alors l'improvisation se fige en spectacle et Madame de Staël la substantifie, sensualisme du visible oublieux du processus.

1. Bachelard, *La formation de l'esprit scientifique* ; Watson, *La double hélice.*

Nous le voyons dans nos représentations de l'écrit : certes la contemporanéité entre la conception et l'acte est plus rare dans l'écrit que dans la pratique orale ou gestuelle, mais l'écrit sert de référence archétypale pour désigner l'œuvre. La conception communément admise de l'œuvre restreint d'ailleurs celle-ci à un résultat achevé et clos. Pourtant faut-il nécessairement qu'il y ait écrit et résultat déposé pour qu'il y ait œuvre et création — Socrate n'a-t-il rien créé parce qu'il n'a rien écrit ? Et Jésus de Nazareth n'a-t-il pas instauré de l'inouï et du définitif ? Et Plotin qui nous fut transmis par Porphyre ? Ainsi des actes originels ont-ils inauguré un temps après lequel rien ne fut plus comme avant. En réalité, la création n'est pas la production ; elle ne laisse pas nécessairement un produit matériel après que l'action qui lui a donné naissance a cessé ; d'autre part elle ne porte pas seulement sur des choses ou des états mais sur des mouvements et des actes. Ne peut-on parler de « création d'actes » ? Bien que d'une infime densité ontique dans l'épaisseur historique, comme un rien insaisissable qui fait tout dans l'instant de son jaillissement, cet acte renvoie au mystère de l'ipséité de son auteur comme à l'immédiateté de son surgissement. Comment penser et situer des modèles, des archétypes par des actes ? Au plan immanent, on peut classer des comportements et leurs modèles (*patterns*) — mais ce sens ne nous éclaire guère ; au plan transcendant, ces modèles sont des normes, c'est-à-dire des valeurs dans le domaine de l'action. La création des valeurs ferait éclater la notion de modèle par la multiplicité et l'infinie variété des actions, ou fausserait leur mode et leur sens en prétendant les faire entrer dans des catégories *a priori*. En fait cette action ne crée pas les valeurs mais les incarne et, par là, leur donne être. L'instauration découlant d'un acte est le résultat correspondant à l'incarnation de la valeur. Ainsi comment ne pas reconnaître à l'acte éphémère le statut de la création s'il a marqué un temps, ouvert une perspective, créé des possibles en les réalisant ? Si le critère de l'instauration est que quelque chose ait été créé ou changé par la *praxis* existentielle des hommes, elle participe bien de la création par le résultat qu'elle inscrit dans le réel de la transformation des modes d'exister et de penser.

L'irréversibilité du temps consacre comme irrévocable cette *praxis* et son exemple provocateur comme inoubliable. Si toute improvisation est unique, irrépétable, ce n'est pas qu'elle relève d'une nature an-historique mais que la conjonction de l'extemporanéité et de la contemporanéité instaure la norme simultanément à la position du fait. Le paradoxe de sa position éphémère n'est pas seulement *a priori* (par rapport au devenir subséquent) mais aussi *a posteriori* (par rapport à l'histoire antécédente) : si l'improvisation est neuve par rapport à ce qui précédait, elle va être adoptée comme modèle, repétée par habitude, imitée par dévotion.

L'étude de l'improvisation est même le chemin le plus fin pour saisir le sens de la création car elle économise le délai où s'étalent travail, ratures, calculs et dont la contraction ouvre le champ à la spontanéité. Il ne suffit pas d'y voir la genèse du processus, il faut y reconnaître la création jaillissante — sans confondre le simple vécu avec le résultat simplifié de la complexité. Ainsi lorsqu'un organiste enregistre son improvisation pour l'analyser ensuite, il y découvre une complexité qu'il n'y soupçonnait pas lorsqu'il la créait ; s'il veut la jouer, il doit l'apprendre — de toute façon il ne retrouve pas le mouvement par lequel il l'a donnée spontanément la première fois. Ainsi *a fortiori*, l'analyse de la création achevée en sa complexité ne suffira pas à nous révéler le secret de l'improvisation. Seul l'intérêt porté au commencement et au vécu permet d'éclairer le processus en retrouvant son sens, c'est-à-dire celui de sa genèse. Si on part, au contraire, de la structure pour remonter à la genèse, on ne retrouvera ni son originalité ni ce qui conduisit de l'une à l'autre.

Par la magie qu'elle dégage et l'enchantement qu'elle inspire, l'improvisation nous dissuade de rechercher sa paternité — on nous conduirait aux zones d'ombre des inconscients et des nécessités où nous apprendrions seulement son absence. Si, par contre, nous tentions de rencontrer l'improvisation en route, nous gagnerions un point de vue privilégié : à la pointe du commencement où l'influence des pétrifications culturelles est la plus faible, aussi loin de la satisfaction retournée sur soi que du radotage des plaidoyers *pro domo* — nous entrerions dans la création « *in statu nascendi* ».

Ce rapport de l'improvisation à la création se précise enfin par référence à la perfection : chez l'homme, le parfait est un aboutissement, résultat d'une opération de perfectionnement, comme la pureté celui d'une purification ; l'improvisation, parfaite (*perfecta*) du premier coup, entière dans son acte, est conquise par ascèse, c'est-à-dire par exercices et n'est donnée qu'exceptionnellement et par grâce. L'improvisateur fait directement du définitif comme l'écolier brillant écrivant directement « au propre » : le possible coïncide alors avec le réel.

La fusée de l'improvisation ne vise pas une œuvre où elle s'arrêterait mais son dynamisme ne cesse de chercher au-delà, courbe asymptotique dont l'œuvre est à la fois la trace inscrite et le fait praxique.

b/ L'inachevé volontaire ou le temps de l'ouverture.

Le repérage de l'improvisation dans les domaines où elle est habituellement reconnue, conduit à une zone limite entre l'œuvre déterminée et l'indétermination absolue, entre la composition libre et l'improvisation totale — il n'y a pas d'improvisation absolue parce qu'il n'y a ni spontanéité, ni indétermination totales. Aux yeux de ceux qui considèrent tout ordre et toute forme comme obturant la spontanéité et bridant la créativité [1], l'improvisation est-elle la panacée qui permettrait d'échapper aux déterminations ou de composer avec elles? Les rapports ambigus de l'actant et du spectateur appellent un examen préalable.

— Le regard du spectateur pétrifie l'action en cours comme un résultat déjà déposé. L'œuvre suppose toujours un recul par rapport à la création et cette distance exclut l'improvisation qui ne saurait se séparer de son auteur. Nous l'avons noté, l'improvisateur vit sa *praxis* sans se retourner sur elle ; il ne pense pas faire une œuvre mais il la fait en vivant, selon ce qu'il est et de surcroît.

Cette séparation entre acteur et spectateur, actant et consommant, entraîne une autre coupure : entre ceux qui font pour les autres et ceux qui participent ensemble. Tout se passe, en effet, comme si l'action (politique, artistique, économique...) était affaire de spécialistes, une fonction séparée condamnant le plus grand nombre à la contemplation des conserves culturelles, des œuvres et des décisions des autres.

L'improvisation anime, au contraire, une protestation contre la stérilisante division des fonctions (l'admiration n'est pas une fonction mais une passion, la première de toutes, selon Descartes), pour l'appel adressé à chacun à participer à une création communautaire et personnelle puisque le concernant, sans que l'on désigne des destinataires privilégiés mais isolés. Elle ne résulterait pas de fonctions assignées selon la délimitation des rôles et des statuts sociaux mais d'une participation de tous. Le tiers qui regarde faire, compte les résultats et guette les chutes ; il considère l'improvisation comme l'affaire de l'autre, comme une œuvre destinée à une carrière d'objet de contemplation : le processus improvisateur précipité en œuvre perd son statut ontique. Il est toujours commode de se considérer exempt de l'action en la laissant à l'autre. Comme souvent, cette attitude entraîne sa justification rationnelle qui se donne des raisons — l'éthique de cette veulerie entraîne l'erreur de l'entendement, tant il est vrai que le jugement est faussé par l'action non droite. A celle-ci correspondent deux types d'incompréhension de l'improvisation : étranger à l'acte vécu par le sujet, le spectateur réduit l'improvisation à une œuvre hâtive ou bien il lui conteste le statut de l'œuvre comme ne relevant pas, selon lui, d'une intention. Pourtant l'absence

---

1. « Pourquoi les hommes dès qu'ils sont en liberté, se fabriquent-ils le sentiment qu'il faut y mettre bon ordre?», dit Adorno ; « La musique et ses problèmes contemporains », *Cahiers Renaud-Barrault*, 1963, N° 41. Et Cage parle de l'œuvre comme ce qui a « l'aspect alarmant d'un monstre de Frankestein », *Silence*.

d'intention accompagne souvent la création, comme l'a montré Romano Guardini [1], en témoignant de la spontanéité qui la dynamise.

D'autre part, l'improvisation ne naît pas automatiquement de l'indétermination et ne nécessite pas la liberté totale à laquelle ses détracteurs voudraient l'assigner afin de la rendre impensable. C'est un acte, une *praxis*.

— On improvise toujours à l'intérieur d'une société : dans un cadre culturel et selon un code. Puis l'instrumentation impose ses limites avec ses possibilités : il n'y a que douze notes par octave, l'émotion suit un rythme, chaque instrument impose une technique. L'improvisation réclamerait, dans une autre culture, l'apprentissage d'une spontanéité nouvelle — un occidental ne peut faire spontanément de la musique orientale. C'est le non-sens des critiques contre la forme de reprocher au créateur de s'exprimer selon une morphologie et une syntaxe sous prétexte qu'il ne les a pas créées lui-même — comment donc autrement ? C'est encore à partir des mots et avec les mots que l'on fait éclater les mots! Toute indétermination est nécessairement limitée, qu'elle porte sur la forme ou le contenu. Mais, d'autre part, l'improvisation secoue l'étroitesse des institutions culturelles : la primauté de l'écrit, les limites imposées à l'art et celles des rapports entre le créateur, l'exécutant et le public, afin d'ouvrir les modes d'expression à une sensibilité née de conditions historiques nouvelles. On ne peut séparer le devenir d'une société des événements qui la marquent, les aspirations qu'elle manifeste des improvisations qu'elle tente — le devenir social est un.

L'indétermination entraîne l'ambiguïté, c'est-à-dire suppose une référence à des significations en nombre limité, selon des grilles dont on ne dit pas laquelle est proposée pour lire et élire le sens. Ce qui est émis de façon univoque peut être reçu de façon équivoque ou plurivoque ; l'ambiguïté multiplie les sens du monde en le lisant comme une pluralité de possibles simultanés. L'ambiguïté entraîne parfois des quiproquos par suite d'une confusion que nous opérons au sujet de l'indétermination : nous la considérons, en effet, comme un état fini qui s'imposerait à nous, au lieu de la tenir pour un processus qui susciterait notre action. Cette confusion réductrice correspond à la réduction de l'improvisation à une chose faite et à la pétrification de l'œuvre comme dépôt achevé — au lieu d'y reconnaître des dynamismes en cours. Elle équivaudrait alors à l'indifférence dont Descartes a montré qu'elle est le plus bas niveau de la liberté, traduisant une absence d'idées et une indigence de désir. Ainsi ceux qui n'ont rien à communiquer jouent-ils dans le formalisme et combinent-ils des concepts sans intuition. C'est avouer que tout est équiva-

1. « L'absence d'intention dans les œuvres d'art », *Liberté, Grâce et Destinée.*

lent, qu'il n'y a ni urgence ni importance — attitude anti-philosophique et position invertébrée qui ne recherche rien. L'expression de cet indéterminisme c'est l'indistinction, et son attitude, l'indifférence.

La féconde indétermination consiste, au contraire, à accueillir ce qui vient de l'inspiration propre, de l'inépuisable invention personnelle — construisant sa forme à partir de ce qui vient et de la manière dont il vient — non de l'étroite répétition qui s'ajoute au plus près d'une conception préalable à suivre ou de celle, compulsive, des fantasmes obsédants. Surtout, la forme n'est pas seulement un résultat, elle est elle-même le processus dynamique de formation ne s'achevant qu'à la cessation de l'activité qui y préside. A chaque arrêt correspond un moment de la forme, comme la mort dessine la forme de la vie qu'elle vient d'interrompre et semble lui donner un sens différent de celui qu'elle aurait eu si l'événement ultime était survenu à un autre moment. Le palier provisoire du pas-encore déterminé, de l'esquisse, fixé définitivement, n'a que la mort en commun avec l'existence car il refuse ce qu'il promet. La détermination et la décision vont de pair dans le sens de la fermeture des possibles : l'enfant a une forme existentielle encore indécise car il n'a pas encore refusé, au nom de son devenir, les possibles qu'il ne développera pas[1]. Cela permet de mieux comprendre le sens positif de l'indétermination en correspondance avec celui de l'improvisation : non pas l'oubli de la détermination, une imprécision ou une activité hâtive mais une disposition qui ménage la possibilité d'actions infiniment variées conduisant à une signification encore vierge.

L'indétermination ouvre donc la perspective hier encore détenue par l'auteur qui imposait normes et gestes à un interprète dont le rôle institué se bornait à restituer une forme.

Certes, l'indétermination n'est pas tout à fait nouvelle : au Moyen-Age déjà, dans le grégorien du XVe et du XVIe siècle ou encore dans le prélude non mesuré, les notes étaient sans valeur ni durée : l'interprète les choisissait. De la même façon, *L'Art de la fugue* chez Bach, ne comporte pas d'indications de temps ni de nuances ; même les instruments ne sont pas toujours précisés : certaines œuvres sont écrites « pour clavier bien tempéré », pour tout instrument à clavier chez les romantiques ; enfin les cadences du concerto, au XVIIIe siècle, sont laissées à l'interprétation de l'exécutant. Cependant les interprètes, d'ailleurs peu nombreux, du XVIIIe et même du XIXe siècle, conservaient la tradition d'un certain style auquel ils étaient fidèles, leur apport personnel se cantonnant à une broderie sur ce style et les premiers signes d'aléatoire restant loin de ce qui se manifeste dans la musique contemporaine où l'interprète

1. Cf. Bergson, *L'Évolution créatrice*, chap. II, p. 101.

devient roi. Cortot mort, on a dit : « Chopin est mort une seconde fois ». Aujourd'hui l'interprète veut s'exprimer totalement et non se contenter de broder.

Certains créateurs proposent des œuvres au caractère volontairement inachevé, comme une invite adressée à l'interprète et au spectateur, de les prolonger à son gré. Il s'agit de l'œuvre ouverte, notamment reconnue en musique.

— Définie vers 1950 en Europe, l'*œuvre ouverte* se situe entre la musique sérielle et l'improvisation généralisée qu'elle relie. La simultanéité dans la coïncidence d'actions se passant simultanément à divers niveaux, ménage une place remarquable à l'improvisation, comme chez John Cage.

Elle suppose l'ouverture par rapport au spectateur qui l'interprète en la recevant. Toute œuvre peut être considérée comme ouverte dans la mesure où le spectateur peut la contempler sous une multiplicité d'angles qui témoignent de son infinie richesse, liée à son ambiguïté essentielle. Au contraire, le degré zéro de l'ouverture c'est l'univocité de l'œuvre véhiculant une information inambiguë, signal déguisé en signe.

Elle suppose encore l'ouverture par rapport à l'interprète qui participe à sa création en l'effectuant — et sans qui elle n'existerait pas (il n'y a pas plus d'œuvre musicale sans instrumentiste que de théâtre sans acteur), ensuite en la complétant par une collaboration avec son auteur initial. En effet, l'exécutant prolonge l'œuvre inachevée dans le projet de l'auteur qui a délibérément préservé la possibilité de profils, de structures, de déroulements différents auxquels il associe celui qui la « met en œuvre », sans lequel elle n'aurait même pas d'existence sur le papier puisque sa forme n'existe qu'en exécution. Créant le possible en l'actualisant, l'actant devient co-créateur ; ne se contentant plus d'interpréter une situation élaborée par un autre, il détient la responsabilité du devenir de l'œuvre.

Ouverte du côté de sa détermination technique, l'œuvre peut l'être aussi du point de vue de la responsabilité de son auteur : que nous apprend la problématique d'une création non individuelle à l'égard de l'improvisation ? Bien des œuvres viennent d'auteurs dont personne n'a conservé le souvenir ni le nom, chefs-d'œuvre anonymes d'une culture qui a oublié leur acte personnel et la responsabilité où la personnalité n'autorise aucun culte. Le mouvement ontogénique se produit de la base populaire vers le sommet savant, inspirant celui qui atteint le statut de créateur par son savoir et ses méthodes. Or on oublie ce mouvement sur lequel se greffent les créations individuelles que la culture collective inspire et rend possibles, comme les poèmes homériques. Au Moyen-Age, des airs de danses populaires envahissent la musique considérée comme savante dont nombre d'œuvres académiques retiendront des ensembles.

L'amnésie de la préhistoire de ces créations orales a rendu insaisissable leur origine et l'agencement des fragments hérités dont on ignore l'auteur pour n'en reconnaître que le style. L'ouverture correspond ici à l'aspect toujours variable de l'œuvre au sein de sa transmission et à sa transmissibilité même.

Entre le néant de l'absence de forme et la détermination d'une forme close, l'indétermination de la forme ouverte accueille l'inventivité du praticien et réclame le contrôle de l'artiste, comme le note Alexandre Calder [1] qui, avec ses célèbres mobiles, a influencé vers 1950 les tenants et les chercheurs de la « forme ouverte ».

Cette indétermination se retrouve dans l'*Action Painting* de Jackson Pollock et repousse l'appréciation du côté de la personnalité de l'artiste : poète, son résultat sera poétique, sinon il ne livrera que les platitudes auxquelles on peut s'attendre de la part de celui qui refuse tout intermédiaire, réduisant le spontané au désordre psycho-organique qui entraîne la décadence du théâtre en happening, de la peinture en barbouillage, de la danse en hystérie.

De la même façon en musique, *Folio* d'Earle Brown, équivalent de mobiles, démultiplie la portée d'une partition en offrant des plages au choix de l'interprète : on peut jouer dans n'importe quel ordre *Twenty Five Pages*, lire les événements en clé de *sol* ou en clé de *fa*, et combiner les parties de plusieurs matières différentes.

Dans les *Improvisations sur Mallarmé*, de Pierre Boulez [2], la forme est modifiable selon les désirs du chef d'orchestre ; les interprètes peuvent choisir entre des matériaux différents, des *tempi* (ce qui fait varier la durée des parties jusqu'à en supprimer) et même le rapport entre la musique et le texte. De même que le chef d'orchestre peut choisir ses instruments parmi ceux que le compositeur a envisagés, les instrumentistes peuvent emprunter l'un des cheminements prévus par le compositeur. L'interprète de la *Klavierstück II* de Stockhausen, parcourt et enchaîne à son gré des séquences différentes dont le jeu détermine son mode à l'intérieur de leur ordre, les nuances et le temps étant mentionnés pour la séquence qui suit [3].

---

1. « La disparité dans la forme, la couleur, la taille, le poids, le mouvement, voilà ce qui fait une composition et si ceci est admis, alors le nombre des éléments peut être restreint... La symétrie et l'ordre ne font pas une composition. C'est par l'accident manifesté dans la régularité que l'artiste contrôle réellement, qu'il fait ou gâte une œuvre ». *Musique en Jeu*, N° 3, p. 35.

2. *Improvisations sur Mallarmé. Le vierge, le vivace et le bel aujourd'hui ; Une dentelle s'abolit ; A la nue accablante tu.*

3. Dans la grande partition de Boulez — le miroir de la *Troisième sonate*, une possibilité analogue est réservée à l'interprète qui a le choix entre différents parcours

De même *Votre Faust, fantaisie variable genre Opéra*, de Michel Butor et Henri Pousseur, présente différentes issues à l'action dont le cours peut être modifié à plusieurs reprises par l'intervention du public qui vote à l'entr'acte sur la suite des opérations, chaque spectateur pouvant toujours crier « *Non* », pour aiguiller l'action sur une autre voie.

Les membres du quatuor à cordes peuvent décider sur le champ les plages de la partition de l'*Archipel II* de Boucourechliev qu'ils vont jouer au lieu de se borner à appeler, le moment venu, par la lettre grecque qui la désigne, la plage à jouer : il s'agit alors de la décision extemporanée de jouer tel fragment à tel moment, bien que ce fragment ni ce moment n'aient été arrêtés au préalable. D'exécutant, l'interprète devient co-créateur ; ce qui est joué est l'œuvre du choix des interprètes. Partout, en effet, ceux-ci font intervenir les événements aux moments de leur choix et dans une structure elle-même variable. La fin arrive quand tous les musiciens se rendent compte qu'à l'égard de ce qu'ils ont fait, la forme est à expiration, le parcours à son terme.

Ainsi l'œuvre aléatoire trouve-t-elle ses limites dans les choix du compositeur, du hasard et de l'interprète : celui-ci choisit son parcours selon une liberté que le compositeur a définie comme limitée, l'œuvre improvisée par l'exécutant restant déterminée dans ses possibles.

Cependant, en densifiant le nombre et la fréquence des décisions, on étire l'œuvre vers l'action jamais achevée en risquant de systématiser la valeur du changement pour lui-même. Enfin l'association plus étroite de l'exécutant à la création entraîne chez certains compositeurs un repli dans l'inexpression et l'impersonnalité : pour ne plus détenir de pouvoir sur les interprètes, le compositeur n'intervient plus dans sa musique ; celle-ci, comme chez John Cage, trouve son complément dans le silence qui l'englobe et qu'elle devrait éviter de dominer par une « tentative de contrôle rationnel ». Ce « libéralisme » montre l'impossibilité pratique du silence[1], car « nous faisons de la musique tout le temps » ; il n'y a plus alors ni signifiant ni œuvre — l'improvisation disparaît avec le sujet en même temps que se dissout la *praxis* dans un pointillisme passif ou réflexe.

— A cette ouverture maximum de l'œuvre musicale correspondrait, dans l'ordre du théâtre et de la vie, *le happening*. Tentative de subversion

---

dans l'enchaînement des structures ; l'interprète de *December fifty two*, de Earle Brown (1952), a une liberté plus grande encore car il doit improviser la pièce à partir de *stimuli* que représente le graphisme (composé de petits rectangles horizontaux ou verticaux) de la partition. Dans *Intersection 3* pour un violon et un alto, de Morton Feldman, la partition est composée de blocs carrés et de rectangles où chaque instrument entre selon la place qui lui a été attribuée ; hauteurs, durées, attaques restent indéterminées.

1. Cf. John Cage : *4'33"*.

de l'organisation mentale et esthétique, le happening veut faire émerger ce qui est prohibé psychologiquement et socialement. La liberté d'action qu'il prétend instaurer consiste à favoriser le retour du refoulé, à utiliser les hallucinations pour rappeler les instincts et faciliter l'absorption dans le tout collectif formé avec les spectateurs. Le but est de vivre ce qui reste d'ordinaire caché, d'atteindre un état de voyance[1] qui permette une communication. En fait, cette agitation qui se présente comme une action dont elle refuse les déterminations matérielles, contredit la libération et la spontanéité qu'elle vise. La soigneuse élaboration du happening se lit, en effet, dans les matériaux qu'il utilise et la mise en condition psychologique qu'il réclame ; puis la libération qu'il vise n'est autre que la prison des instincts — le psychodrame, lui, parle d'abréaction ! La complexe subtilité, l'inventivité certaine du happening ne redressent pas la fausseté essentielle de son statut : il prétend atteindre une forme à partir du recours à l'imaginaire en même temps qu'il refuse les formes comme aliénations sociales. Son absence de forme promet le maximum d'ouverture à cette action collective et éphémère qui saisit le plus grand nombre d'occurrences possibles ; en cela, ce type d'action collective passerait pour une improvisation globale. Ni forme, ni thérapeutique, ni exercice rigoureux, pas même fantaisie, le happening est une recherche systématique de l'anti-culture et une anti-œuvre d'art. Mais qui ne voit qu'il utilise encore, comme tous les contempteurs de la culture, les voies de cette culture, que la contention d'esprit qu'il impose, chasse toute spontanéité autre que forcée et toute improvisation autre que purement réactive? Tenté par le « n'importe quoi » dont il n'est sauvé que par l'ingéniosité de ceux qui l'organisent, le happening est la tentation par excellence du divertissement réactif. On atteint la limite de l'improvisation, montrant par l'absurde son nécessaire ordonnancement à l'œuvre.

— En deçà de ce passage à la limite où l'improvisation régresse vers sa forme réflexe, l'œuvre ouverte provoque l'improvisation chez le praticien en suscitant sa *praxis* dont on peut distinguer les principales réactions possibles — ainsi Vinko Globokar[2] classe-t-il cinq catégories de réactions prescriptibles à l'interprète : — l'*imitation*, où il reproduit à sa façon ce qu'il vient d'entendre dans une réponse dont la spontanéité dépend de son vécu mais que l'on peut tester par le temps qui sépare le *stimulus* de la réaction ; — l'*intégration* avec des broderies, des renforcements, des développements de la proposition ; — *les citations*, par des

1. J. J. Lebel, *Le happening*, p. 50.

2. Dans un article intitulé de façon significative : « Réagir... » ; *Musique en jeu*, N° 1, p. 70.

repos ou des silences. Ces trois modes d'improvisation répondent à une proposition selon une spontanéité appuyée sur une technique minimale. Cependant certaines réactions impliquent un jugement : — ainsi « *faire l'opposé* », si l'on précise que ce processus joue parfois un rôle justificateur ; « le processus est d'abord réactif (sélection), ensuite compositionnel (invention de l'opposé) », la réaction se mêlant ici à la réflexion dans une conduite unique synthétisée. — Il peut s'agir enfin de quitter la référence réactionnelle au donné pour *faire quelque chose de différent*, ce qui correspond au maximum de création, tous les possibles requis étant disponibles. La créativité de l'actant est proportionnelle, dans tous ces cas, à l'imprévisibilité de la stimulation à laquelle il doit répondre, ce qui garantit la spontanéité et suscite la réaction immédiate. L'action est d'autant plus personnelle et créatrice qu'elle consiste davantage à créer du différent et d'autant moins créatrice qu'elle est davantage commandée par la forme, fût-elle l'opposé, qui s'impose à elle. La différence conduit à l'unicité de chaque exécution qui, pour être unique, ne doit pas avoir été fixée.

Pratiquer l'œuvre ouverte et convier l'exécutant à la création suppose qu'on ait résolu les difficultés propres aux rapports d'improvisation : il est contradictoire de commander à quelqu'un d'improviser et de ne pas le laisser libre de sa matière. D'autre part, le choix entre des plages et des itinéraires différents reste imposé et ne correspond que fortuitement à l'*impetus* propre à l'actant à qui le compositeur propose différents types de réactions, du réflexe à la plus élaborée. Faite de propositions, d'incitations au partage créateur avec l'interprète et avec le spectateur, l'œuvre se prolonge toujours différemment, comme le possible initial toujours provisoire du concepteur.

Ainsi les rôles du compositeur et de l'interprète se transforment-ils au bénéfice de ce dernier — les compositeurs sont de moins en moins interprètes tandis que le statut de l'interprète fait de lui un co-créateur.

L'« ouverture » intègre l'œuvre à ce qui la prévoit et la limite — la manière d'être de cette œuvre est l'inachèvement. En définitive, l'actant est co-créateur dans la mesure où il joue des possibilités proposées par le créateur initial, mais exécutant lorsqu'il doit se soumettre à une structure dont il n'est pas l'auteur et qui commande l'œuvre. Toute ouverture suppose une structure, un certain degré d'achèvement, sinon il n'y aurait pas d'œuvre mais l'informe indistinction. Ainsi toute improvisation est partielle, fût-elle un moyen heuristique ordonné à la formation d'un ensemble. Loin de l'œuvre finie, procédant d'une intention univoque où la bonne forme entraînat la conduite orthodoxe dans l'organisation et les réactions sociales, ce décentrement en relativise la perspective dès lors que le premier auteur n'a pas imposé comme préférable une conduite mais a laissé aporétiques le déroulement et l'issue.

L'ouverture de l'œuvre révèle l'ambiguïté de la condition humaine à travers l'aventure de ses protagonistes où l'indéterminé permet l'improvisation et promet l'imprévisible. En effet, les interactions de l'engagement et de son interprétation, en révélant les possibles infinis de l'activité improvisatrice, préservent l'indétermination de l'œuvre ; la complexité des rapports des affectivités et du rôle imposé conduit plus loin qu'à l'observation de l'indétermination, sur le chemin de l'existence imprévisible.

— On retrouverait un parallèle entre les caractères d'ouverture de l'œuvre musicale et l'utilisation de l'improvisation pour créer au théâtre. Soit le cas où les acteurs doivent créer en les incarnant librement dans un second temps, les personnages qu'ils viennent de représenter à partir du texte joué ; les qualités de ce vécu dont ils se souviennent, fourniront un enracinement à leur improvisation. Improvisant après avoir joué un texte, le comédien bénéficie, en effet, de la rémanence d'une émotion qu'il n'a pu libérer tout à fait dans son jeu et dont il a gardé l'empreinte — le sens d'une forme, d'affrontements, d'un dénouement — qu'il peut laisser vivre alors pleinement : les acteurs vivent d'autant plus intensément leur « rôle » qu'ils ont jusque là refoulé ce qu'ils ressentaient, proportionnellement à l'inadéquation entre ce rôle et leur personnalité. Dans quelle situation se trouvent-ils, dès lors, sinon celle de l'existence quotidienne en sa complexité et dans l'imprévisible nouveauté des interactions humaines? Souvent alors, les comédiens critiquent le texte, évoquent ce qu'ils auraient aimé faire s'ils n'avaient pas été retenus par l'écrit de l'auteur, ressenti comme bridant leurs possibilités. Certains recherchant le calme, ne parlent que lorsque le mot s'impose à eux ; d'autres jouent de petites scènes sur des rapports verbaux sans s'engager dans le monde des rapports de signification.

Ainsi l'auteur (le concepteur) propose-t-il au comédien (à l'interprète) de rêver librement au cours d'une reprise qui est, en réalité, une poursuite. Cette technique d'ouverture de l'œuvre par l'improvisation atteste comme créatrice l'indétermination qui la sous-tend, comme dans la fiction pirandellienne du théâtre dans le théâtre où nous choisissons les exemples illustrant ces rapports.

Ce soir on improvise[1] présente les situations privilégiées de la relation de l'improvisation au rôle avec la fécondité de l'indétermination. On peut, en effet, classer les distorsions manifestées entre les motivations des acteurs et leurs rôles.

1. Pirandello, *Ce soir on improvise.*

L'inadéquation du vécu et du rôle : les acteurs ne veulent pas improviser ce qui ne correspond pas à leur vécu ; ainsi une actrice est « furieuse » d'être « obligée d'improviser des répliques qui ne la satisfont pas». — Les difficultés propres à ce jeu éclatent aussi dans les interactions entre les partenaires : ils se reprochent l'un l'autre d'avoir dit quelque chose à quoi ils ne pouvaient réagir puisque cela ne correspondait à rien pour le destinataire : « pourquoi m'avez-vous donné cette réplique? Ce n'était pas le moment »[1]. Ou bien : « votre réplique n'a rien à voir dans cette scène. Vous ne me connaissez pas encore assez » ; ou encore : « mais ça ; c'est du passé, ça n'a plus rien à voir ici ; vous n'êtes plus à la porte, vous êtes entré »[2]. Cette difficulté de la connaissance mutuelle par rapport à la conscience que les acteurs en prennent comme à l'interprétation qu'ils en donnent, traduit celle de l'accord des subjectivités. Les acteurs se reprochent mutuellement de ne pas faire ou dire ce qui eût correspondu à ce que sentait l'autre, tel se sent frustré de ce qu'il ressentait lorsque la nécessité du rôle ou celle du jeu des autres l'a empêché de vivre ce qui lui est venu : « pour moi, mon entrée était tout, vous me l'avez supprimée... pour me mettre au diapason, j'avais besoin du cri de la bonne »[3]. Inversement, les comédiens ne trouvent pas toujours la spontanéité correspondante au rôle qu'il leur faudra, ensuite, provoquer dans cette distance même, l'acteur se demandant quelle spontanéité suppose son rôle : « voyons, je suis habillé en femme... il est tout naturel qu'il me vienne à l'idée de plaisanter »[4]. — Conséquences : les jugements de valeur sur le vécu du partenaire : « et puis quel besoin avez-vous de vous excuser? — ça m'est venu spontanément »[5] — l'appréciation porte sur le jeu de l'autre, sur la nature de son vécu induit à partir du geste et du verbe.

L'aveu de la spontanéité comme justification rejoint l'irruption du scandale de l'organisateur quasi-divin de la destinée des autres devant ce qu'ils font de sa conception et de sa préparation : « non! c'est insensé!... on me démolit toute ma scène si on supprime la fin... si on l'achève sur une note burlesque! »[6]. — Quand les acteurs vivent le jeu, on se rapproche du psychodrame par l'effacement de la distance entre le rôle et la spontanéité, au point d'y entraîner les autres : « elle se met à pleurer de vraies larmes. Cette émotion authentique de Mimi entraîne l'émotion

---

1. p. 165 du texte.
2. *Ibid.*, p. 170.
3. *Ibid.*, p. 171.
4. *Ibid.*, p. 166.
5. *Ibid.*, p. 165.
6. *Ibid.*

des autres actrices qui commencent à pleurer aussi »[1]. — Contrepartie de l'aveu des difficultés ressenties : « nous avons accepté, mais pas de cette façon... pas en sautant les scènes... les mots ne viennent plus. C'est ce que je vous disais avant de commencer : il faut que les mots jaillissent »[2]. La révolte contre le concepteur aboutit à un constat d'inutilité — la mort de l'auteur comme du metteur en scène : « nous nous passons d'auteur. Nous n'avons pas besoin d'un metteur en scène »[3]. L'impossibilité de vivre une durée et de garder la vigilance à l'égard de la suite imposée entrave la conciliation du savoir et du vécu, ou comme le lance un acteur au metteur en scène : « ce serait parfait si vous ne nous demandiez pas en même temps de ne pas perdre le fil de nos scènes ».

L'improvisation d'un acteur dépend de ses partenaires comme le jeu du tennisman de celui qui lui envoie et lui renvoie les balles : s'il n'a pas l'art de l'occasion pour répliquer à un *stimulus* ou pour lancer une proposition qui permette à l'autre de mettre en valeur ses réparties, le jeu reste plat, sans imprévus ni variété. Bien plus, les reproches adressés par certains acteurs à leurs partenaires semblent révéler qu'ils n'ont pas admis la situation d'improvisation avec toutes ses implications : en effet, si l'autre agit ou réplique autrement que vous ne vous y attendiez, manifeste un sentiment qui ne correspond pas au vôtre dans l'instant ou devance votre réplique, le jeu consiste à adapter votre comportement à la situation imprévue — reprocher c'est sortir du jeu ou rapporter l'ordre à son attente. La mauvaise foi ignore la convention inhérente à l'improvisation pour l'asservir à ses humeurs changeantes ; ou on improvise et on doit savoir improviser sur l'improvisation d'autrui, ou si celle-ci désarçonne, on n'est plus capable d'improviser! C'est l'art des forts car tout personnage se trouve à la fois interlocuteur et miroir : il vous renvoie une image de vous-même ; si cette image vous semble ne pas correspondre à votre intention ou à ce que vous ressentez, la conduite convenable consiste à modifier l'action : à improviser. Mais si l'autre vous reproche votre langage ou vos actes, il sort de l'improvisation. La première convention consent aux risques de l'improvisation, éliminant la critique du processus des autres du sein même de ce processus. Enfin la question : « aurait-il pu faire autrement ? » est dépourvue de sens car posée à partir d'une perspective extérieure et d'un point de vue postérieur ; chacun fait, ici comme dans l'ordre éthique, comme il peut, avec ses capacités effectives et affectives : selon ce qu'il est — s'il ne fait pas autrement c'est qu'il n'en est pas capable, ici et maintenant.

---

1. *Ibid.*, p. 172.
2. *Ibid.*, p. 175.
3. *Ibid.*

Les protagonistes de Pirandello ne se trouvent plus dans une situation de représentation théâtrale mais déjà participants[1] d'un psychodrame dans l'interaction du jeu de rôle et de l'engagement affectif qui déborde la convention, les rationalisations tendant à justifier leur inadaptation à ce qui se vit dans le présent. On ne s'engage pas impunément dans *l'existence, cet embarquement sans relâche;* on ne joue pas à vivre car ce jeu est encore un vécu, une consumation temporelle, et l'homme garde les cicatrices des brûlures du temps.

Conflit, accord des subjectivités : les interactions humaines s'opèrent à travers ces rencontres, réussies lorsqu'on les improvise harmonieusement au lieu de les réduire à la nécessité, ersatz d'accords impossibles. En est-il différemment dans un couple? Reconnaissons l'exception de l'improvisation et cette simultanéité de l'ouverture mutuelle qui nous fait grâce de l'attente, de l'effort et du calcul.

— Extemporanéité et contemporanéité qui s'illustrent dans diverses manifestations déjà analysées, animent les techniques de l'audiovisuel : — les émissions de télévision en direct ou à contenu improvisé, avec la fugacité de l'événement éphémère et la nécessité de mettre en œuvre pressentiment et adaptation pour saisir l'objet disparaîssant, — la musique électronique.

Dans le cadre des *émissions télévisées en direct ou à contenu improvisé*, l'objet du film est un événement qui dure peu comme ce qui relève de l'éphémère dont la limite est la vie se déroulant — surtout imprévisible dans son advenue, irrattrapable dans son fait, il ne se répète pas. Le premier savoir-faire du réalisateur consiste, dans les émissions improvisées en direct, à anticiper constamment sur la succession événementielle, à pressentir que telle intervention va se terminer, que le protagoniste va révéler, par sa réaction, l'impact de la tirade sur l'interlocuteur vers lequel le réalisateur dirige son attention pour saisir dans ses mimiques l'action naissante. Les personnages ne pouvant pas contrôler toutes leurs réactions, le réalisateur improvise en montrant le visage de celui qui entend, donnant ainsi à voir l'empreinte de la question ou de la réponse sur celui qui la reçoit. Tout l'art consiste à se diriger sur celui qui subit, non sur celui qui propose car celui-ci joue le rôle de combattre le premier afin de savoir comment il va recevoir la question posée, qu'il ignore : le spectacle de l'auditeur signifie davantage que celui du locuteur, même par rapport au locuteur. Ainsi l'art de l'improvisation ne s'en tient pas à l'action principale apparente mais veille à toutes les actions et réactions complémentaires et simultanées dans le même espace et par rapport au même

---

1. Fort proches de ce que faisaient les acteurs d'une pièce du *Théâtre spontané* de Moreno (traduction française : Epi).

événement : à la simultanéité temporelle correspond une simultanéité spatiale.

Le réalisateur improvise sur l'improvisation d'autrui et pressent, par empathie, que celui qui parle va bientôt achever son cycle ; par une prescience analogue à celle des interprètes eux-mêmes, il réussit sa prouesse au moment où l'intervenant achève ou commence. Le réalisateur devient réellement contemporain du relief de l'action vécue par les protagonistes dont il devance légèrement les modifications, les moments irréversibles pour venir en coïncidence avec l'orée de l'événement : sentant qu'un regard va naître hors du champ d'une caméra, que celle-ci va devoir tourner immédiatement pour arriver sur le regard quand il se lèvera. Raoul Sangla nous disait comme il était impatient, dans l'action, d'avoir ce regard auquel il ne pensait plus, dès lors qu'il l'avait eu et qu'il préparait le suivant. Ainsi le paradoxe du réalisateur est-il de *suivre l'action en la devançant.* Il s'agit de deviner l'occasion sur le point d'advenir, de la saisir quand elle se présente et force le moment par une intrusion à intégrer sur le champ. Mais le hasard ou l'heureuse occasion ne sont donnés, là aussi, qu'aux meilleurs : on a beau être à l'affût, on ne trouve que ce qu'on apporte, selon l'imagination qu'on avait au départ ; certains seulement, doués de la vélocité sensible à l'éphémère, atteignent l'exaltation sereine de se trouver de plain-pied avec l'événement. La transmission de la vie exige cet art exceptionnel de contemporanéité. Cette tranche de vie où la densité de l'événement est saisie, ne fait aucune place à l'argumentation — l'improvisation est rebelle à la thèse, sans l'être pour autant à l'illustration d'un point de vue idéologique ; elle ne démontre pas mais elle sait montrer, à l'allure du rythme vital et par touches impressionnistes, selon l'événement et la dynamique des personnages, une situation d'où s'induisent les conclusions.

D'autres qualités correspondent à ces caractéristiques : la disponibilité à l'événement indépendant de soi implique l'écoute vigilante de l'autre, ici comme sur scène ou à la tête d'un ensemble. La vélocité attentive qui suppose une distance, s'exprime dans une présence à chaque instant capable de discerner l'ébauché. Le réalisateur suit à partir de plusieurs points de vue puisqu'à partir de plusieurs caméras, une réalité mouvante et irréversible. L'acuité et la vélocité de son regard synoptique figurent là comme un pouvoir divin, la vision ordinaire d'un objet ne nous en donnant, en effet, qu'une perspective, limitée par définition puisque toute vision s'opère à partir d'un point de vue, ou un sens restreint. Lorsqu'on se place successivement à des points de vue différents, on obtient une vision plus chargée de sens, plus vraie du même objet ; or par ses caméras, le réalisateur dispose, dans le même moment, de plusieurs points de vue. La simultanéité dans l'élection de l'image à partir de son apparition, rend toute action définitive et fait de la « réalisation » une pratique exceptionnellement exigeante qui réclame cette aptitude-habitude à saisir, dans l'instant même de son apparition, l'événement-image significatif, jalon pour l'ensemble et tout en lui-même. Le temps de la saisie simultanée à la retransmission est le temps réel de l'événement : en direct.

La technique improvisatrice trouve des correspondances dans le phénomène électronique et les qualités de disponibilité et de spontanéité qu'exige son utilisation. Outre l'intérêt sans précédent d'un branchement direct sur l'actualité, la légèreté de cette technique, l'économie de temps et de moyens correspondent au statut éphémère de l'émission improvisée comme à l'empreinte qu'elle laisse chez le spectateur.

Ses risques : erreurs, paralysies ou tremblements, ou simplement l'imprévu font de tout direct une improvisation puisque tout y est définitif, sans possibilité de retour ; l'éphémère est aussi l'irrémédiable. Plus « l'écriture » est directe, plus grand est le risque mais plus on a des chances de saisir au vol des moments de densité rarissime, comme favorisés des dieux. On peut ainsi aller de l'un à l'autre de ces trois stades : — de la sécurité où des indications précises sont données à « l'acteur », — au risque où le réalisateur précise le point de départ et le point d'arrivée, l'intervalle étant à parcourir par l'acteur, — et à la liberté où le thème seul est donné.

— Extemporanéité et contemporanéité caractérisent aussi la musique électronique en ses différents niveaux d'élaboration. *La musique électro-acoustique* change le cours du phénomène musical en faisant intervenir des faits hétérogènes d'acoustique, des moyens techniques très élaborés traitant des faits naturels bruts. Ce type de musique permet de constater l'intervention de phénomènes sur lesquels on reste sans prises conceptuelles, qu'on ne peut inscrire ou maintenir dans la pensée par des signes qui les résumeraient et permettraient de les représenter. Elle accueille l'indétermination : n'importe quoi peut y arriver avant la lecture conceptualisante et l'écoute acousmatique.

Cette pratique des objets musicaux les plus généraux met en œuvre la technique phénoménologique de la réduction en se dégageant à la fois du contexte causal et d'un postulat musical. On s'extrait ici du rôle musical qu'on attendrait de l'objet pour l'écouter lui-même en supprimant l'amont et l'aval — afin de mieux saisir, par sensibilité et entendement, sa texture, sa logique interne. Ce processus shunte la causalité pour ne considérer que le phénomène en son apparaître, ici « l'écoute réduite » du son, dont on oublie la cause pour ne retenir que l'effet. Le passage de l'écoute traditionnelle causale à l'écoute des effets, introduit ainsi à un nouvel univers musical qui s'intéresse davantage aux matières et aux formes qu'à leur provenance. Cependant, il ne s'agit qu'en apparence de se détourner du processus de formation des sons pour ne considérer que leur entrée dans la vie ; le centre d'intérêt se déplace vers l'utilisation d'instruments inusités pour produire ou obtenir des sons inouïs. Cet étage est rapidement recouvert par celui du travail de la technique au moyen de microphones électroniques afin de chercher les variations des actions entreprises sur ces matériaux les plus divers. Ceci ne conduit néanmoins vers aucune notation ou musicalité systématiques, donc conceptuelles : la musique électro-acoustique, par définition ouverte à toute sonorité, accueille trop de richesse pour se ranger dans un système ; elle ferait éclater une systématique en s'y rangeant, elle perdrait alors le réel.

L'improvisation dans la musique électro-acoustique consiste à libérer les énergies et les sons en s'affranchissant des contraintes instrumentales et des barrières culturelles qui ont historiquement canalisé la musique en réduisant les média [1].

L'enregistrement joue le rôle essentiel en retenant les sons pour eux-mêmes, sans enquête sur leur origine ou leur formation. Son écran objectivant permet d'outrepasser la convention réductrice. Le fait causal disparu, peuvent se succéder sur la membrane du haut-parleur des sons hétérogènes et indifférenciés : un son de chaise frottée aussi bien que celui d'un violon laissent la même sorte de trace sur la bande magnétique! L'oreille est alors invitée à l'indifférence, à bannir l'ostracisme contre des sons inhabituels [2]. Il s'agit bien ici de voir le monde comme Merleau-Ponty nous l'apprenait, de rendre audible le banal, de rendre visible le réel, comme disait Klee. L'improvisation se situe au niveau de la production heuristique des sons primaires, résultat des actions que l'on impose aux matériaux, ou de l'enregistrement de sons jusqu'ici exclus du domaine musical, mais aussi au niveau de la déformation que l'idée ou l'impulsion du musicien impose aux sons.

L'intermédiaire, l'appareillage électronique, ouvre le possible en offrant des sonorités dans des rapports et des dimensions que l'oreille négligeait au niveau de l'audible général : on oppose un son à un autre, on le localise comme une pulsion qui va créer un temps, on l'écoute par rapport à une critériologie ou à des processus énergétiques qui font apparaître des trains d'ondes, des procédés de formation de phénomènes et des mécanismes qui n'étaient pas inclus dans les sonorités des musiques précédant l'apparition de l'électricité.

---

1. Par rapport à l'origine des instruments de musique — un son de piano ou de violon est considéré comme convenable et support de musicalité, au contraire du bruit d'une chaise.

2. Cf. *Variations pour une porte et un soupir*, de Pierre Henry.

La médiation n'est pas seulement celle de la machine ; la matière sonore naît aussi de la main : par ses touchers et ses manipulations, le geste artisanal confère une existence sonore au matériau de la bande magnétique dont chaque « lecture » fera vivre le caractère ainsi imprimé. L'improvisation signe l'acte de naissance de cet être musical et se retrouve dans l'infinie variété des lectures dont elle joue à chaque fois différemment.

L'auditeur ne se trouve plus dans une situation passive écoutant la version immuable qu'un interprète connu lui répète d'une musique antérieurement écrite, il peut faire varier à l'infini les sons de la bande magnétique en commandant les potentiomètres de l'appareil et non seulement se donner ainsi une musique sans cesse variée mais participer vraiment à son exécution. Ce type de musique transforme le statut de l'auditeur en lui permettant de participer, autrement qu'en intention, à l'activité de création.

Tant que dure un rapport de forces dans lequel les faits sont plus nombreux que leur prévisibilité, on ne peut équilibrer leur exubérance que par la soudaineté des décisions ; cela change lorsqu'on choisit l'itinéraire le plus rationnel pour la saisie conceptuelle des faits, dans la situation-ordinateur où tous les cas sont calculés, où la spontanéité est inférieure à la saisie des faits. Les risques de ce type de recherches comme « musique pour voir », seraient la cérébralité, d'autre part le manque de contenu : cette musique restant déconnectée du sentiment ou de l'âme d'un peuple—tels sont les risques de dégénérescence de l'improvisation.

L'improvisation renverse le schéma temporel de la création auquel nous sommes accoutumés, où la conception s'étale dans une composition séparée de son actualisation ultérieure par un délai et une division du temps et des tâches qui stérilisent les différences et favorisent la répétition du même. Pour l'improvisation, le possible n'a pas de sens mais seulement le réel, d'où l'irrévocabilité qui en adoucit le tragique en garantissant la trace historique de son événement : bien qu'éphémère, il ne peut plus ne pas avoir été. L'improvisateur délivre, en vivant lui-même cette œuvre, cette totalité à transformations successives.

XII. - Praxiologie.

a/ Tragédie de la fixation.

—Tout être tend à persévérer dans son être mais il est atteint par la désagrégation naturelle : la sclérose des artères, la rigidité de l'esprit. Tout se fixe dans son geste, se fige dans son résultat tandis que retombe l'élan qui le porta — le *conatus* comme l'*impetus* qui ne s'y réduit pas. Nous avons vu aussi, dans les différents domaines culturels, ce processus historique de fixation de l'improvisation. Si le contraire de la mort est la culture, l'improvisation est-elle inéluctablement vouée à cette fixation, la dégradation naturelle étant ici une décadence culturelle, ou bien y échappe-t-elle en animant la culture qui la rend possible? Elle jouerait alors dans l'existence humaine un rôle encore méconnu.

La fixation de l'improvisation et son institutionnalisation à un stade du mouvement, dans l'histoire des arts où l'activité spontanée se projette en genre, se manifeste aussi dans l'histoire des mouvements historiques. Processus de cristallisation de la conscience collective à l'occasion d'événements qui provoquent sa réaction ou suscitent sa prévention, le « mouvement » suit une courbe de constitution, culmine et retombe. Il est de sa nature de se détacher de la spontanéité qui l'animait pour permaner de sa propre vie, souvent cristallisée en rituel, ou de se solidifier en une institution qui perdure après le passage du souffle animateur et convertit l'élan vers des buts immédiats où il s'investit, provoquant la levée des désirs et des intérêts. L'élan renaît toujours des victoires provisoires, c'est en quoi il menace les institutions même qu'il a établies et qui veulent conserver ce qu'elles ont chèrement conquis. Elles combattent alors ce qui les a pourtant installées ou le récupèrent à leur profit en le canalisant dans les limites acceptables pour leur survie.

Cette évolution se dessine nettement au cours de la Révolution française, en particulier dans les rapports du pouvoir populaire et du gouvernement révolutionnaire que la spontanéité des masses porte à ce pouvoir : cherchant à se stabiliser en institutionnalisation, celui-ci se retourne alors contre la spontanéité révolutionnaire des masses dont le dynamisme le menace et qu'il freine jusqu'à priver le gouvernement révolutionnaire de toute assise. Cette contradiction entre la spontanéité révolutionnaire et l'institutionnalisation jacobine, sous-tendues par des forces sociales spécifiques en 1789-1790, se retrouve en 1792, pendant la Convention. En effet, l'improvisation des Comités révolutionnaires de Sections, qui était une concession à la spontanéité révolutionnaire des masses, vire en institutionnalisation du nouveau pouvoir à partir du support de ces Comités : militants populaires portés par la spontanéité collective, les Commissaires doivent, pour vivre, être salariés par la Convention. Alors ces militants deviennent des fonctionnaires, des « *permanents* » ayant accédé à une situation stable qu'ils veulent d'autant plus conserver que le gouvernement révolutionnaire peut toujours les révoquer s'ils n'obéissent pas aux consignes ; la spontanéité se dégrade en conformisme, le militant se professionnalise. Ainsi la perte d'intensité de la spontanéité populaire a-t-elle pour contrepartie le renforcement des tendances autoritaires du gouvernement révolutionnaire, la sclérose du mouvement qui a viré en institution et cherche à se maintenir.

Cependant ce processus est nécessaire à l'instauration — l'institutionnalisation assure les conquêtes de la spontanéité dont elle dément l'élan ; l'essentiel étant qu'elle ne la fasse pas retomber à son niveau initial. Pour conquérir du terrain, l'élan doit rendre ses conquêtes cumulatives en installant une crémaillère de non-retour pendant qu'il les poursuit. C'est toute la question de la possibilité d'une « révolution permanente » dans l'ordre psychologique comme dans l'ordre politique — mythe régulateur qui a pour fonction de maintenir en éveil la spontanéité.

Institutionnalisation et rationalisation vont de pair avec la justification d'un *statu quo* correspondant à l'exercice du pouvoir politique, théologique ou scientifique. L'expression spontanée de mouvements sociaux ou religieux provenant de basses classes, tels par exemple les messianismes, était essentiellement protestataire, tandis que son expression dans les hautes classes la rationalise en système attestataire. Ainsi le mouvement bogomile s'est développé tant qu'il fut populaire, mais son passage vers la haute noblesse byzantine à Constantinople, le solidifia progressivement en dogmatisme théologique bientôt schismatique. L'exigence éthique animant le mouvement paysan du Xe siècle, se solidifia au XIIe siècle dans l'appareil ritualiste et doctrinaire. Tout mouvement s'expurgeant de son ferment protestataire se revêt d'arguments rationalisants et sa sécession le constitue en système contre l'élan [1]. L'histoire de l'Église fournirait d'autres exemples de ce processus dont l'histoire politique illustre aussi la correspondance — celui du millénarisme où l'éruptif domine, de l'utopie où prédomine le projet, avec la filiation entre l'ébranlement et l'aboutissement. L'un conduit à l'autre.

Il est de la logique des institutions de contrôler l'expression des croyances et les adhésions qui les constituent. En effet l'élan mystique et créateur menace la permanence de l'institution dont il conteste le droit exclusif de réguler conduites, croyances et même expériences. La pesanteur des Églises semble parfois retarder la venue du Royaume de Dieu — comme Dostoïevski l'a illustré dans la Légende du Grand Inquisiteur ; de même les systèmes politiques découragent les non-spécialistes de « faire de la politique », c'est-à-dire de se mêler de ce qui les regarde, selon la spirituelle boutade de Valéry. Tout système installé referme le temps sur son fonctionnement et se défie de l'enthousiasme, de ce qui est improvisé hors des normes, des dogmes et des prévisions. Descartes ne voyait-il pas dans les vœux et les promesses, des excès par emprise hâtive sur le temps à venir, formés comme par précipitation? Les improvisations gênent davantage que les déviations car elles poursuivent

1. Les révolutions culturelles, c'est-à-dire celles qui atteignent le niveau des valeurs, tentent ainsi d'empêcher le passage de l'institutionnalisation à la sclérose.

la Foi jusqu'à ses implications ultimes en échappant à la pesanteur des appareils de direction, en refusant que la mystique ne se dégrade en politique selon l'expression de Péguy dans *Notre Jeunesse.*

Églises et pouvoirs ont sévèrement condamné les mouvements qui menaçaient d'autant plus dangereusement leur assise qu'improvisés, ils n'empruntaient ni les armes ni les cheminements de la rationalité : la protestation est vécue avant d'être pensée, dès lors son expression est toujours imprévisible.

On ne saurait retrouver toutes les références de cette fixation tragique de l'élan dans l'Histoire d'une Église qui devait le porter : la création des Ordres religieux a poursuivi l'objectif de relancer le mouvement du Christianisme installé, mais nés de ce mouvement spontané de retour aux origines, ils se sont codifiés selon les conditions du moment. Saint Ignace crée l'Ordre adapté à son époque cultivée, comme les Ordres missionnaires accompagnent, au XIXe siècle, l'expansion coloniale du monde occidental ; ainsi comme le mausolée de la pauvreté à Rome, le succès de certains Ordres a étouffé, à certaines époques, leur idéal ; l'Ordre de Malte, créé pour soigner les pélerins, devient un ordre militaire aux Croisades. L'institutionnalisation de l'Église, qui avait pour objectif d'éviter que le pouvoir spirituel ne se laisse écraser par le pouvoir temporel, symbolisé par le trône épiscopal, entraîna la constitution d'une orthodoxie méfiante à l'égard des chemins marginaux, comme en témoignent les *Lettres* de saint Jean et aussi les difficultés que sainte Thérèse d'Avila et saint Ignace rencontrèrent auprès du pouvoir religieux.

La lettre a souvent contredit l'esprit ; dans l'ordre religieux l'élan se fige en rite, la liturgie en spectacle, la séparation des acteurs et des spectateurs fixant la spécialisation des uns et la passivité des autres tandis que l'acte devient un précédent et bientôt une norme.

Ainsi la fixation de l'improvisation suit deux processus : l'un de stabilisation par institutionnalisation de ce qui a d'abord été improvisé ; l'autre de passage au conformisme, aboutissement de ce qui fut stabilisé. Les sociétés comme les individus naviguent toujours entre les deux abîmes du conformisme sclérosant et du chaos incapable de donner forme à quoi que ce soit. Tout se passe comme si les sociétés ne pouvaient vivre leur devenir autrement qu'en s'attardant dans la conservation des anciennes formes ou selon une précipitation du temps qui les fait précéder, un moment, la fixation dans la forme nouvelle où elles seront contraintes de s'installer avant de s'y cramponner — c'est le dilemme : ou l'improvisation échappe à la fixation des organisations et des dogmes, et elle reste sans lendemain ; ou l'assurance de sa postérité la précipite en orthodoxie. Même les contestations religieuses des systèmes religieux viennent se fixer en systèmes comme c'est le cas des hérésies dont l'époque moderne a laissé des exemples de « la promotion progressive de l'hérésie en confession et de confession en église... », comme le note Alphonse Dupront[1]. C'est bien le mouvement par lequel les révolutions, pourtant nées d'improvisations, dogmatisent et parfois l'impression que laisse la raideur intègre des convertis.

Si la destinée de toute improvisation est de s'enliser inéluctablement, le tragique vient de l'impossibilité de rester dans la durée. Pas de permanence ni d'habitat. Et le bonheur, cette notion étalée, n'a pas de sens, maintenant.

— *Les féconds paradoxes.*

Le devenir de la *praxis* improvisatrice révèle des paradoxes dont elle donne le sens.

L'improvisation cesse en jaillissant : on ne peut provoquer son advenue mais seulement la favoriser en s'en rendant digne. Elle donne du prix à la vie qu'elle illumine mais nous rappelle que nous ne sommes pas faits pour demeurer en ce qui nous exhausse hors de notre condition. Nous l'appelons de nos vœux comme le règne de la permanence de l'amour qui vient à Ivan Karamazov mais n'est pas pour maintenant. S'il nous est donné d'en entr'apercevoir un instant, celui-ci ne dure pas, vite submergé par les soucis de la persévération de chacun dans son être et de la préservation du quant-à-soi propriétaire. L'accord total ne dure que l'instant de l'intersection quasi-fortuite de plusieurs bonnes volontés. Que l'heureux éclair de l'improvisation permette à plusieurs de se reconnaître, ce miracle change le devenir ; mais il ne saurait durer sans qu'apparaissent les motivations, se dévoilent les suspicions de la surconscience et qu'éclate la cacophonie des divergences jusque là maintenues inaudibles par la fulgurance inattendue de l'heureux événement qui étonnait chacun. Le tragique est moins l'absence que la rareté de cette coïncidence dont l'inadéquation entraîne tant de découragements — lorsque la bonne volonté ne trouve que l'absence ou le solide égoïsme, elle retombe, non fécondée.

L'improvisation qui agit dans l'instant entraîne des conséquences dans le temps, résultats qui démentent l'élan. Celles-ci ne correspondent pas nécessairement à l'acte et à l'intention qui se trouvèrent à leur origine,

1. Qui note comme «grand fait moderne» : «l'hérétique notoire est devenu publiquement, officiellement, ministre d'église, d'une autre Église ». Réflexions sur l'hérésie moderne », *Hérésies et sociétés dans l'Europe pré-industrielle*, XI-XVIIIe siècle, Mouton, 1968, p. 29. « Par là se déboitent, si l'on ose dire, une utilisation sociale des critères religieux et une réinterprétation mystique... des mêmes structures religieuses », comme dit Michel de Certeau. *L'Écriture de l'Histoire*, Gallimard, 1975, p. 134.

elles l'outrepassent ou le démentent ; ou les deux à la fois. Ainsi la progéniture déborde par sa vie propre l'intention qui a présidé à son existence — elle peut même la démentir ; l'œuvre déborde l'acte et fait dire à l'auteur : « je n'ai pas voulu cela, ni à tel point... » — « on ne savait pas », comme disent les enfants. Ce qui renvoie au sérieux de la responsabilité c'est-à-dire à la conscience des conséquences de l'acte. Pourtant l'improvisateur est toujours l'agent de ce qu'il fait, même s'il n'accepte pas de se voir réduit à être l'auteur du résultat — il se sent toujours au-delà de sa mauvaise action, même s'il ne se sait pas toujours en deçà de la bonne. Le résultat déposé de l'acte immobilise dans sa transmission celui qui l'entraîna, si bien qu'on ne peut plus le reconnaître dans son résultat — « la faculté qu'on avait de choisir ne peut se lire dans le choix qu'on a fait en vertu d'elle », observait Bergson[1].

Cette mésaventure : « malheur de l'existence » évoqué par Schelling, ou « tragédie de la culture » selon Simmel, figure bien le tragique de l'existence où l'improvisation réalise un possible et clôt par le réel qu'elle instaure, celui qu'elle limite en le démentant. Faut-il donc s'abstenir, du fait des risques de trahison ou de déformation courus par chaque action dont le résultat distordu insulte l'intention? Ou bien doit-on courir ce risque? L'improvisation est le mode d'exister qui laisse le moins de regrets et d'amertume car l'être ramassé dans sa liberté y coïncide avec l'acte — il fait en fonction de ce qu'il est, littéralement : ce dont il est capable — il n'y a donc rien à regretter, il ne pouvait faire mieux. L'accepter, c'est assumer le définitif et l'événement tel qu'il se produit ; mais dans la perspective de le transformer. Cette positivité témoigne d'une santé qui, vivant de l'espérance, n'exclut pas le sentiment du tragique et consent librement, à l'inverse du ressentiment qui subit malgré lui, de l'impréparation ou d'une béate acceptation de l'intolérable.

Comme réparation de la dissociation entre l'intention et l'acte, l'improvisation qui opère la vivante unification de l'esprit et de la lettre, précise le tragique de la pure intention amnésique et angélique : *la lettre qui tue l'esprit le pérennise* en nous permettant de nous arrêter par moments. Tandis que le méticuleux installe son contentement dans un respect pharisaïque de la lettre qui lui permet de rester imperméable à l'esprit, l'impatient rejette la lettre qui le soutient pour traverser les creux de l'élan. Ainsi nous sommes reconduits de l'improvisation immédiate aux médiations impures qui la permettent en risquant toujours de la submerger[2].

1. *Durée et simultanéité*, p. 107.

2. Moreno, *Psychothérapie de groupe et psychodrame*, p. 69 ; *Fondements de la sociométrie*, p. 8, 18, 24. La psychologie sociale n'est pas avare de techniques pour

Le résultat contre l'élan prend enfin la forme du commentaire contre la création : il y trouve à redire, l'aurait souhaitée différente — bientôt le commentateur prétend réclamer des explications et des justifications au créateur, comme les hommes demandant des comptes à Dieu, les enfants à leur père, les spectateurs à l'artiste. Ce retournement se dégrade en comédie des créateurs ignorant leur raison d'être, d'où naît le conflit babellien se perdant dans les chapelles des interprétations des commentateurs. Ce « conflit des interprétations », pour reprendre une expression de P. Ricœur, a lieu à partir du moment où l'interprétation, rationnellement déterminée et socialement établie, suscite des interprétations contraires ou marginales : les hérésies, les contre-Églises.

Toute improvisation entraîne deux conséquences qui la démentent : — sa fixation en un résultat immobile auquel elle ne se réduit pas ; — la culture des interprétations divergentes dont le bouillonnement submerge la simplicité de l'élan créateur. Ainsi nous risquons toujours de laisser l'élan s'enliser dans ses conquêtes, ce qui entraîne le paradoxe selon lequel nous avons à prendre des moyens pour nous permettre de nous en passer.

Comme l'esprit reste inopérant sans la lettre, l'*élan a besoin de la matière qui le freine* — tel le dogme qui arrête en l'exprimant la vision mystique ou le rite, répétition du mouvement d'adoration, si bien que l'incarnation de l'élan dans la matière qui l'informe ressemble autant à une lutte, à « un effort pour remonter la pente que la matière descend », comme l'a montré Bergson dans la dialectique de l'élan et de la matière des deux premiers chapitres de *L'Évolution créatrice*[1], qu'à la nécessaire adoption d'un instrument qui assure l'expression, tragique irréductible. Ainsi l'improvisation doit-elle sans cesse lutter contre ses propres œuvres pour frayer le passage à la création de nouveauté qu'elles limitent. Nous avons vu, au sujet des mouvements historiques, ce douloureux paradoxe : la fixation est nécessaire à la pérennité de ce qu'elle fixe — il n'y a pas d'autre moyen de pérenniser que de figer, même si le fait de figer n'est pas une garantie de pérennisation. Ou encore : ce qui fait traverser le temps (en pérennisant), fige au temps où est fixé ce qu'on veut pérenniser ; ce qui assure la survie diminue la vitalité. Ainsi l'esprit s'incarne-t-il dans la matière qui l'étouffe, la liberté s'encroûte dans les habitudes

---

ranimer la spontanéité étiolée et la créativité asthénique. Elle ne se réduit pas cependant à un arsenal de moyens. Moreno propose une sociatrie propre à favoriser la spontanéité créative en organisant des «révolutions sociales expérimentales» aptes à transformer les groupes.

1. Cf. *L'Évolution créatrice*, p. 246. «L'élan est paralysé dans la matière qui le porte», *id.*, p. 140. « L'élan est à la merci de la matérialité qu'il a dû se donner », *id.*, chap. II, 3e partie.

qu'elle instaure[1] et la fixation des inaugurations empêche les fusées nouvelles. L'imagination créatrice se congèle dans les systèmes qu'elle institue et qui figent l'élan qui l'a conduite à les instituer[2]. La conscience s'aliène en s'objectivant, comme l'a vu Hegel, devenant pour elle-même une énigme dont les conséquences lui échappent, d'un autre ordre que l'opération qui y conduisit. De plus, notre paresse, cet instinct de mort de la conscience, nous fait préférer la glose à la création, la répétition à l'improvisation ; or dès que celle-ci cesse, la répétition gagne, la désagrégation naturelle reprend dès que retombe l'action, l'entropie létale s'étend dès que notre inertie s'y abandonne.

b/ Animation et culture.

Ces symptomes de la tragique nécessité se retrouvent dans l'ensemble de la culture. L'improvisation est séparée. Partout où on l'assigne aux secteurs où la cantonnent les hommages offerts à une pratique d'exception, l'environnement social est rigoureusement codé. L'Histoire de la civilisation serait l'histoire d'une longue imposition de forme et de normes par les époques qui successivement les décidèrent, et donc l'éviction continuelle de l'improvisation.

Cette histoire qui semble se confondre avec celle de la lente et sûre implantation du rationnel et de la technique sur la nature et l'homme, élimine-t-elle nécessairement l'improvisation? Ne s'agit-il pas plutôt d'un état provisoire et encore infantile dans ses affirmations tranchées, d'une rationalité partielle : instrumentale et locale?

En effet certaines impulsions, certaines inspirations d'autant plus vécues pleinement qu'elles restent rebelles à la systématisation, ont atteint cette pérennité que la rationalisation a conférée aux fixations.

—L'improvisation est-elle facilitée selon le niveau du développement phylogénique, anté-culturel? Improviserait-on plus aisément en-deçà des limitations et des codifications de la rationalisation, comme les sujets

---

1. *Ibid.*, p. 128.

2. Schelling baptise la matière : « esprit éteint » ou « esprit coagulé », le monde réel est pour lui le verbe coagulé de Dieu, l'organisme vivant n'est qu'une succession congelée. Cf. Miklos Vetö : *Inédits de Schelling*. Selon Hegel, « la nature n'est que en elle-même l'idée, c'est pourquoi Schelling l'avait appelée une intelligence pétrifiée, d'autres une intelligence gelée » (*Encyclopédie*) ; et toujours Hegel : « la chose, en effet, n'est pas épuisée dans son but effectivement réel : il l'est seulement avec son devenir ; pour soi le but est l'universel sans vie, de même que la tendance est seulement l'élan qui manque encore de sa réalité effective, et le résultat nu est le cadavre que la tendance a laissé derrière soi », *Phénoménologie de l'Esprit*, trad. Hyppolite, I, p. 7.

moins évolués ou plus jeunes? Ainsi certains malades mentaux improvisent des rythmes, par exemple selon la méthode ORFF [1], les enfants jouent spontanément des rythmes primitifs qu'ils n'ont jamais appris, engrammés dans leur système nerveux sous l'effet du développement phylogénique de l'espèce ; ou encore lorsqu'au cours du psychodrame, sous l'influence de l'échauffement (*warming up*) et de la mobilisation émotionnelle qui s'ensuit, des sujets parviennent à exprimer ce qui restait inhibé. L'improvisation traduit l'ancien, encore indifférencié, et le cheminement de la maturation affective dont elle facilite l'expression motrice. En ce sens, elle renvoie en-deçà des spécificités culturelles, au plus petit dénominateur commun, l'organique, où l'on retrouve une communauté émotionnelle, mythique et rythmique. De même, on a parfois l'impression de se trouver de plain-pied avec des musiciens de jazz qui se mettent à improviser. La jeunesse de nos pays occidentaux retrouve périodiquement une expression corporelle correspondant à un contenu culturel exogène que les participants à une fête collective laissent remonter à travers eux. Tout retour aux origines est un rapprochement des autres êtres et un resserrement de la parenté, les schémas les plus primitifs étant les plus universels.

L'improvisation apparaîtrait comme cette pratique liée à l'émotivité et à la primarité, attribuées aux couches sociales dont l'acculturation n'a pas été marquée des mêmes exigences de rétension et d'organisation qui ont marqué l'éducation des classes supérieures. Pourtant, pas plus que la spontanéité qui l'anime, elle n'est un retour vers la primitivité anté-culturelle mythique où voudraient la situer les romantismes naturalistes ; son activité psycho-organique désinhibitrice s'exerce au sein d'une société et d'après ses techniques. Ainsi le rapport à la nature est-il un rapport d'origine qui doit conquérir une expression, seule garantie de créativité.

En réalité, cette communication primaire s'explique par un phénomène régressif, à rebours de l'évolution de plus en plus différenciée de l'humanité et des sociétés : chacun différant de chacun, la communication n'est plus garantie. A la différenciation culturelle correspond la singularité des êtres. La communication suppose une suffisante ressemblance pour établir ses canaux et transmettre des messages, et une suffisante différence pour susciter l'échange, les deux extrêmes de l'identité et de la différence de nature — ou l'hétérogénéité radicale — la rendant impossible par indifférenciation ou par aliénation. Le paradoxe est que la richesse dans la différence qui permet la communication, ne l'assure plus lorsque cette différence devient hétérogénéité radicale.

1. Verdeau-Pailles, Guiraud-Caladou, *Les techniques psycho-musicales actives de groupe et leur application en psychiatrie*, chap. III, IV B.

Pour instaurer sans tomber dans la redondance, l'improvisation annonce et nie parfois le devenir de sa culture — Socrate représente bien la société athénienne qu'il dépasse, et Picasso son époque qu'il précède. Ne nous laissons pas abuser, en ce domaine, par les prétendues innocences de créateurs qui, prétendant improviser, affichent leur mépris pour la culture. Rien de moins spontané que les œuvres de Dubuffet, par exemple, dont l'attitude « contre la culture » est bien le luxe d'un nanti de la culture. Que penser, d'ailleurs, de celui qui prétend que tout est spontané chez lui ? Quelle est la fonction de cette affirmation qui a tout de l'inverse d'une dénégation ? Klee préparait sa peinture avec une immense minutie ; Rimbaud ou Lautréamont raturaient des manuscrits soi-disant spontanés. En réalité, les contempteurs de la culture cherchent à se démarquer de ceux qui ne sont pas capables de spontanéité et du plus grand nombre qui, privé de leur savoir-faire, devra bien les reconnaître comme supérieurs, voire inspirés. Ce qui contredit les objectifs sociaux et politiques déclarés de ces mêmes créateurs : voulant instaurer une contre-culture, ils jouent l'amnésie de ce qui leur permet à la fois de créer, de prétendre à la totale spontanéité et de dominer ceux dont ils se proclament les libérateurs.

L'apologie inconsidérée de la spontanéité improvisatrice conduit ainsi à la facilité illusoire du néophyte qui, ignorant les techniques et les recherches, en reste à l'apparente simplicité du résultat qu'il s'imagine capable d'atteindre sans techniques, c'est-à-dire sans apprentissage. Alors au goût de la complexité se substitue une boulimie qui ne porte que sur la pseudo-créativité spontanée, psittacisme émotionnel d'éléments dégradés — cette spontanéité se contredit en tombant dans la passivité dont elle s'était affranchie. Loin d'ignorer la complexité, une civilisation de la spontanéité improvisatrice y trouve, au contraire, l'assurance qui lui permet l'audace — mais pour imaginer, il faut savoir se souvenir ; on ne dépasse une culture qu'à partir de cette culture — or l'improvisation est la façon la plus radicale de dépasser la culture à partir d'elle. L'erreur symétrique inverse, du refus attestataire de tout changement, n'est ni l'imagination contestataire de Dada avec ses passions, ni les effervescences des recherches (esthétiques ou sociales) contemporaines, mais la veulerie qui refuse la culture nécessaire pour conquérir l'improvisation, de même qu'elle ignore la spontanéité conquise : pas d'improvisation instauratrice sans ascèse préalable qui apprenne à la fois la sensibilité, la rigueur et les nuances. *L'improvisation est une conquête ou une défaite.*

Risquant toujours de s'immobiliser dans ce qui la pérennise, elle est le seul moyen susceptible d'assurer entre l'élan et la matière une unité qui ne vire ni en adhérence ni en dissolution ; elle n'a pas le temps de se complaire et dément le dogme qui la guette. C'est pourquoi elle joue dans l'ordre social et politique un rôle irremplaçable de réajustement perpétuel : quand la culture se fige et que la création devient spectacle, l'improvisation prend le sens d'une protestation de l'initiative qui traduit la remise en mouvement du temps. Elle tend à réconcilier vérité et société — « une vérité sans société n'est qu'un leurre, une société sans vérité n'est qu'une tyrannie », disait Husserl qui ajoutait : « c'est une tâche infinie que cette réconciliation »[1]. Dès lors elle conduit à l'audace car à refuser le risque de la défaite, on court celui de la sclérose : du professionnalisme selon les règles de l'académie. Lorsqu'il n'y a plus d'âme commune, lorsqu'elle a perdu son enracinement, une culture meurt par affadissement. L'improvisation devient une pratique de spécialistes orgueilleux au lieu d'être spontanément et innocemment exercée par chacun à partir de l'humus de la culture commune.

Ainsi les attitudes à l'égard de l'improvisation dépendent-elles du rapport qu'on lui découvre avec la culture. — L'une la rejette comme pratique irrationnelle qui néglige les outils de la prévision et les méthodes d'exposition, y voyant l'inutile gratuité d'un risque couru à l'époque de l'assurance généralisée, une complaisance au pari, à la vie dans l'instant. — Une autre attitude y reconnaît le retour aux sources d'une culture qui a dégénéré dans ses formes par les habitudes accumulées au cours de sa constitution. — Enfin celle qui dissimule la nostalgie d'un Paradis perdu derrière sa prétention à retrouver les sources d'une nature antérieure à la constitution culturelle qui se serait greffée sur elle : cette archéologie ne nous restituera jamais de prétendu « état de nature » antérieur à toute culture, pas même les débris d'une existence misérable.

Si toute culture ne peut durer qu'en se maintenant dans un cadre qui la fige en la consolidant, toute transformation se borne à substituer un type d'organisation à un autre, contrainte et limitation changeant seulement de point d'application ; scepticisme spéculatif et pessimisme pratique se justifient mutuellement. Le seul moment vraiment libéré serait donc celui de la transition, désordre avant la fixation, où l'improvisation trouve son domaine d'élection ; c'est l'étincelle d'une culture aux lendemains arrêtés.

S'il est possible, au contraire, de conserver l'acquis culturel sans subir le poids de l'infrastructure qui le soutient, alors nous pouvons espérer être capables de nouveauté, sans nous appauvrir de ce qui nous a constitués et a permis notre réflexion critique même.

—Animation des institutions et institution de l'animation.

L'improvisation permet de bénéficier de l'organisation technique sans

1. « La crise de l'humanité européenne et la philosophie », *Revue de Métaphysique et de morale*, 1960.

s'y laisser absorber, d'atteindre une spontanéité à travers les répétitions, de vivre une aménité sincère au sein des conventions. L'animation de la culture constitue aujourd'hui la culture même. Dès lors, on est conduit à la question radicale du sens de la survie de l'espèce, à la question de plus en plus actuelle que posait déjà Moreno en 1932 : *Who shall survive?*[1]. Il s'agit de notre avenir. Ce tragique culturel se manifeste par une tension et une fatigue qui caractérisent l'existence sociale puisqu'il s'agit sans cesse de concilier les deux objectifs contradictoires de l'*animation des institutions* et de l'*institution de l'animation.* En recommandant de favoriser la créativité et la spontanéité, les psychologues formulent modestement les conditions de la survie de nos sociétés par l'urgence et l'importance de l'improvisation — ainsi Carl Rogers les voit-il dans la créativité qui s'exprime de façon spontanée[2], d'autres élaborent et mettent en œuvre des techniques de *brain-storming*, la synectique, les pédagogies de la créativité ; Moreno a montré l'enlisement de la créativité privée de sa spontanéité, dans l'institutionnalisation et celui de l'habitude qui fait obstacle à la spontanéité créatrice ; plus précisément il inventa des techniques (le théâtre spontané, le test de spontanéité, le psychodrame) pour éduquer ou guérir la spontanéité[3].

Ainsi l'exercice de l'improvisation aboutit-il à ces techniques de ré-animation et d'animation sociales. En effet les premières techniques cumulatives transmises se congèlent en « conserves de la technique et de la culture », comme les nomme Moreno, tendant à remédier à l'inachèvement des premières actions, bientôt à se substituer aux recherches en renonçant à s'adapter au développement qu'elles étaient censées favoriser — la transmission assurée. « L'œuvre n'avait plus qu'à être conservée telle quelle et, devenu inutile, le recours à la spontanéité disparut »[4]. Le processus de sacralisation et de consécration culturelle aboutit à « une civilisation de conserves » où commence la décadence : le tarissement de la création et la répétition auxquels le devenir n'apporte plus que le retour du passé. La créativité se compromet dans les pseudo-créations ou les facilités démagogiques des pauvretés stéréotypées — ainsi les jeux dyonisiaques, d'abord improvisés, se figèrent et se transmirent dans des pièces écrites. Il y a un héroïsme difficile à préserver de cette tragique décadence des œuvres de la culture : à veiller à la transmission de ce qui représente la vérité et l'empreinte de l'âme d'une culture, en luttant contre le destin fatal de cette création transmise comme

1. Titre américain de l'ouvrage : *Les fondements de la sociométrie*, PUF.
2. Comme il le montre dans *Le développement de la personne.*
3. Cf. son riche ouvrage, *Théâtre spontané*, *op.cit.*
4. *Fondements de la sociométrie*, p. 409.

un résultat. Ainsi la transmission et la conservation disputent l'énergie à la spontanéité et à la créativité. Fausse querelle. Question d'intention.

L'homme a toujours restreint sa spontanéité, comparée par Moreno à l'énergie atomique : le développement des instruments de connaissance et d'action ne témoigne pas seulement de l'intelligence humaine mais aussi d'une peur de la spontanéité que son sujet ne sait pas encore maîtriser. « Ses ancêtres de la jungle craignirent le feu jusqu'à ce qu'ils eussent appris à l'allumer. De même l'homme craindra de vivre en faisant appel à sa spontanéité jusqu'à ce qu'il ait appris comment la provoquer et l'éduquer »[1] — d'où le paradoxe d'une attitude pédagogique à l'égard de ce qui semble aller de soi, comme si la spontanéité n'était pas un mode d'existence spécifique à l'homme ! A la conception restrictive de la spontanéité correspond le sens privatif de l'improvisation. L'une des maladies chroniques des sociétés industrialisées, est le gel de la spontanéité au sein d'une existence répétitive et programmée. Or la destinée des cultures est fonction de la créativité de leurs membres et de la leur comme ensembles originaux.

Ainsi s'enracine une grande espérance, en réponse à la question posée par Moreno : que l'homme apprenne à utiliser sa spontanéité et il pourra survivre car il redeviendra créateur. Ce plus grand dénominateur commun de l'humanité permettra, en effet, aux cultures aujourd'hui momifiées d'improviser de nouveaux modes d'exister. Contrairement à ce que dit Lévi-Strauss[2], l'échange des informations conduit à un enrichissement mutuel et non à un aplatissement des cultures car l'homme réinventant d'autant plus qu'il communique, des interactions naissent en proportion géométrique des différences. Ainsi, par son imprévisibilité, sa créativité progressive, l'improvisation apporte-t-elle le maximum d'informations et assure-t-elle la relance de la fécondité. La nécessité, démultipliée par des communications, de soumettre le message aux exigences d'un code compris par tous et par conséquent le moins élaboré, dispute la renaissance de l'improvisation sous la compression qu'elle subit de la part de « nécessités » sur-répressives. Elle renaît dans chaque histoire individuelle et chaque fois que mues par une conscience commune, les collectivités se soulèvent pour se défendre ou affirmer. Une culture qui a perdu sa mémoire et n'est plus capable d'inventer est en voie d'extinction — c'est pourquoi les génocides s'en prennent aux créateurs. L'homme est immortel tant qu'il est capable d'improviser.

Comment favoriser l'émergence de l'improvisation entre des gens étrangers les uns aux autres dans les interactions de la vie quotidienne ?

---

1. *Ibid.*, p. XXXI.
2. *Race et Histoire*, p. 82 et ss.

Comment les aider à devenir créateurs? [1], demandait prophétiquement Moreno, c'est-à-dire : comment favoriser l'insertion qui ne soit pas une absorption dans le groupe, la reconnaissance des besoins de chacun et du groupe?

Il s'agit du souci de tous les animateurs dans l'ordre des pratiques politiques, religieuses, pédagogiques ou culturelles, invitant au concernement personnel : relancer le désir personnel, la spontanéité active, l'élan du cœur. A la spécialisation distribuant les rôles d'animateur et de spectateur, de substituer l'invitation adressée à chacun de conduire sa destinée en participant à la conduite de la destinée collective. Il ne s'agit plus de s'en remettre à un organisateur, d'abandonner la responsabilité de son devenir à des spécialistes professionnels. Entre la petite société genevoise où Rousseau voyait l'idéal de la démocratie directe et les démocraties parlementaires qui provoquent la formation d'une catégorie de spécialistes de la chose publique, l'animation prend figure d'activité politique en suscitant la spontanéité créatrice dans tous les domaines de l'existence sociale. Cependant, ce n'est pas l'improvisation qui a d'abord besoin des techniques mais celles-ci qui ont besoin de l'improvisation pour les légitimer, sinon à quoi bon les techniques? Si on part des techniques, on n'aboutira pas à la vie, tandis que si on part de la vie improvisée, on apprendra les techniques en improvisant. Combien de rassemblements militants, de réunions « motivées » secrètent une cordialité de commande, une fraternisation verbale et caricaturent l'atmosphère spontanée favorable à l'improvisation! Pour improviser en commun il faut un consensus, une volonté commune auxquels les techniques viendront donner de l'efficacité ; l'action permet de les assimiler plus rapidement que leur apprentissage préalable n'y conduirait avant l'épreuve de la réalité.

Cependant l'illusion de l'animation incite à vivre par procuration en laissant des spécialistes juger du bien-être des besoins de chacun comme dans certains organismes de vacances ou de *leadership* politique. A la limite, toute l'existence : travail, loisir, expression, faits et gestes ou pensées, pourrait se trouver ainsi programmée, y compris l'organisation de ce qui échappe à l'organisation : l'imprévu et les surprises. L'improvisation suppose au contraire, une labilité voire une interversion des rôles de conception et d'exécution — il n'y a pas de titulaires, tout est amovible — cela repose sur l'espérance de trouver par le mouvement la complémentarité refusée par la spécialisation. Or, aucune société ne fournit encore l'exemple de semblable fluence, les utopies même nous montrent une organisation minutieuse ; toute imagination d'un futur différent con-

1. *Les fondements de la sociométrie, op.cit.*, p. 13.

duit à une organisation démarquée par rapport à l'actuelle mais systématisée. Rien de surprenant à cela : le premier objectif de toute organisation est de se perpétuer, refusant par essence l'éphémère. La mentalité publique reste incapable d'imaginer autre chose que l'organisation dont elle a intériorisé la structure — ou son antithèse.

Mais le principe de réalité ne parvient jamais à museler ou à désamorcer totalement l'*impetus* improvisateur. Dans l'organisation totalitaire, chacun se recréerait une marge d'improvisation, à moins que le lavage de cerveaux ou l'aliénation sociale fussent tels que les individus et les groupes s'y croient libres. Au contraire, l'improvisation atteste la santé individuelle et sociale que son exercice maintient. Le paradoxe de l'organisation est de susciter, par son outrance même, l'improvisation qu'elle tend à supprimer.

Le changement est le mode d'exister quotidien aujourd'hui : le rythme temporel se précipite, les composants de notre existence sont devenus le périssable (substitué au durable), la nouveauté (qui chasse le traditionnel), la diversité (qui nie le semblable). Tout nous apparaît ainsi sous l'angle de l'éphémère : les produits que nous jetons après usage, l'obsolescence des appareils, les immeubles élevés sur l'emplacement d'anciennes maisons que l'on détruit, les bâtiments mobiles, la mobilité de l'emploi, l'automobile, les déplacements qui démentent la présence en la promettant, c'est-à-dire le rêve de bilocation. D'où la brièveté des relations, le renouvellement des informations ; des genres de vie inédits exigent notre adaptation rapide aux stimulations et l'entraînement à des décisions auxquelles nous n'avons pas le temps de nous préparer et dont nous ignorons plusieurs variables. Ainsi projetés dans l'ère du provisoire, nous ne pouvons plus nous contenter des habitudes et des cadres mentaux qui permettaient l'existence sociale jusque dans les précédentes décennies sans que la rigidité de l'exister ne conduise au bris de l'être par émiettement ou dissolution. Ces nouvelles conditions d'existence appellent, au contraire, un nouvel être-au-monde caractérisé par le pressentiment et l'adaptation. Il s'agit de vivre l'instant comme s'il était unique, de posséder sans s'attacher à la permanence de l'objet possédé, de savoir tout en apprenant en permanence et d'apprendre comme si on inventait : de concilier la conservation des acquis et l'innovation.

L'improvisation demeure extraordinaire à nos yeux accoutumés aux assurances, aux remèdes et aux drogues pour prévenir, guérir ou faire oublier les maux que multiplient les sociétés renvoyant toujours à plus tard le définitif. Tout est fait pour nous éviter le contact avec la réalité rugueuse et imprévisible, pour fabriquer des intermédiaires qui garantissent le confort nerveux en désamorçant l'inconnu, en installant les gardefous ou délai, des passerelles pour la retraite. Le sentiment de la responsabilité propre se dissout dans l'anonymat où la certitude de la responsabilité de l'autre repousse l'improvisation dans les ghettos de la contestation. Comme Bergson notre contemporain nous le rappelle[1], ceux qui ont chèrement conquis des avantages et des sûretés, ne veulent pas les risquer au nom d'un élan créateur, le désir d'un repos légitime ayant maintenant remplacé l'*impetus*. Pour reconquérir le goût d'improviser, il faut opérer cette torsion dont parle encore Bergson[2], qui se détache du « tout-fait » pour s'attacher au « se-faisant », pour accepter l'impulsion qui ne demande qu'à nous mouvoir si nous lui prêtons attention par-delà les écrans de l'utilitaire et de la répétition. Ainsi, on ne saurait être emporté par l'émotion si on est porté par une spontanéité seconde, et le mérite de l'improvisateur est de retrouver la nature à partir de l'art. La Bruyère avait vu comme il faut de l'art pour atteindre la spontanéité[3], la nature sans l'art étant le tropisme aveugle et l'art sans la nature, le formalisme clos. Il s'agit d'atteindre au spontané à partir du travaillé, de sorte que la spontanéité exprime les conquêtes de celui-ci.

C'est donc à l'inverse de la décadence que nous convie l'animation : l'improvisation, force de néguentropie, poursuit toujours, comme l'esprit, son Odyssée, préparant de l'imprévisible au sein de l'entropie naturelle. L'improvisation continue serait divine ou impensable pour l'homme dont la spontanéité a besoin de se reposer dans des continuités, la créativité de s'incarner dans des œuvres et des conduites poursuivies. Son intermittence clignotante nous rappelle plutôt nos limites, car nous avons besoin de nous reposer dans des formes, les écueils de l'exténuation dans l'agitation brownienne ou l'immobile entropie et ce qui reste en notre pouvoir : intensifier le clignotement des éclairs de l'improvisation pour tendre à les faire se rejoindre dans la continuité asymptotique inatteignable qu'il nous est permis d'espérer.

Au tragique de la congélation pallie le renouvellement dont le fait échappe à l'érosion irréversible. La solution néguentropique accélère la fréquence du clignotement improvisateur — le paradoxe étant que l'improvisation n'est rien mais qu'elle peut tout : sa puissance est extrême et son être nul.

---

1. *Les deux sources de la morale et de la religion*, p. 316.
2. *L'évolution créatrice*, p. 238.
3. « Combien d'art peut rentrer dans la nature pour chanter comme on parle, pour s'exprimer comme on pense, pour jeter autant de force et de vivacité et de passion et de persuasion dans le discours que l'on en a quelquefois naturellement, sans préparation, dans les entretiens les plus familiers ». La Bruyère, *Œuvres*, II, « Des jugements », 1865, p. 94.

c/ Improvisation et praxiologie.

L'improvisation se situe dans la *praxis* humaine qu'elle dynamise tout entière. Il ne faudrait cependant pas laisser croire à sa primauté sur tout type d'action, quels que soient son domaine, ses conditions et ses finalités.

Retrouver l'improvisation où elle est ignorée, la dégager des confusions historiques où on l'a reléguée a pu prendre, en effet, l'allure d'une réhabilitation, voire d'une apologie qui la présentait comme révélatrice signifiante de l'existence humaine, archétype de l'action morale ou de la parole inspirée. Pourtant il ne s'agit pas d'ériger l'improvisation en panacée de toute *praxis* — on apprend précisément l'inverse dans les Écoles de Guerre, les Conseils de direction et les réunions de Cabinets où celui qui improvise est pris pour un fantaisiste imprévoyant à moins que sa pratique exceptionnelle ne recueille des fruits d'une autre nature que ceux qu'on attendait de l'action méthodique.

Y a-t-il un secteur propre à l'improvisation, où les autres types d'action resteraient inefficaces ou incapables d'atteindre ce que seule elle trouve? Ceci supposerait le partage du champ de la *praxis* humaine dont un domaine serait réservé à la rationalité pleine du délai, du calcul, de la prévision, de même que la séparation des actions selon une spécificité temporelle qui appellerait des spécialisations. La Cité, en effet, ne saurait improviser l'ensemble de sa vie — si elle le peut dans des domaines particuliers — la sectorisation des activités, la division des tâches et du temps reposent sur des nécessités qui, sans être aussi inéluctables qu'on le prétend, correspondent aux objectifs qu'elle se donne. Or toute division exclut l'improvisation : la multiplicité des activités correspond à la multiplication des biens et à la complication des besoins, comme Platon le montrait déjà [1] et comme Hegel le systématise [2]. Aux exigences techniciennes font écho l'ordre et la division du *Discours de la méthode*, contemporain de *L'Art de Port-Royal*, comme la réglementation du temps scolaire et des heures monacales. La répétition d'un temps uniforme et la parcellisation mécanisée réglementent la spontanéité en permettant la reproduction en série calquée sur cette parcellisation temporelle. Le pacte tacite qui unit le temps réglé aux Institutions assure leur pérennité par la reproduction temporelle tandis qu'elle garantissent le retour du Même — les époques au temps immobilisé comme au XVIIe siècle, les périodes d'absolutisme politique et religieux condamnant les nouveautés, les sociétés primitives sacralisant le temps ga-

---

1. *La République*, Livre II, 369-370.
2. *Principes de Philosophie du Droit*, par. 198, 199.

rant de l'ordre cosmique et social. C'est pourquoi chercher à se dépayser, c'est chercher à oublier la répétition du souvenir comme dans le mythe romantique du voyage — chacun sait l'illusion de cette fuite puisque le souvenir tient au cœur du sujet qui le fuit en l'emportant avec lui. D'autres cherchent à se défaire des rythmes de leur civilisation en quittant le temps qu'elle découpe pour communier avec la nature et les rythmes du temps astral. En fait, seule l'alternance des temps stimule et relance l'improvisation selon le rythme psychique et biologique qui lui est propre.

Veillons cependant à ne pas absolutiser ce partage. Il impliquerait, en effet, que nos actions relèvent d'une rationalité totale ou lui échappent entières, réclamant par essence l'immédiateté ou le délai. Quand Descartes définissait l'homme par le bon sens ou la Raison et lui enjoignait la maîtrise et la possession de la nature, il lui proposait, en séparant l'étendue et la pensée, le cadre intellectuel de cette conquête, dont le complémentaire se trouvera dans sa quête infinie de l'Être. Or le développement de la Raison s'opère par celui de la *praxis*, le développement de la main permet celui du cerveau, comme Leroi-Gourhan l'a montré. L'homme ne se définit pas seulement par la raison, mais il est le seul être capable d'une spontanéité créatrice ou d'une action calculée ; si de fait, chacun n'en est pas capable, l'action spontanée suppose une conquête sur soi et sur les médiations : l'humanisation est un processus.

La *praxis* définit l'humain par l'improvisation qui consacre le décollement de l'homme par rapport à la nature — ainsi des actions irrépétables avant toute organisation : le jet de l'objet, la conduite à vue, tout acte sans modèle. Bientôt la nécessaire cumulation des trouvailles sépare l'improvisation des combinaisons ingénieuses où l'esprit conduit la méthode. C'est pourquoi nous avons à démêler des moments d'improvisation au cours de la réalisation d'un projet en rien improvisé — dans l'ordre du faire l'improvisation est l'équivalent de l'intuition dans l'ordre du savoir. Improviser suppose que le savoir est en-deçà du réel et l'insuffisance des méthodes établies — quand on ne possède pas toutes les données, on doit choisir entre plusieurs situations aléatoires, c'est-à-dire aux issues incertaines ; les choix introduisant à leur tour des probabilités, on évolue dans un univers de probabilités multipliées où la seule conduite convenable est d'improviser. Si nous pouvions tout connaître, l'improvisation serait la conséquence d'une urgence à laquelle le temps fait défaut, d'une imprudence ou d'une impréparation.

L'improvisation mêle tentatives et réminiscences, stéréotypes et inventions spontanées ; on peut certes, improviser seul comme Robinson sur son île ou dans l'urgence d'un cataclysme, mais l'improvisation se pratique plus généralement par rapport aux actions imprévisibles de l'autre qui multiplient son incertitude. Il s'agit de situer l'improvisation dans l'ensemble de la *praxis* humaine en dessinant les linéaments d'une praxiologie.

La perfection[1], modèle de toute action, suppose efficacité, économie des moyens et si possible cette légèreté qui vient de l'absence d'effort et qui fait l'élégance. Comme Platon le rappelle[2], le modèle de l'action efficace est l'action adaptée à son objectif. Or certains objectifs ne sont jamais mieux atteints par les méthodes de prévision et de calcul que par l'improvisation qui échoue, au contraire, dans les domaines qui nécessitent l'application d'un projet ou d'une théorie. L'improvisation réduit au minimum les médiations et parvient ainsi à dominer le bredouillage, l'hésitation, le gaspillage des tentatives ou la tentation de la multiplicité, sur lesquels elle conquiert le clair ordonnancement de la succession temporelle. Elle se distingue par l'allure progressive de son avance, une fois franchi le seuil du commencement ; elle associe le choix définitif à la recherche toujours recommencée de son avance.

— Le projet d'établir les directions pour une typologie suppose que les pratiques analysées relèvent de démarches comparables dont la différenciation s'opère selon des critères qui concernent le domaine envisagé, l'intensité de la pratique, les média utilisés, mais non la multiplicité des cas : anecdotiques ou purement historiques. Ainsi toute typologie de cette pratique spontanée qui reste irréductible à tout classement, ne pourra-t-elle être qu'ouverte. Nous retiendrons les critères suivants :

1) Le temps :
 — improvisation d'abandon (improvisation diurne du créateur dans la joie).
 — et improvisation d'urgence (improvisation nocturne de l'homme aux abois).

2) Le type de conduite de l'agent :
 — conduite de réaction : l'improvisation d'invective ou d'irrespect vient des stoïciens avant d'être pratiquée par la Commedia dell' Arte, Molière, et, aujourd'hui, les chansonniers. C'est comme une vengeance qui ne pouvant s'effectuer par des actes, compense par des mots ; elle se joue des censures.
 — une conduite spontanée de saisie de l'occasion, comme dans le débat contradictoire et la conférence de presse avec la variante offensive et la variante défensive.
 — une conduite spontanée créatrice comme dans le discours amoureux, la prière du cœur ou la substitution : le sujet trouve comme

---

1. *République* II, 379a-383c.
2. *Cratyle*, 386c.

d'instinct un mode d'expression : la parole empêchée se traduit par la danse[1], elle comble un vide imprévu, rétablit *in extremis* un équilibre compromis.

Ces trois conduites s'entremêlent dans la réalité de chaque exemple.

3) Le mode :

Improvisation individuelle ou collective comme dans les exemples historiques à partir des interactions qui supposent une grande proximité entre les actants et qui se manifestent dans la simultanéité et la réponse à l'impulsion communiquée par un autre.

4) La finalité :

— esthétique, où l'improvisation est gratuite, expressive et créatrice.
  - l'improvisation imitative pratiquée dans toutes les écoles, développée par Stanislavski et en France par l'école du Vieux-Colombier.
  - l'improvisation métaphorique a pour ressort le plaisir de changer de peau, d'être un autre, recherchée par les comédiens, jusqu'aux différents degrés de la forme.

— pratique, action visant une transformation, selon :
  - qu'elle concerne l'action morale ou politique ; improvisation praxique.
  - qu'elle vise un résultat purement utilitaire ; improvisation pragmatique.

— cognitive, où elle vise à écarter les limites de la connaissance ; improvisation dans la poésie, la mystique, la recherche.

5) Le degré :

— improvisation totale quand la conception, l'invention, coïncident avec l'exécution, l'interprétation.

— ou partielle :
  - la latitude plus ou moins grande dans l'interprétation d'une composition existante.
  - allant jusqu'aux degrés différents d'ouverture de l'œuvre.

— absolue car *ex-nihilo* qui invente immédiatement et radicalement : l'improvisation divine.

— ou relative : l'improvisation humaine :
  - intuitive : qui trouve dans l'instant.
  - ou tâtonnante, qui trouve en cherchant, dans un contexte culturel et technique.

---

1. Cf. Nikos Kazantzakis, *Alexis Zorba*, ch. 6, et Stanislavski, *Ma vie dans l'art*, p. 88, 145.

6) La forme :
 — libre : sans modèle.
 — ou restreinte :
 - l'ornementation qui brode.
 - la variation qui transforme la structure : poursuite ou reprise.

7) Selon la prédominance du rationnel ou de l'affectif : entre le réflexe et la réflexion ou : de l'état second à la rationalité-minute.

On précisera les *illusions* de l'improvisation :
 — la pratique très préparée de l'improvisateur qui répète des formules et des charnières en les présentant comme spontanées.
 — la pseudo-improvisation comme l'angélisme du happening.

Les *échecs* de l'improvisation :
 — la paralysie ou l'enlisement dans les moyens ;
 — la frénésie ou l'affolement de l'être qui saute les moyens d'atteindre le but ;
 toutes deux entravant la disponibilité.

d/ L'improvisation dans l'existence.

> « En vérité, cet homme, malgré sa jeunesse, s'entend à l'improvisation de la vie (*die Improvisation des Lebens*) et surprend même l'observateur le mieux averti : il semble ne commettre aucun faux pas ».
>
> Nietzsche, *Le gai savoir*, par. 303.

On considère comme un gage de stabilité digne de confiance une conduite prévisible et continue qui permet de faire fond sur celui qui suit des voies aux paliers reconnus, balisées déjà par des prédécesseurs. Ainsi on valorise la conduite ordonnée chez l'enfant qui apprend à hiérarchiser ses désirs afin d'être capable de recevoir l'imprévu.

—Le sens politique de l'improvisation.

Les exemples historiques évoqués plus haut ont rappelé les déconvenues de ceux qui ont cherché la force politique du côté de l'improvisation : après leur avoir accordé le pouvoir, elle les a abandonnés tandis qu'ils voulaient la normaliser. En effet, tout pouvoir cherche à confisquer le temps pour s'établir fondateur : l'exploit dégénère en exploitation du temps. *A fortiori* l'improvisation ne saurait être généralisée, la rareté commandant de prévoir et d'organiser. Mais à l'inverse, la prévision n'étant pas toujours possible dans les domaines régis par les aléas du facteur humain appelle l'improvisation bien que ses utilisateurs répugnent à l'admettre, ces domaines réclamant précisément que l'on rassure en offrant l'image d'une pratique rationnelle, conçue par un esprit prévoyant qui ne se trouve pas devant la nécessité d'y recourir.

L'improvisation comme moyen politique spécifique, parfois de substitution, demeure incontrôlé et imprévisible. En effet la seule façon de rendre insaisissable la pensée ou l'action est de changer continuellement de forme et de lieu — d'où la force de l'improvisation en même temps que sa faiblesse car il est de son essence de démentir ce qu'elle institue en s'arrêtant au seuil de l'institution dont elle est l'initiatrice. C'est en quoi l'improvisation est radicalement subversive : elle ne fait pas la révolution en remplaçant certaines structures par d'autres mais son pouvoir réside dans le dynamisme éphémère par lequel elle change la vision de la vie. Ainsi sa fulmination ne se poursuit pas en installation durable — pas de révolution permanente sinon mythique inquiétant les calculateurs qui prévoient de l'arrêter à leur bénéfice et rassurant ceux qu'enivre l'installation dans le changement. Davantage que l'exercice du pouvoir spirituel ou la critique du « citoyen contre les pouvoirs », son intervention sur la réalité instituée ne sépare pas l'imaginé du réalisé — l'imagination est déjà « imaginaction » — puisque celui-ci n'est qu'une partie du possible. Mais le vrai moment du politique se trouve-t-il principalement lorsqu'il institue? L'improvisation joue déjà un rôle politique en instaurant.

Comment, alors, lui dénier une signification et parfois un rôle politique, au sens de l'organisation de la Cité, de la gestion des rapports entre les hommes et à propos de leurs biens? Si l'action du politique est une œuvre, comme le pensait Merleau-Ponty, l'improvisation collabore à la création qui reste une œuvre toujours ouverte sur l'avenir, par définition et du fait de la multiplicité et de l'imprévisibilité des actions de ses participants. D'où vient, pourtant, la méfiance à l'égard de l'improvisation? Pour lui conférer l'efficacité, l'improvisation appelle une volonté et un projet capables de faire converger ces actions vers une direction commune. Mais ils perdent du même coup en route, la partie propre de leurs dynamismes respectifs, contrepartie de la direction commune imposée à leur diversité selon un rythme et un cheminement qui ne viennent que partiellement d'eux-mêmes : cette canalisation de son dynamisme réduit sa portée. C'est pourquoi l'improvisation doit sans cesse recommencer en se conjuguant avec le projet et en se prolongeant dans la continuation qui l'exténue. La continuité du progrès dans l'ordre entre en conflit avec ce qui cherche à accélérer le devenir historique en provoquant des mutations qualitatives. Ainsi la signification politique reconnue à l'improvisation n'autorise pas le politique à s'y confier — non pour l'efficacité de sa *praxis* mais à cause de l'incertitude de son résultat dont la fixation appelle une permanente reprise.

— L'art de vivre.

L'improvisateur mise sa vie sur le pari de l'entreprendre personnellement, le temps de son acte coïncidant avec sa durée vécue — « le temps d'invention ne fait qu'un avec l'invention même »[1], sans fissure entre la *praxis* et l'intention.

Les véritables improvisations sont rares parce que notre spontanéité est rarement libérée mais aussi parce que les méthodes établies prévoient des passages obligés et des intermédiaires, des règlements pour quadriller le temps et mesurer les conduites selon un accord qui proportionne les rapports entre les groupes sociaux et concilie les intérêts contraires.

L'improvisateur ignore, au moment de se lancer dans les premiers mouvements, la suite qui se dessine au fil de l'idée et de l'expression ; une forme évolutive, un schéma dynamique selon l'expression de Bergson, s'ébauche parfois juste avant de commencer et propose déjà l'esquisse d'un cheminement — à partir d'un thème, point de départ et occasion d'un développement cohérent, si possible harmonieux. Il combine la fidélité et la transformation, tenant compte des circonstances selon les occasions qu'il discerne et les idées techniques dont il dispose.

Faire de l'existence une activité harmonieuse, réjouissante et stimulante, c'est l'art de vivre. L'improvisation alors se trouve à la rencontre de l'art avec la vie ; la vie la plus artiste serait la vie improvisée.

L'art n'est pas la vie mais se crée à partir d'elle : le ramener à la vie c'est le dissoudre comme art, styliser la vie c'est donner des formes à sa vivacité. Le dédoublement entre le jeu et la vie, qui fait vivre hors des sentiments éprouvés, conduit à esthétiser l'existence ; c'est dans la mesure où on vit ce que l'on représente, qu'on est pénétré par la conviction et que l'inspiration advient. La vie pénétrant l'art, risque toujours de le faire éclater — ainsi le « Living-Theatre » considérait que l'acteur peut inventer le développement de son personnage à partir du moment où il en sait plus sur lui que le metteur en scène. Le paradoxe de l'art vitalisé est d'opérer comme la technique psycho-dramatique du miroir, renvoyant aux spectateurs l'image de leur vie (vivant sur scène l'image de la vie des autres, les acteurs en donnent une représentation) ou bien par l'agression d'une participation hyperbolique supprimant toute retenue et toute réserve avec tout arrière-plan : si la vie pénètre l'art, ce n'est pas pour le dissoudre dans des gesticulations et des interjections. On risque alors de retrouver dans l'art les entraves des complexes, les planifications et les répétitions qui organisent l'utilitaire et surtout, de faire dépendre la vie du jeu : voulant jouer comme on vivrait si on vivait comme on joue. Enfin on risque la confusion de l'art avec la vie,

1. Bergson, *L'Évolution créatrice*, p. 340.

de réduire la création aux productions quotidiennes en omettant la transcendance propre à l'art. Artaud demandait : « pourquoi n'imaginerait-on pas une pièce composée directement sur la scène, réalisée sur la scène? » Il s'agirait de représenter sa vie plus que de vivre une représentation. Réciproquement, si on calque la vie sur l'art, rien ne sera moins improvisé que la vie, du fait de l'effort réclamé pour imiter le modèle ; l'esthétisation de la vie risque de lui ôter la spontanéité.

Séparer l'art de la vie c'est, inversement, oublier l'origine sacrée de l'art et séparer ce que l'humanité primitive unissait ; alors la beauté est contemplée au lieu d'être possédée, spectacle et non pratique vécue, dont la distance maintient l'homme hors du bonheur qu'elle lui promet. Ainsi l'art est trop souvent séparé de la vie, en Occident, dans la mesure où il est réduit au chef-d'œuvre correspondant à des valeurs toutes faites et exclut l'improvisation. Cette séparation entraîne, de plus, celle des arts et rend impossible l'unification en quoi consiste l'activité improvisatrice. Pourtant les arts dérivent d'un *impetus* commun, les séparer c'est accentuer la séparation des expressions et rendre impossible la conspiration des attentes. La séparation de l'art et de la vie a en effet pour origine le refus de reconnaître l'improvisation comme ce qui unifie les fonctions séparées de l'être humain.

Enfin le rapport entre l'art et la vie diffère lorsqu'il s'agit de la vie comme objet d'art (sujet de la *praxis*) ou de l'objet inanimé produit (objet de la *poïesis*) : une vie humaine ne peut être assimilée à une œuvre d'art. Le « sculpteur » stoïcien improvise certes dans la mesure où ce qu'il fait est définitif, mais sa statue se sculpte à l'occasion de ses actions et non comme résultat spécifiquement visé. Le poème est certes la création du poète mais si sa vie est créée comme poétique, c'est par le résultat second de la création de ce poème. Ainsi l'improvisation comme art de vivre appelle à la vie comme improvisation. L'art de la vie consiste à vivre spontanément l'harmonie du dire, du geste, du devenir, acquise au cours d'une pédagogie concernant le cœur plus que le paraître, où nous apprenons à faire non communément des choses communes (« *communia, non communiter* »). Cet art de vivre n'a rien du laisser-aller au hasard ni aux vents dominants ; il conduit la vie comme œuvre et comme œuvre d'art. La beauté du geste, la finesse de la décision, la générosité de l'acte expriment l'être en vérité dans la banalité quotidienne et aussi dans ces périodes critiques, dans ces moments d'exception où ce que l'on fait dans un geste qui engage et risque parfois l'existence, résume ce que l'on est — point de tangence de l'éthique et de l'esthétique que l'on ne saurait confondre sans réduire l'exigence morale à un esthétisme.

— Sens éthique.

L'improvisation porte, on l'a vu, un *sens éthique* ; l'œuvre est le devenir de l'existence toujours inachevée : en ses consécrations, en sa *praxis* effective, en son échange même. La spontanéité véritable conduit l'être unifié à improviser le Bien. En ce domaine, rien n'est jamais fait au sens de conquis une fois pour toutes ; tout est toujours à recommencer : improvisation et mouvement éthique consistent en ce commencement dont la poursuite est encore recommencement. Ainsi celui qui monte ne s'arrête pas, va de commencements en commencements qui n'ont jamais de fin mais assurent un progrès ; tout est à refaire selon le moment, à inventer à chaque fois. C'est pourquoi le sens éthique étant celui du courage de commencer, l'improvisation en révèle la quintessence par l'initiative qu'elle figure ; réciproquement, le mouvement moral est improvisateur puisque l'improvisation lui assure la spontanéité qui « sort du cœur » et ignore le calcul des bénéfices. Improvisation comme acte moral reprennent toujours l'évolution : tout arrêt à un palier fait cesser l'une et contredit l'autre. L'improvisation comme l'intention morale trouve des modèles de conduite atypique tandis que la répétition et l'égoïsme épais reproduisent les stéréotypes sans imagination. La caricature de la pratique morale s'installe dans la satisfaction des bonnes actions, comme la caricature de la pratique religieuse se fige en rite. Il appartient à chacun de faire en ce qui le concerne, sans attendre d'imiter ceux qui pourraient inaugurer cette conduite. On apprend, en effet, ce qu'il faut faire sans savoir pour autant s'il y a lieu de le faire soi-même, quand, comment ni jusqu'à quel point. Les règles ne sauraient suffire à faire effectuer, à lancer l'action conformément à ce qu'elles prescrivent ; l'initiative ne commence pas dans les règles, elle est au contraire imprévue et son exigence reste incommandable — sinon pour chacun et par-devers lui. D'autre part, la règle indique une conduite mais non la manière de l'animer, le degré, le temps ni le nombre de fois — elle ne prévoit pas le cœur que l'on y met mais seulement la justesse d'exécution. Précisément, il y a lieu de faire sans attendre autrui ni modèle ; c'est-à-dire d'improviser. L'improvisation ignore le délai entre l'intention et l'acte — quoi de surprenant que l'auteur de la bonne intention l'exécute lui-même séance tenante ? L'inverse trahirait une volonté viciée qui cherche dans les médiations et les délais le prétexte à retarder le passage à l'acte. Intention agissante et action intentionnelle, l'improvisation n'usurpe pas la perspective du spectateur pour se regarder faire en trouvant par avance des excuses à son échec. Adaptée instantanément aux exigences de la situation, elle honore ce qu'on attend d'elle et trouve toujours le compromis qui lui permet de réussir — parce qu'en elle, l'intention n'est pas séparée de l'acte qui, du même mouvement cherche et trouve son objectif — l'acceptation du compromis dans l'effectuation garantit la rigueur de l'intention dont le purisme est la meilleure façon de contredire le sérieux.

A quoi bon, nous dira-t-on, si la bureaucratisation réduit la personne à l'individu, la collectivisation à la fonction, chacun se trouvant dépossédé de ses projets et de lui-même dans un temps qui échappe à la prévision? Si « le futur de l'individu dépend de moins en moins de sa propre sagesse et de plus en plus des luttes nationales et internationales entre les colosses du pouvoir. L'individualité perd sa base économique », comme le note Horkheimer [1], pourquoi se donner l'illusion d'une *praxis* créatrice? L'improvisation est condamnée si le contrôle social qui absorbe la spontanéité tarit son fondement dynamique et régule le rythme et l'expression de l'*impetus*. Progressivement recouverte par l'emprise technicienne née du souci d'efficacité même que portait l'improvisation, la raison s'est séparée de l'improvisation au nom de l'efficacité; mais au retour de l'objection contre l'illusion de ceux qui croient improviser alors que leur conduite est commandée par l'organisation, l'exigence d'efficacité reconnaît en l'improvisation la conduite imprescriptible et imprévisible qui emporte le résultat où les méthodes échouent.

— A travers le politique, l'éthique et l'esthétique, trois postulats sous-tendent donc l'improvisation, marquant la primauté de la pratique sur la théorie, de l'efficacité et de la fécondité sur les modes d'emploi :

— *ce qui réussit vaut mieux que les règles*, selon l'expression de Méré [2];

— *le dynamisme est créateur*; le mouvement est, par lui-même, ontogénique : l'improvisation permet de trouver ce dont on n'aurait pas été capable sans s'y être lancé. Pratique et fonction débordent ce qui les permet;

— *l'activité suscite ses motifs*, le premier mot, le premier geste entraînent la suite par nécessaire justification de cette première position, et l'activité trouve dans son avance les justifications de sa poursuite.

Comme l'impossible révolution permanente empirique, l'improvisation reste toujours l'ailleurs de l'événement dont elle suscite le renouvellement, la mauvaise conscience des pratiques instituées comme des rites dont elle dévoile le risque de superstition alors même qu'ils célèbrent le renouvellement de l'avènement. Intempestive, elle provoque le spectateur par l'exemple au lieu de le laisser se contenter de déléguer à d'autres le rôle d'acteur et de représentant qui le constitue précisément en le dispensant d'agir. Réparant la séparation entre les actants et les expec-

---

1. *Eclipse de la Raison*, p. 107, 148, 153; Marcuse, *L'Homme Unidimensionnel*, chap. I.
2. *Œuvres*, II, p. 109.

tants, les minorités actives et les masses suiveuses qui les plébiscitent, elle anime l'existence sociale en assurant l'unification du psychique, du somatique et du culturel contre les commodes séparations où l'angélisme justifie l'infernal, comme l'union des deux premiers que Descartes vivait sans y faire la clarté. L'improvisation pose ses règles en échappant aux déterminations puisqu'elle ne vaut qu'en fonction de contingences qui ne se retrouvent jamais identiques ; interpréter se confond ici avec transformer le monde au fur et à mesure de l'avance comme dans le déchiffrage dont la conduite à vue de l'existence figure la progressivité. L'épreuve du temps ne peut jamais préjuger de son issue et la perfection ne s'atteint que par ce cheminement progressif, rappelant le paradoxe qui, à lui, seul définit l'exister humain : *ce qui est premier se conquiert.*

Le mouvement n'a de sens qu'à la fin : quand s'est dissipé l'enchantement, tarie l'inspiration, et que l'on peut savoir, de cette improvisation, le sens : construit au cours de l'élaboration, dans l'écriture ou la parole improvisée. De même l'existence ne prend forme qu'achevé le processus qu'on ne pouvait précipiter ou résumer d'un regard, ignorant s'il allait confirmer ou contredire, aggraver ou racheter ce qui précédait, si des conversions, des mutations ne l'interrompraient, ni les choix que provoqueraient des circonstances toujours exceptionnelles. Ce ne sont pas les Trissotin jouant aux structures qui pourront *réduire* avant le terme cette existence qui fut le sujet le plus radical de l'improvisation : tout n'étant pas imposé d'abord, ni la détention des structures ni les relations entre les termes puisqu'on n'a pas tous les termes et que l'on ignore comment ils seront agencés.

Surtout, la mutation dernière est toujours improvisée car première et solitaire ; assumée, elle garde le caractère d'une renaissance devant le pressentiment de l'imminence du Tout-Autre et de l'irrévocable. Au-delà de la panique qui pousse aux palinodies, de l'opportunisme ou de l'heureuse régulation, l'improvisation d'une sortie — d'une entrée — pacifie en même temps qu'elle unifie. Cette existence interrompue deviendra un objet d'analyse auquel on trouvera un sens, mais l'événement dernier qui la constitue comme objet et lui donne forme en l'interrompant, reste le seul qui ne soit plus, empiriquement, un avènement. Il dément paradoxalement son imprévisibilité et situe enfin l'existence, ignorante de son dénouement, comme improvisation : cette bienheureuse ignorance ne peut influer rétroactivement sur l'action et conduire à l'ajuster en fonction de l'avenir par rapport auquel elle préserve notre liberté ; elle nous permet d'improviser notre existence dans le bonheur du jour sans l'anxiété de voir le délai s'amenuiser et grandir l'inéluctable fatalité. Du même coup, elle reconduit le sérieux de notre action et ses techniques vers l'animation permanente et *l'état de veille* qui ranime sa flamme. Ce qui meurt en naissant a l'intensité maximum et peut tout sans rien détenir. L'improvisation révèle la précarité de ce qui est ; si elle ouvre des perspectives inespérées, l'éphémère y conjugue l'inachèvement du mouvement à l'ouverture de la perspective. Sa sagesse trouve, dans le consentement qui ne cesse de commencer, le courage d'agir qui fait le sublime de *l'existence, cette improvisation de quelques décennies.*

INDEX DES ACTEURS ET AUTEURS

INDEX DES DOMAINES D'ACTIVITÉ

ORIENTATIONS BIBLIOGRAPHIQUES

Il n'existe pas de bibliographie de nature philosophique sur la question même de l'Improvisation, pour les raisons qui sont analysées dans l'Introduction.

Celles-ci expliquent la spécificité des ouvrages et des articles publiés dans les domaines où l'Improvisation est reconnue comme technique, ainsi que leur abondance hétérogène.

MUSIQUE

BERENDT (J. E.) : *Le jazz, des origines à nos jours.* (Trad. de l'allemand par Ch. Metz), 1963, Paris, Petite Bibliothèque Payot.

BRELET (Gisèle) : *L'Interprétation créatrice*, 1951, Paris, P.U.F., Tome 2.

CAGE (John) : *Silence.* (Trad. de l'américain par Monique Fong), 1970, Paris, Denoël.

DUPRÉ (Marcel) : *Exercices préparatoires à l'improvisation*, 1937, Paris.

DUPRÉ (Marcel) : *Traité d'improvisation à l'orgue*, 1925, Paris, Leduc.

ECO (Umberto) : *L'Œuvre ouverte.* (Trad. de l'Italien par C. Roux de Bezieux, avec le concours de A. Boucourechliev), 1965, Paris, Le Seuil.

JANKÉLÉVITCH (Vladimir) : *La Rhapsodie. Verve et Improvisation musicale*, 70 exemples musicaux, 1955, Paris, Flammarion.

SCHAEFNER (André) : *L'Origine des instruments de musique*, 1963, Paris, Payot.

STRAWINSKY (Igor) : *Chroniques de ma vie*, 1962, Paris, Denoël.

SUARÈS (André) : «L'Homme qui improvise», *Musiciens*, 1945, Paris, édit. du Pavois.

TOURNEMIRE (Charles) : *Précis d'exécution, de régistration et d'improvisation à l'orgue*, 1936, Paris.

WACHS (P.) : *L'Organiste improvisateur. Traité d'improvisation*, 1878, Paris.

BRAILOIU (Constantin) : «Réflexions sur la création musicale collective», *Diogène*, 1959.

DATTA (V.) : «L'Improvisation dans la musique indienne», *The World of Music*, 1967.

DELIEGE (Célestin) : «Indétermination et Improvisation», *International review of the aesthetics and Sociology of music*, 1971.

FERAND (Ernst) : «Improvisation in Music History and Education», *Papers of the american Musicological Society*, 1940.

FERAND (Ernst) : «Sodaine and unexpected music in the Renaissance», *The musical quaterly*, 1951.

GLOBOKAR (Vinko) : «Réagir», *Musique en jeu*, 1971, nº 3.

GLOBOKAR (Vinko) : «Ils improvisent... Improvisez... Improvisons», *Musique en jeu*, 1972, n° 6.

GULDA (F.) : «Libération par improvisation», *The world of music*, 1971.

JAQUES-DALCROZE (Emile) : «L'Improvisation au piano», *Le Rythme*, 1932.

JAQUES-DALCROZE (Emile) : «L'Improvisation musicale», *Revue musicale*, 1933.

JAQUES-DALCROZE (Emile) : La Rythmique, l'enseignement du piano et de l'improvisation, *La musique et Nous*, 1945.

MARCEL (Gabriel) : «Irruption de la Mélodie», *Archivio di Filosofia*, 1933.

PESQINNE (Blaise) : «De l'improvisation dans le Jazz», *Revue Musicale*, 1934, 149.

Revue d'Esthétique, 1968, *2-3-4* : Musiques nouvelles.

ROSENFELD (P.) : «A Plea for Improvisation», *Modern Music*, 1941.

STOCKHAUSEN : «Plaidoyer de l'intuition». *The world of Music*, 1970, *2*.

THÉATRE

ARTAUD (Antonin) : *Le théâtre et son double*, 1964, Paris, Gallimard.

COPEAU (Jacques) : *Souvenirs du Vieux-Colombier*, 1931, Paris, Nouvelles Editions Latines.

DIDEROT (Denis) : *Paradoxe sur le comédien* (présenté par Jacques Copeau), 1929, Paris, Plon.

DUCHARTRE (Pierre-Louis) : *La comédie italienne*, *l'Improvisation*, *les Canevas*, *Vies. Caractères*, *Portraits. Masques des illustres personnages de la Commedia dell'Arte*, 1924, Paris, Librairie de France.

DULLIN (Charles) : *Souvenirs et Notes de travail d'un acteur*, 1946, Paris, Odette Lieuter.

GROTOWSKI (Jerzy) : *Vers un théâtre pauvre.* (Trad. de Claude B. Levenson), 1971, Lausanne, La Cité - l'Age d'Homme.

KOURILSKY (Françoise) : *Le Bread and Puppet theatre*, 1971, Lausanne, La Cité - l'Age d'Homme.

LEBEL (Jean-Jacques) : *Le happening*, Paris, Denoël.

PIRANDELLO (Luigi) : *Ce soir on improvise*, Théâtre V (Version de B. Crémieux et M. A. Commene), 1953, Paris, Gallimard.

STANISLAVSKY (Constantin) : *Ma vie dans l'Art*, Préface de Jacques Copeau, 1949-1950, Paris, Billaudot.

STANISLAVSKY (Constantin) : *La formation de l'acteur*, 1963, Paris, Petite Bibliothèque Payot.

STANISLAVSKY (Constantin) : *La construction du personnage*, 1966, Paris, Olivier Perrin.

STRASBERG (Lee) : *Le travail à l'Actors Studio.* (Trad. de l'américain par Dominique Minot), 1969, Paris, Gallimard.

Le rôle de l'improvisation dans l'enseignement de l'Art dramatique, Rencontre Internationale de Bucarest, 1964, Institut National du théâtre, 1965, Bucarest.

BINET (Alfred) : Réflexions sur le paradoxe de Diderot, *L'Année Psychologique*, 1897, *III*.

The Drama Review, 1967, *32*, *38*; 1969, *43*.

Tulane Drama Review, Vol. X, *2*; Vol. XII, *2*.

RHÉTORIQUE

BRETON (André) : *Manifeste du surréalisme*, 1924, Paris, Kra.

BRETON (André) : *Point du jour*, 1970, Paris, Gallimard.

MÉRÉ (Chevalier de) : Œuvres, T. 1, *Les Conversations. Discours de la justesse*; T. 2, *Les Discours. Des Agréments. De l'Esprit. De la Conversation*, 1930, Paris, Les Belles Lettres.

MONTAIGNE : *Les Essais*, 1946, 1948, Paris, Les Belles Lettres.

PAIGNON (E.) : *Éloquence et Improvisation. Art de la parole oratoire*, 1854, Paris, A. Durand.

PERELMAN (Charles) et OLBRECHTS-TYTECA (L.) : *Traité de l'Argumentation. La nouvelle rhétorique*, 1970, Bruxelles, Editions de l'Institut de Sociologie, Université libre de Bruxelles, 2e Ed.

QUINTILLIEN : *Œuvres complètes. De l'Institution Oratoire*. (Trad. Ouizille) (Livre dixième, chap. VII), 1935, Paris, Garnier.

TIMON : *Le livre des orateurs*, 1842, Paris.

HARASZTI (E.) : La technique des improvisateurs de langue vulgaire et de latin au quatrocento, *Revue Belge de Musicologie*, 1955, *LXIX*.

La Rhétorique. *Communications*, 1971, *5*, Paris, Le Seuil.

PHILOSOPHIE ET SCIENCES HUMAINES

BAREL (Yves) : *Prospective et analyse de systèmes*, 1971, Paris, La Documentation française.

BASTIDE (Roger) : *Le Rêve, la transe et la folie*, 1972, Paris, Flammarion.

BAYER (Raymond) : *L'Esthétique de la grâce. Introduction à l'étude des équilibres de structure*, 1933, Paris, Alcan, 2 Tomes.

BEAUCHAMP (Paul) : *Création et séparation*, 1970, Paris, Desclée de Brouwer.

BERCE (Yves-Marie) : *Croquants et Nu-pieds*, 1974, Paris, Julliard.

BERGSON (Henri) : *L'Énergie spirituelle*, 132e édition, 1967, Paris, P.U.F.

BERGSON (Henri) : *L'Évolution créatrice*, 102e édition, 1962, Paris, P.U.F.

BUCHEZ et ROUX : *Histoire Parlementaire de la Révolution française*, 40 Vol., 1834-38, Paris.

CHOMSKY : *La linguistique cartésienne*, 1969, Paris, Le Seuil.

CLAUDEL (Paul) : *Positions et propositions*, 1928, Paris, Gallimard.

CLAUSEWITZ (Carl von) : *De la guerre*, 1965, Paris, 10-18. (Trad. par Denise Naville ; présentation par Pierre Naville).

COX (Harvey) : *La fête des fous. Essai théologique sur les notions de fête et de fantaisie*. (Trad. de l'américain par Luce Giard), 1971, Paris, Le Seuil.

Derrida (Jacques) : *L'Écriture et la différence*, 1967, Paris, Le Seuil.

Descartes (René) : *Œuvres*, *Art d'escrime* (fragments), 1908, Adam et Tannery, T. X.

Descartes (René) : *Discours de la Méthode*, Œuvres, 1963, Paris, Garnier.

Desroche (Henri) : *Sociologie de l'espérance*, 1973, Paris, Calman-Levy.

Durkheim (Emile) : *Les Formes élémentaires de la vie religieuse*, 1968, Paris, P.U.F.

Ethnologie, *Biologie du comportement*, N.E.B. 1972, Paris, Éditions scientifiques.

Freud (Sigmund) : *Le mot d'esprit et ses rapports avec l'inconscient.* (Trad. de l'allemand par Marie Bonaparte et Dr Nathan), 1971, Paris, Gallimard.

Gourmont (Rémy de) : *Le problème du style*, 1902, Paris, Mercure de France.

Gracian (Balthazar) : *Le Héros*, 1973, Paris, éd. Champ libre.

Gracian (Balthazar) : *L'Homme de Cour*, 1972, Paris, éd. Champ libre.

Guardini (Romano) : *Liberté, grâce et destinée*, 1957, Paris, Le Seuil.

Guitton (Jean) : *La Pensée et la guerre*, 1971, Paris, Desclée de Brouwer.

Heidsieck (François) : *L'Inspiration*, 1961, Paris, P.U.F.

Huxley (Sir J.) : *Le comportement rituel chez l'homme et l'animal*, 1971, Paris, Gallimard.

Jaeger (Werner) : *Paideia. La formation de l'homme grec*, 1964, Paris, Gallimard.

James (William) : *Causeries pédagogiques*, 1921.

Jankélévitch (Vladimir) : *Philosophie première*, *Introduction à une philosophie du «presque»*, 1954, Paris, P.U.F.

Jankélévitch (Vladimir) : *La Rhapsodie. Verve et improvisation musicale*, 70 exemples musicaux, 1955, Paris, P.U.F.

Jantsch (Erich) : *Prospective et Politique*, 1969, Paris, O.C.D.E.

Jousse (Marcel) : *L'Anthropologie du geste*, 1969, Paris, Resma.

Jouvenel (Bertrand de) : *De la Politique pure*, 1963, Paris, Calman-Levy.

Koestler (Arthur) : *Le Cri d'Archimède. L'Art de la découverte et la découverte de l'Art*, 1965, Paris, Calman-Levy.

Lefebvre (Georges) : *La Grande peur de 1789*, 1932, Paris, Armand Colin.

Lefebvre (Henri) : *La Proclamation de la Commune*, 1965, Paris, Gallimard.

Liegeois (Jean-Pierre) : *Les Tsiganes*, 1971, Paris, Le Seuil.

Machiavel : *Le Prince*, 1962, Paris, U.G.E.

Marc-Aurele : *Pensées*, 1947, Paris, Les Belles Lettres.

Marcuse (Herbert) : *L'Homme Unidimensionnel*, 1970, Paris, Le Seuil.

Massé (Pierre) : *Le Plan ou l'Anti-hasard*, 1965, Paris, Gallimard.

Mezzrow (Mezz) et Wolff (Bernard) : *La rage de vivre*, 1964, Paris, le livre de Poche. (Trad. de l'américain par Marcel Duhamel et Madeleine Gautier, Préface de Henri Miller).

MORENO (Jacob-Levy) : *The theatre of spontaneity*, 1944, New-York, Beacon-House. (Trad. J. F. de Raymond et A. Ancelin-Schützenberber, Epi, 1981).

MORENO (Jacob-Levy) : *Fondements de la sociométrie*, 1970, Paris, P.U.F. (Trad. H. Lesage et P. H. Maucorps).

MUHLMANN (Wilhelm E.) : *Messianismes révolutionnaires du Tiers-Monde*, 1968, Paris, Gallimard.

NIETZSCHE (Frédéric) : *La naissance de la tragédie*, 1964, Paris, Gonthier (Trad. C. Mheim).

NIETZSCHE (Frédéric) : *La volonté de puissance*, 1946, Paris, Gallimard.

PASCAL (Blaise) : *Œuvres complètes*, présentation Lafuma, 1960, Paris, Le Seuil.

PLATON : *Le Banquet. Ion. Ménon.* Œuvres complètes, 1946-1956, Paris, Les Belles Lettres.

PLOTIN : *Ennéades VI*, 1954, Paris, Les Belles Lettres.

PRÉVOST (Jean) : *La création chez Stendhal*, 1942, Marseille, Édit. du Sagittaire.

RANAGHAN (Kevin et Doroty) : *Le retour de l'Esprit*, 1973, Paris, Le Cerf.

RICŒUR (Paul) : *La métaphore vive*, 1976, Paris, Le Seuil.

ROKEACH (Milton) : *The open and closed mind*, 1960, New-York.

ROUSSEAU (Jean-Jacques) : *Rêveries d'un promeneur solitaire*, *Œuvres*, Pléiade I, 1959, Paris, Gallimard.

SARTRE (Jean-Paul) : *Critique de la raison dialectique*, 1960, Paris, Gallimard.

SOBOUL (Albert) : *Les sans-culottes parisiens en l'an II. Mouvement populaire et Gouvernement révolutionnaire*, 1958, Paris, Librairie Clavreuil.

SOURIAU (Etienne) : *L'Ombre de Dieu*, 1955, Paris, P.U.F.

TOLSTOÏ : *La guerre et la paix*, 1952, Pléiade. (Trad. H. Mongault).

WILLENER (Alfred) : *L'Image-Action de la société*, 1971, Paris, Le Seuil.

CHASSEGNET-SMIRGEL : Réflexions sur le concept de «réparation» et la hiérarchie des actes créateurs, *Revue française de psychanalyse*, 1965, nº 1, T. XXIX.

GODIN (André) : «Moi perdu ou moi retrouvé dans l'expérience charismatique : perplexité des psychologues», Ronéo, sous presse in *Archives de Sociologie des religions*.

JOUSSE (Marcel) : «Le style oral rythmique et mnémotechnique chez les Verbo-moteurs», Études de psychologie linguistique, *Archives de Philosophie*, II, V, 1925.

SCHUWER : «Imprévisibilité dans la création artistique», *Revue de Métaphysique et de Morale*, 1926.

TABLE DES MATIÈRES

ACHEVÉ D'IMPRIMER SUR LES PRESSES
DE L'INSTITUT FRANÇAIS D'ATHÈNES
LE 23 DÉCEMBRE 1980